Andreas Christopher
Butzbach-Licher Eisenbahn

DREHSCHEIBE

Impressum

ISBN 3-929082-24-1

Titelbilder:
Eine wunderbare Bahnhofsszene bot sich dem Fotografen am 22. Mai 1956 in Münzenberg nach Ankunft des Wismarer Schienenbusses. Schöner kann Nebenbahnbetrieb kaum sein (Gerd Wolff, gr. Bild)

VT109 passiert am 16.05.2003 das Einfahrsignal von Beienheim (Andreas Christopher, kl. Bild oben)

Bus 981 (Typ MB Integro) als Fahrradbus mit Anhänger vor dem Bahnhof Weilburg am 6. Juli 2003 (Andreas Christopher, kl. Bild unten links)

Am 21. Juli 1971 ergänzt Lok 204 in Butzbach Ost ihre Wasservorräte (Kurt Burlein, kl. Bild unten mitte)

Mit einem langen Rübenzug ist V116 am 29. November 1986 bei Steinfurth unterwegs (Andreas Christopher, kl. Bild unten rechts)

Seite 1:
Eine der bekanntesten Dampflokomotiven der BLE war Lok 142, die hier am 23. September 1967 bei einem Zwischenhalt in Hof und Dorf Güll aufgenommen wurde (Kurt Burlein)

Rücktitel:
Mit diesem sehr stilvollen Plakat warb einst die Butzbach-Licher Eisenbahn um Ihre Kunden (Slg. Jürgen Lerch)

IMPRESSUM

Herausgeber:	Arbeitsgemeinschaft Drehscheibe e.V., Köln
Vertrieb:	ArGe Drehscheibe e.V., c/o Philipp Zipf, Stauffenbergstr. 58, 73730 Esslingen
Grafik/DTP:	Andreas Burow, Andreas Christopher, Michael Ulbricht
Druck:	Druckerei Fink, Pfullingen

Alle Rechte vorbehalten. Jede Vervielfältigung oder Nachdruck, auch auszugsweise, bedürfen der schriftlichen Zustimmung der Autoren und des Herausgebers

1. Auflage, © ArGe Drehscheibe e.V., Köln 2004

www.drehscheibe-online.de

Inhalt

Vorwort	4
1. Geschichte	7
1.1 Pläne für einen Bahnbau zwischen Butzbach und Lich	7
1.2 Bau und Eröffnung der Stammstrecke	9
1.3 Netzerweiterungen	13
1.4 Zwischenkriegszeit	18
1.5 Entwicklung nach 1945 - Rückzug aus der Fläche	19
1.6 Talsohle und langsame Konsolidierung	31
1.7 Exkurs: Hessische Landesbahn	35
1.8 Neuausrichtung: BLE als Auftragnehmer für Personenverkehr in der Wetterau	37
2. Streckenbeschreibung	41
2.1 Butzbach West - Lich Süd	44
2.2 Lich Süd - Grünberg Süd	61
2.3 Butzbach Ost - Oberkleen	66
2.4 Griedel - Bad Nauheim Nord	81
2.5 Wetteraunetz	89
3. Personen- und Güterverkehr	95
3.1 Personenverkehr	95
3.2 Güterverkehr	101
4. Fahrzeuge	115
4.1 Dampflokomotiven	115
4.2 Diesellokomotiven	120
4.3 Triebwagen	123
4.4 Personen- und Gepäckwagen	129
4.5 Güterwagen	131
4.6 Kleinfahrzeuge	134
5. Omnibusbetrieb	135
5.1 Geschichte und Strecken	135
5.2 Fahrzeuge	139
6. Eisenbahnfreunde Wetterau e.V.	141
7. Erlebnisse und Erinnerungen an die Butzbach-Licher Eisenbahn	149
8. Anhang	157
Betriebs- und Verkehrsleistungen, Literatur, Abkürzungen	157

Grußwort

**Des Aufsichtsrates, des Vorstandes und des Betriebsrates
der Butzbach-Licher Eisenbahn AG - BLE**

Als am Mittwoch, den 30. März 1904 die Butzbacher Zeitung über die Eröffnung der Butzbach-Licher Eisenbahn berichtete, die zwei Tage zuvor mit einem feierlichen Akt begangen worden war, tat sie das u.a. mit den Worten: "Lasst alles Unangenehme, was hinter uns liegt, vergessen sein, einigt euch in der Freude an dem geschaffenen Werk, das Dorf und Stadt vereint."

Wie bei den Schwesterunternehmen der Butzbach-Licher Eisenbahn im Konzernverbund der Hessischen Landesbahn wird auch hier deutlich, mit welcher Begeisterung und welch hohen Erwartungen die neue Verkehrsanbindung der Region an die Stadt und damit auch an das überregionale Verkehrsnetz von der Bevölkerung aufgenommen wurde. Dies war in einem Maße für das wirtschaftliche Gedeihen der Region sowie die Mobilität der Menschen in der Wetterau bedeutsam, wie wir es heute kaum noch nachvollziehen können.

Dabei richtete sich seinerzeit das Augenmerk hauptsächlich auf den Bereich des Güterverkehres; hier waren es neben landwirtschaftlichen Transportgütern, wie Getreide und Rüben, vornehmlich die nun schneller und kostengünstiger zu transportierenden Bodenschätze wie Quarzit und Basalt. Der Personenverkehr wurde damals in seiner Bedeutung eher als Ergänzung zum Gütertransportgeschäft gesehen - die Folge waren Streckenführungen und Festlegungen von Bahnhöfen und Haltepunkten, die häufig am optimalen Güterumschlag orientiert waren, die jedoch die Wege der Menschen zur Bahn leider oft recht weit machten. Unter diesem strukturellen Grundmangel litt das Stammnetz der Butzbach-Licher Eisenbahn Zeit ihres Bestehens, um so mehr, als den Menschen alternative Fahrmöglichkeiten zur Verfügung standen.

Damit schließt sich wieder der Bogen zum eingangs zitierten Aufruf der Butzbacher Zeitung: "Lasst alles Unangenehme, was hinter uns liegt, vergessen sein[...]". Nach schweren Jahren des verkehrlichen und wirtschaftlichen Niedergangs hat die Butzbach-Licher Eisenbahn in der Gegenwart ihre Chance erkannt, konsequent genutzt und sich zu einem modernen, innovativen und leistungsfähigen Verkehrsunternehmen entwickelt. Auf der Schiene umfasst das von der BLE befahrene Streckennetz mittlerweile über 200 Kilometer, im Auftrag des Rhein-Main Verkehrsverbundes wurden in unseren 23 modernen Triebfahrzeugen im Jahr 2003 insgesamt rund 4,7 Mio. Fahrgäste befördert, ein Plus gegenüber 2002 von rund 6 %.

Im Bereich Omnibus sind wir auf insgesamt 11 Buslinien der beiden Aufgabenträger "Wetterauer Verkehrsgesellschaft - WVG" und "Verkehrsverbund Gießen - VVG" mit 35 eigenen Fahrzeugen sowie zusätzlich mit weiteren Subunternehmern im Einsatz; wir produzieren dort eine Betriebsleistung von rund 2,5 Mio. Bus- km pro Jahr.

Grußwort

Im Güterverkehr bedient die BLE seit langem zuverlässig die an den verbliebenen eigenen Strecken gelegenen Frachtkunden und übernimmt die Überführung der Wagen zum Übergabebahnhof der Deutschen Bahn AG in Butzbach. Ob sich in diesem Geschäftsfeld zukünftig wieder neue Verkehre gewinnen lassen, hängt nur zu einem geringen Teil von der BLE selbst ab. Wir werden aber alles daransetzen, neue innovative Konzepte und Ideen zu entwickeln und umzusetzen, beispielsweise bei der Erschließung neuer Gewerbestandorte wie der ehemaligen Ayers-Kaserne in Pohl-Göns.

Für die alten Stammstrecken der BLE hat sich zur großen Freude aller Beteiligten mit Wirkung zum 01.01.2004 eine nach wirtschaftlichen Gesichtspunkten vernünftige Lösung gefunden, die außerdem zum Erhalt der im vorliegenden Band ausführlich beschriebenen Strecken führt, die für die regionale Verkehrs- und Wirtschaftsgeschichte bedeutsam waren. Die Eisenbahnfreunde Wetterau e.V. fungieren zukünftig als Betriebsführer der Strecken, beantragen die Umwidmung in den Status einer Anschlussbahn und sind auch für die notwendigen Instandsetzungs- und Erneuerungsmaßnahmen verantwortlich.

Die Butzbach-Licher Eisenbahn ist im Konzernverbund der Hessischen Landesbahn gut auf den Wettbewerb vorbereitet. Diese Aussage gilt sowohl im Hinblick auf den Wettbewerb um die Fahrgäste als Kunden - das zeigen uns erneut gestiegene Fahrgastzahlen und eine positive Bewertung unserer Angebotsqualität durch unseren Auftraggeber RMV - wie auch im Hinblick auf den Wettbewerb um die Verkehrsleistung in Vergabeverfahren.

Das Land Hessen und unsere kommunalen Anteilseigner tragen diese Entwicklung mit und unterstützen uns dabei maßgeblich, so dass wir zuversichtlich in die Zukunft blicken und unseren Teil an der Umsetzung eines qualitativ hochwertigen Verkehrsangebotes für die Menschen der Region leisten.

Bernd Abeln
Staatssekretär im Hessischen Ministerium der Finanzen;
Vorsitzender der Aufsichtsräte der Hessischen Landesbahn GmbH - HLB

Peter Berking
Geschäftsführer der Hessischen Landesbahn GmbH - HLB;
Vorstand der Butzbach-Licher Eisenbahn AG - BLE

Jürgen Horn
Vorsitzender des Betriebsrates der Butzbach-Licher Eisenbahn AG - BLE

Vorwort

Als eines der ganz wenigen Eisenbahnunternehmen in Deutschland, das nie seinen Namen geändert hat, firmiert die Butzbach-Licher Eisenbahn AG (BLE) auch mehr als hundert Jahre nach der Gründung noch unter diesem Namen. Die Unternehmensgründung erfolgte am 14. April 1902, und zwei Jahre später, am 28. März 1904, konnte der Betrieb auf der Stammstrecke zwischen Butzbach und Lich aufgenommen werden.

In dem Zeitraum von über hundert Jahren erlebte die Bahn gute wie schlechte Zeiten, wobei in den letzten fünfzig Jahren - zumindest was den Bahnbetrieb betrifft - eher die schlechten Zeiten überwogen. Zwischen 1953 und 2003 wurden von den ursprünglich betriebenen 57 Kilometern Bahnstrecken über 52 Kilometer stillgelegt, so daß heute nur noch knapp fünf Kilometer des ursprünglichen Streckennetzes befahren werden. An Bedeutung gewann dagegen der Omnibusverkehr der Bahn, welcher die Rückgänge im Schienenverkehr mehr als ausgleichen konnte.

Ein neues Standbein im Schienenverkehr konnte im Zuge der Liberalisierung des Nahverkehrs geschaffen werden. Die BLE übernahm vom Knotenpunkt Friedberg/Hessen aus Nahverkehrsleistungen auf den DB-Strecken nach Friedrichsdorf, Nidda, Hungen, Hanau sowie zwischen Gießen und Gelnhausen. Hier werden moderne Triebwagen eingesetzt. Die Fahrzeuge werden am alten Betriebsmittelpunkt in Butzbach gewartet, wo moderne Werkstatt- und Betriebsanlagen entstanden sind.

So blickt die Butzbach-Licher Eisenbahn inzwischen wieder in eine recht rosige Zukunft, auch wenn sich die Unternehmenstätigkeit stark gewandelt hat. Von der ursprünglichen Nebenbahnromantik ist nicht mehr allzu viel geblieben, sieht man von der Strecke zwischen Bad Nauheim und Münzenberg einmal ab, die seit der 2003 erfolgten Stillegung von den Eisenbahnfreunden Wetterau gepachtet ist und mit Museumszügen befahren wird.

Länger als andere Nebenbahnen hatte die BLE noch viel Kleinbahnflair zu bieten. So war ich seit meinem ersten Besuch bei der Bahn im Jahre 1969 von diesem Betrieb begeistert. Auf den Strecken gab es noch teilweise Dampfbetrieb, und ein reger Personen- und Güterverkehr in reizvoller ländlicher Umgebung wurde betrieben.

Seit dieser Zeit habe ich das aktuelle Geschehen bei der BLE nicht aus den Augen gelassen; Bekanntschaften mit Eisenbahnern und Eisenbahnfreunden wurden geknüpft sowie Materialien und Fotos zusammengetragen. Es entstand der Wunsch, eine umfassende und aktuelle Veröffentlichung über die BLE zusammenzustellen, nachdem ein Buch über die Bahn bereits 1976 erschienen war und die Angaben dort natürlich nicht mehr auf dem neuesten Stand sind. Dies ist nun geschehen.

Ohne die Mithilfe zahlreicher Personen wäre diese Arbeit in der Form und dem Umfang nicht möglich gewesen. Unterstützt haben mich im Laufe der Jahre insbesondere Wilfried Biedenkopf (†), Kurt Burlein, Dieter Eckert, Johannes Kroitzsch (†), Jürgen Lerch, Klaus-Peter Quill, Dieter Riehemann, Albert Schrader, Walter Söhnlein und Gerd Wolff. Mit diesen Personen hat sich mit der Zeit aus gemeinsamen Interessen eine langjährige Freundschaft entwickelt.

Frankfurt am Main, im Januar 2004

Andreas Christopher

1. Geschichte

1.1 Pläne für einen Bahnbau zwischen Butzbach und Lich

Die Wetterau, eine Senke zwischen Taunus und Vogelsberg, ist auch heute noch ein überwiegend landwirtschaftlich geprägtes Gebiet. Hochwertige Lößböden bieten gute Voraussetzungen für eine florierende Landwirtschaft mit vorwiegend Getreide- und Zuckerrübenanbau.

Mehrere Ackerbürgerstädte haben für die umliegenden Dörfer eine zentrale Funktion. Die wichtigste dieser Städte ist die Kreisstadt Friedberg. Nördlich davon liegen die Kurstadt Bad Nauheim und die Stadt Butzbach. Diese drei Städte wurden bereits 1850 durch die zwischen Frankfurt am Main und Gießen verlaufende Main-Weser-Bahn an das deutsche Eisenbahnnetz angebunden. Weiter östlich in Richtung Vogelsberg befinden sich die Städte Lich, Hungen und Nidda, die 1869/70 durch die Strecke Gießen - Gelnhausen der Oberhessischen Eisenbahn Bahnanschluss erhielten. Noch weiter östlich liegen Grünberg und Laubach. Grünberg erhielt ebenfalls 1869 durch die Linie Gießen - Fulda der Oberhessischen Eisenbahn seinen Anschluss an die Eisenbahn, Laubach musste sich bis 1890 mit seiner Eisenbahnverbindung von Hungen aus gedulden.

Die Städte waren also um die Jahrhundertwende bereits weitgehend an das Bahnnetz angeschlossen. Was noch fehlte, waren Nebenbahnen, welche die Dörfer in der Wetterau erschließen sollten. Die Landwirtschaft bot mit Getreide-, Rüben- und Düngemitteltransporten genügend Frachtpotenzial, zudem waren Bodenschätze, wie Basalt, Quarzit und Sand, abzufahren. Und auch vom Personenverkehr versprach man sich einige Bedeutung, denn die Landwirte wollten einerseits ihre Produkte auf den Märkten der umliegenden Städte verkaufen und andere Dinge einkaufen, andererseits entstanden in den Städten mit der Zeit auch Industrie- und Gewerbebetriebe, so dass sich ein Pendler- und Schülerverkehr entwickelte.

Die Ausgangslage war in der gesamten Wetterau die gleiche. Überall bildeten sich daher um 1900 Interessenvertretungen und Eisenbahn-Komitees, die Nebenbahnen zwischen den bestehenden Hauptstrecken planten. Viele dieser Planungen konnten in den folgenden fünfzehn Jahren verwirklicht werden. Allerdings zeigte der Großherzog von Hessen-Darmstadt zunächst nur wenig Interesse, weitere Strecken auf Staatskosten zu bauen, da das hierfür benötigte Geld knapp war.

Erstmals wurden 1895 Stimmen laut, die für eine Schmalspurbahn Butzbach - Lich plädierten. Vorbild war die Bahnlinie von Gießen nach Bieber, die sich damals bereits in weit fortgeschrittenem Planungsstadium befand und 1898 in Betrieb ging. Jedoch bewilligte der Licher Gemeinderat nicht die für die ersten Vorarbeiten benötigten 200 Mark. Auch scheiterte das Projekt an der Weigerung der Gemeinden, den Grund und Boden für den Bahnbau zur Verfügung zu stellen.

Die Bahnbefürworter ließen jedoch nicht locker, und schon bald war von einer regelspurigen Bahnlinie Butzbach - Lich - Grünberg die Rede. Initiator war der Butzbacher Bürgermeister und Landtagsabgeordnete Wilhelm Joutz. Er entwickelte ein Projekt und arbeitete dazu eine Expertise aus, die nicht nur die Satzungen einer zu gründenden Gesellschaft, sondern auch die Kosten und Belastungen für die Anliegergemeinden aufzeigte. Joutz setzte sich vehement für sein Projekt ein, sprach alle Gemeinden selbst an und gründete ein Eisenbahnkomitee, das die Sache vorantreiben sollte. Als Argumentationshilfe diente ihm ein Gutachten des Darmstädter Oberbergrates Chelius vom 16. Januar 1900 (siehe Kasten).

Da der Staat weiterhin kein Interesse zeigte, begab sich das Komitee auf die Suche nach Geldgebern und Interessenten, welche die Strecke errichten wollten. Das war recht schwierig. In einer Zuschrift an den "Wetterauer Boten" beschreibt Joutz die Schwierigkeiten, die es zu überwinden galt: *"... aber alle weiteren Bemühungen bei verschiedenen Bahnbaugesell-*

Schuldverschreibung der Butzbach-Licher Eisenbahn-Aktiengesellschaft aus dem Jahre 1904

Slg. Jürgen Lerch

Geschichte

Bau der Unterführung unter der Main-Weser-Bahn in Butzbach an der Strecke nach Oberkleen im Jahre 1908. Auf der Brücke zwei fabrikneue BLE-Wagen

Aus dem Jahre 1909 stammt die Postkarte, welche den Bahnhof Butzbach Ost in seiner ursprünglichen Form zeigt

Stolz präsentieren sich die Beschäftigten der BLE vor der neuen Lok 2c nach deren Anlieferung im Jahre 1904

Geschichte

Wilhelm Joutz wurde am 15. Juli 1850 in Butzbach geboren. Sein Vater, Sebastian Joutz, war dort als Kaufmann und Färbermeister tätig. Wilhelm Joutz übernahm zunächst widerwillig die Färberei seines Vaters. In den folgenden Jahren widmete er sich mehr und mehr der Politik. Er wurde Beigeordneter und von 1890 bis 1900 Bürgermeister seiner Heimatstadt Butzbach. Im Jahre 1896 zog er als Abgeordneter für den Bauernbund in den hessischen Landtag ein, dem er bis zu seinem Tod am 21. Juli 1916 angehörte.

Joutz war von dem neuen Verkehrsmittel Eisenbahn fasziniert. Unter anderem setzte er sich 1913 für den Bau einer meterspurigen, elektrischen Straßenbahn im mondänen Weltbad Bad Nauheim ein, wovon im Stadtarchiv Butzbach noch Korrespondenzen mit der Firma Siemens-Schuckert zu finden sind. Zwei Linien mit unterschiedlichen Linienführungen sollten Bad Nauheim mit Butzbach verbinden. Auch das Butzbacher Elektrizitätswerk ging auf seine Initiative zurück.

schaften, den Bau der Bahn von Butzbach nach Lich nun mehr auch ausgeführt zu sehen, scheiterten an dem schweren Hindernis, dass keine Gesellschaft sich fand, welche das Risiko für die Rentabilität der Bahn übernehmen wollte.

Erst im Sommer 1901 gelang es mir, die Bahnbaufirma Lenz & Co für den Bahnbau zu interessieren und erklärte sich diese Firma bereit, auf Grund eingehender Untersuchung der von mir aufgestellten Rentabilitätsberechnung und Augenscheinnahme, den Bahnbau nach dem vorliegenden Projekt und dem Vorschlag zu übernehmen, wenn der gesetzliche Staatszuschuss nur gesichert sei, die Gemeinden das Baugelände zur Verfügung stellten und ich es fertig bringe, 530.000 Schuldverschreibungen in der Gegend unterzubringen, wogegen sie den gleichen Betrag an Aktien zu übernehmen bereit sei."

Die Eisenbahnbau- und Betriebsgesellschaft Lenz & Co. GmbH in Berlin war ein Tochterunternehmen der Aktiengesellschaft für Verkehrswesen (AGV). Die Firma beantragte 1902 eine Bau- und Betriebskonzession beim Hessischen Landtag. Die Konzession wurde der noch zu gründenden Butzbach-Licher Eisenbahn AG von der Großherzoglichen Regierung in Darmstadt am 22. März 1902 erteilt und gleichzeitig ein Staatszuschuss von 20.000 Mark pro Bahnkilometer bewilligt. Damit war der Durchbruch erzielt, und der Gründung der Bahn stand nichts mehr im Wege.

1.2 Bau und Eröffnung der Stammstrecke

Am 17. April 1902 wurde die Butzbach-Licher Eisenbahn AG (BbLE) mit einem Aktienkapital von zunächst 550.000 Mark gegründet und am 23. Mai 1902 in das Handelsregister beim Amtsgericht Butzbach eingetragen. Gesellschafter waren die Firma Lenz & Co. (86,8%, 1906 übertragen auf die AGV) und die acht zwischen Butzbach und Lich gelegenen Anliegergemeinden. Im Vorstand waren der Landtagsabgeordnete Wilhelm Joutz sowie, für die Firma Lenz, Regierungsbaumeister Reh aus Berlin, der Schwiegersohn von Friedrich Lenz.

Nachdem die genauen Kostenvoranschläge kalkuliert worden waren, musste das Aktienkapital um weitere 201.000 Mark erhöht werden. Im April 1903 wurde mit den Bauarbeiten begonnen. Das im Besitz des Grafen Solms-Lich befindliche Kloster Arnsburg musste umfahren werden, da der Graf die direkte Streckenführung über Arnsburg ablehnte. Der Bahnbau bereitete in dem ebenen Gelände kaum Schwierigkeiten und man kam mit den Arbeiten zügig voran. Bereits ein Jahr später, am 28. März 1904, konnte der Betrieb auf der 19,5 Kilometer langen Strecke zwischen Butzbach und Lich aufgenommen werden. Das Ereignis wurde damals mit einem Festessen in Butzbach, vielen Reden, großer Anteilnahme der Bevölkerung und einem Sonderzug für geladene Gäste gebührend gefeiert.

Der Eröffnungszug am 28. März 1904. Neben dem reichlich geschmückten Zug stellen sich örtliche Würdenträger dem Fotografen. Der Ort der Aufnahme ist allerdings unbekannt

Geschichte

Gutachten von Bergrat Chelius, Darmstadt, vom 16. Januar 1900

Die Bahnlinie Butzbach - Lich führt über Griedel, Gambach, Oberhörgern, Arnsburg unweit Münzenberg nach Lich. Da längs dieser Linie schon jetzt mehrere Steinbruchanlagen, Sandgruben und eine Erzgrube sich befinden, steht es außer Zweifel, dass der zukünftigen Bahn erhebliche Beförderungen an Erz, Straßen- und Hochbaumaterialien zufallen werden, weil die Wetterau oder die Gegend von Butzbach bis Frankfurt von den genannten Materialien wenige aufzuweisen hat und als besonders bezugskräftig anzusehen ist. Der Güterverkehr wird mithin für die neue Linie ein verhältnismäßig großer werden, so dass dieselbe eine günstige Verzinsung in einigen Jahren aufweisen kann. Größere Schwierigkeiten für den Bau mit Ausnahme des Torfstichs bei Oberhörgern scheinen nicht vorhanden zu sein.

Es steht in Aussicht für die Bahn eine Beförderung werktäglich mindestens: 1 Doppelwaggon Brauneisensteinerz oder Basalt ab Griedel, 2 Doppelwaggons Sand ab Griedel oder Gambach, 5 Doppelwaggons Basaltschotter und Steinsand ab Gambach, 1 Doppelwaggon Basaltpflastersteine ab Oberhörgern, 2 Doppelwaggons Sandstein ab Münzenberg, 1 Doppelwaggon Pflasterstein ab Licher Wald, zusammen 12 Doppelwaggons Gütertransport für jeden Werktag über Butzbach gegen Gießen und Frankfurt hin. Die heute schon in Betrieb stehenden Anlagen könnten mit den bisherigen Maschinen und ihrer jetzigen Ausdehnung die genannte Menge gewährleisten.

Bei der endgültigen Festlegung der Bahnlinie wäre zu berücksichtigen, dass unweit des Wingertsberges bei Griedel eine günstig gelegene Haltestelle mit Seilbahn oder Anschlussgleise erreichbar ist, ferner dass eine Haltestelle für Münzenberg in nicht allzu weiter Entfernung von den Steinbrüchen vorgesehen wird, dass die Haltepunkte für Gambach und Oberhörgern unter Berücksichtigung der Basaltschotterverladung ausgewählt würden.

Zu den genannten Materialien sind noch in Betracht zu ziehen die Lungsteine unweit Arnsburg, welche heute an der Bergersmühle gewonnen werden, früher aber längs dem versteckten Pfad neben der Mauer bei Arnsburg für Erbauung der dortigen Gebäude benutzt wurden. Diese Lungsteine haben sich zum größten Teil seit Jahrhunderten bewährt. Es ist zu erwarten, dass nach Eröffnung der Bahn die Steine von einer versteckten Stelle wieder in Abbau kommen, ohne der landschaftlichen Schönheit zu schaden, dagegen für den Bahnverkehr von Bedeutung sein werden.

Rockenberg liefert heute fast täglich zusammen zwei Waggons Quarzite und Sande nach Butzbach bzw. zum Rhein. Die günstig gelegene Haltestelle Griedel könnte den Weg und die Fahrkosten für dieselbe verringern. Zu dem Gütertransport kommt der Touristenverkehr nach Münzenberg, Arnsburg und Lich in Betracht, der schon jetzt im Sommer so groß ist, wie für wenige Orte der Wetterau, da diese Orte landschaftlich hervorragend sind. Nach alledem weist die Bahn Butzbach - Lich günstigere Verhältnisse auf als die meisten Nebenbahnen des Vogelsberges. Dieselbe entspricht dem wichtigsten Grundsatze der Bahnbauten, daß eine Bahn dem von der Natur vorgezeichneten Weg folgen soll, hier dem Lauf der Wetter, wenn sie den Verkehr an sich ziehen soll. Der Verkehr geht zum ersten den Thälern entlang, nicht quer zu den Thälern. Da die früheren oberhessischen Bahnen diesem Grundsatz entgegen gebaut waren, konnten sie nur schlecht sich bezahlt machen. Eine Ohmtal-, Nidda-, Nidder-, Wetter-, Horlofftal-, usw. Bahn würden besser gewesen sein und besser aufgeschlossen als wie die früheren. Eine Fortsetzung der Bahn von Lich nach Butzbach würde ebenfalls eine natürliche Linie darstellen, eine Weiterführung nach dem Taunus müsste zwischen Nauheim und Niedermörlen das Usathal zu erreichen suchen und diesem entlang gehen. Für die Festlegung der Bahn ist es von Nachteil, dass die neue topographische Karte noch nicht in Oberhessen weiter gefördert ist, da ohne diese jedes Vorproject für eine Bahnlinie an Einseitigkeit leidet.

Im einzelnen ist noch anzufügen:

1. Der Wingertsberg bei Griedel besteht aus Schiefern, welche eine Kalkschicht einschließen. Die Oberfläche dieses Stringosephalenkalkes ist ähnlich wie bei Gießen und Oberrosbach zu mannigfaltigem Brauneisenstein umgewandelt. Der

So präsentierte sich im Jahr 1908 der Bahnhof Oberhörgern dem Betrachter auf einer Postkarte. Die Reisenden konnten sogar auf eine "Restauration" zurückgreifen.

Slg. Jürgen Lerch

Geschichte

Das Bild zeigt den Eröffnungszug am 28. März 1904 in Butzbach. Er wird von der Bevölkerung begeistert begrüßt

bisherige Abbau dieser Erze war sehr mangelhaft geleistet und betrieben. Die Höhe des Berges besteht aus einem für Pflastersteine geeigneten Basalt und wurde bisher in unvollkommener Weise abgebaut. Die Ränder des Wingertsberges bis zur Gambacher Gemarkung bestehen aus Pliocänsand, der mannigfaltige Verwendung als Verputz-, Mauer- und Straßensand schon jetzt findet und noch mehr finden kann.

2. Bei Gambach liegen große Steinbrüche, deren Säulenbasalt einen vorzüglichen Straßenschotter liefert. Der Basalt in den Verzeichnissen über Straßenunterhaltungsmaterialien, die von dem Unterzeichneten für Großherz. Ministerium früher bearbeitet wurden, mit "gut bis sehr gut" bezeichnet, es ist dortselbst eine kleine Steinklopfmaschine aufgestellt, welche trotz des theuren Fuhrlohns nach Butzbach und anderen Orten im Jahre 1899 über 2500 Kubikmeter Schotter lieferte.

3. Der Basalt in einem großen Steinbruch bei Oberhörgern ist besonders für Pflastersteine geeignet, liefert jedoch auch Straßenschotter; seine Ausbeutungsfähigkeit ist eine sehr große.

4. In Münzenberg sind von Gebrüder Hoffmann die früheren so genannten Blättersandsteinbrüche bedeutend erweitert und für größere Lieferungen jetzt vorgerichtet; dieselben ergeben für viele Zwecke geeignete Pflastersteine, Randsteine, Kilometersteine, Deckplatten, Mauersteine und sind noch bedeutend zu vergrößern; es

arbeiten daselbst 20-30 Mann. Die dort selbst am Steinberg lagernden gewaltigen quarzitischen Konglomerate dürften für Bauten im sogenannten Cyklopenmauerwerk und für Grotten und Gartenzwecke bei billigen Transport sehr gesucht werden. Unweit des Steinbergs bei Münzenberg liegt eine kohlensäurehaltige Salzquelle, die vielleicht später Benutzung finden kann und zu Transporten Anlass bietet. Die Steinbrüche könnten durch ein Drahtseil oder Zweiggleise unschwer mit der Haltestelle für Münzenberg verbunden werden.

5. Die Lungsteine bei Arnsburg nehmen ein großes Areal und sind leicht aufzuschließen und für Bauzwecke auszubeuten. Die vorhandenen Baustellen sind in schlechtem Zustand; die alten Steinbrüche verwachsen.

6. Der Steinbruch im Nidda-Arnsburger Wald enthält ausgedehnten Strombasalt, der in einem großen Steinbruch von 90 Arbeitern ausgebeutet wird und gute Pflastersteine liefert.

Gez.: Chelius

Werksbesichtigung der Meguin durch internationale Presse am 2. Juni 1923

Butzbach-Licher Eisenbahn

Geschichte

Der Bahnhof Butzbach Ost mit einfahrendem Zug zur Zeit seiner Inbetriebnahme im Jahre 1904 mit damals nur einem Gleis. Die Fläche im Vordergrund wurde später von der Nudelfabrik Heil bebaut

Die Baukosten hatten 1.264.396 Mark betragen, wobei der Wert des von den Gemeinden unentgeltlich abgetretenen Geländes auf 304.991 Mark geschätzt wurde. Die Regierung in Darmstadt gab einen Zuschuss von 391.566 Mark. Das Aktienkapital betrug jetzt 751.000 Mark. Weder in Butzbach noch in Lich wurde die Strecke in die Bahnhöfe der Staatsbahn eingeführt, sondern es wurden in unmittelbarer Nähe eigene Bahnhöfe errichtet. Die Endbahnhöfe erhielten später die Namen Butzbach-West und Lich-Süd. Über die Eröffnung berichtete die Butzbacher Zeitung:

"*Nachdem die Bahnbau-Gesellschaft Firma Lenz & Co. den vom hiesigen Komitee beantragten Eröffnungs-Extrazug aus technischen Gründen nicht bewilligen konnte, ist nunmehr der heute, Montag Nachmittag 3.20 Uhr, von Lich abgehende fahrplanmäßige Zug als Eröffnungszug bestimmt worden.*

In einer gestern Nachmittag im Gasthaus "Zur Burg" in Münzenberg zahlreich aus fast allen Gemeinden besuchten Versammlung einigte man sich über folgendes Programm: Der festlich geschmückte Zug wird auf den betreffenden Stationen von den aufgestellten Vereinen, der Schuljugend und der Ortsbevölkerung begrüßt. Im Zug mitgeführte Musik (Hanauer Ulanen) wird eine Weise aufspielen. *Außerdem haben die einzelnen Gemeinden beschlossen, an den Bahnhöfen Brezeln an die Schuljugend verteilen zu lassen.*

Nach Ankunft des Zuges in Butzbach findet um 5 Uhr im "Hessischen Hof" ein Festessen statt. Bemerkt sei, dass die einzelnen Stationsgebäude sehr schön geschmückt sind. Bei dem schönen Wetter am gestrigen Sonntag wurden die Bahnhöfe von dem Publikum aus den betreffenden Gemeinden zahlreich besucht."

Am nächsten Tag berichteten die Zeitungen dann ausführlich von den Einweihungsfeierlichkeiten. "*Bei herrlichem Frühlingswetter erfolgte die Einweihung und Eröffnung der neuen Nebenbahnlinie Butzbach - Lich, aus welchem Anlass unsere Stadt (Butzbach) in reichem Flaggenschmuck prangte. Um 1:20 Uhr bewegte sich ein von dem Bahnkomitee, dem Stadtvorstand, dem Betriebspersonal und vielen hiesigen Einwohnern besetzter schön dekorierter Bahnzug unter der Musik der Hanauer Ulanen in der Richtung nach Lich und wurde beim Halten an den Stationen vom Publikum aus allen Orten freudig begrüßt. Von Lich fuhr der Eröffnungszug 3:20 Uhr zurück; die an den kommenden Stationen zum Empfang erschienene Schuljugend wurde auf Gemeindekosten mit Brezeln beschenkt. Nach dem Eintreffen des Zuges in Butzbach Ost bewegte sich unter den Klängen der Musik ein stattlicher Zug durch die Stadt bis zum "Hessischen Hof". Hier fand von 5 ½ Uhr ab Festessen statt, woran etwa 100 Personen von Butzbach und anderen interessierten Gemeinden sich beteiligten.*" Das Festbankett im "Hessischen Hof" war zu einem Triumph für den Landtagsabgeordneten und Aufsichtsratsvorsitzenden Joutz geworden, den man als eigentli-

Der **Bahnhof Griedel** hieß in der Anfangszeit vor dem Bau der Strecke nach Bad Nauheim "Griedel-Rockenberg". Der Postkartengruß nach Neuseeland war etwas über einen Monat unterwegs. Abgestempelt wurde die Karte im BLE-Postwagen des Zuges mit der Nummer 1 am 25. Mai 1904. In Hokitika kam die Karte am 7. Juli an.

chen Schöpfer der Bahn mit kernigen Reden und Trinksprüchen feierte.

Die erste Wagensendung der neuen Bahn empfing Herr Ökonomierat Hofmann in Hof Güll. Der Krämer David Grünebaum in Gambach hat die erste Wagensendung aufgegeben.

1.3 Netzerweiterungen

Die Errichtung der Stammstrecke war für die Initiatoren aber erst der Anfang. Man arbeitete daran, die Strecke in verschiedene Richtungen zu verlängern. Im Jahre 1904 gab es die Bahnprojekte Butzbach - Wetzlar, Butzbach - Usingen - Idstein und Lich - Grünberg.

Die Gemeinden östlich von Lich hatten, wie bereits oben erwähnt, Interesse an einer Bahnanbindung. Auch westlich sowie südlich von Butzbach wollte man eine Verlängerung der Strecke. Die Gemeinden im Wettertal zwischen Butzbach und Bad Nauheim waren ebenfalls interessiert, da sie von der Main-Weser-Bahn buchstäblich links liegen gelassen worden waren.

Der Landtagsabgeordnete Wilhelm Joutz hatte den Ortsvorständen folgendes mitgeteilt: "Eine Bahnlinie Butzbach - Lich wird die Anfangsstrecke zum Weiterbau von Bahnen nach Grünberg und Usingen - Idstein sein und mit diesen gar nicht schwierigen Fortsetzungen Oberhessen in direkter Linie mit Wiesbaden und der Rheingegend verbinden". Aus heutiger Sicht dürfte die Strecke nach Idstein jedoch kaum rentabel zu betreiben und mit den notwendigen zahlreichen Kunstbauten und Rampenabschnitten doch schwieriger als gedacht zu verwirklichen gewesen sein. Auch Lenz war schon damals skeptisch gewesen und regte an, dass Joutz sich mit anderen Unternehmern in Verbindung setzen sollte. Die Bahnlinie Butzbach - Usingen war allerdings noch bis 1928 in der Diskussion.

Für die Strecke von Lich nach Grünberg wurde von der Großherzoglichen Regierung in Darmstadt die Konzession am 17. Juli 1907 erteilt. Der Bau dieser Strecke war technisch aufwendiger als in der flachen Wetterau, da hier bereits die Ausläufer des Vogelsberges durchquert wurden und größere Erdbewegungen erforderten. Auch gab es, besonders zwischen Queckborn und Grünberg, längere Steigungsabschnitte. Lenz & Co musste für die Erdbewegungsarbeiten eigens eine kleine 600 mm-Feldbahn-Dampflok beschaffen (O&K 2463/08). Zur Lenz'schen Baukolon-ne gehörten damals übrigens auch rund 100 italienische Fremdarbeiter. Die Zeitung berichtet von einer wilden Revolverschießerei am Bahnhof Grünberg, bei der ein Fenster im Hotel "Englischer Hof" zu Bruch ging.

Die Landwirte spielten hier als Güterkunden nicht mehr die Rolle wie auf der Stammstrecke, dafür konnten mit der Bahn aber mehrere Steinbrüche angeschlossen werden. Der Abschnitt Lich Süd - Queckborn wurde am 15. Juli 1909 und Queckborn - Grünberg Süd am 1. August 1909 eröffnet.

Inzwischen hatte man bereits mit dem Bau der Strecke von Griedel durch das Wettertal nach Bad Nauheim begonnen, nachdem hierfür die Konzession, ebenso wie für die Strecke von Butzbach bis zur Landesgrenze bei Ebersgöns, am 29. August 1908 erteilt worden war. Sie zweigte in Griedel von der Bahnlinie Butzbach - Lich ab und führte über Rockenberg, Oppershofen und Steinfurth nach Bad Nauheim. Hinter Steinfurth wurde das Wettertal verlassen, was auch eine längere Steigungsstrecke erforderlich machte. Güterkunden waren hier wieder die Landwirtschaft sowie die Sandwerke bei Rockenberg. Die Betriebseröffnung des Abschnitts Griedel - Rockenberg erfolgte am 1. Mai 1909, der Abschnitt bis Bad Nauheim Nord konnte am 2. April 1910 in Betrieb genommen werden.

Zeitgleich arbeitete man auch an der westlichen Verlängerung der Stammstrecke von Butzbach über Pohlgöns nach Oberkleen. Baubeginn war hier der 1. Mai 1909. Zunächst war geplant, die Strecke nur bis zur Landesgrenze vor Ebersgöns zu bauen, denn Ebersgöns und Oberkleen lagen im Kreis Wetzlar, der zur preußischen Rheinprovinz gehörte. Um die Oberkleener Kalksteinbrüche und die zeitgleich mit der Bahnstrecke errichtete Plattenfabrik Oberkleen mit der Eisenbahn anzubinden, wurden die Planungen bis dorthin ausgedehnt. Für den auf preußischem Gebiet liegenden 2,71 Kilometer langen Abschnitt musste die Konzession beim Regierungspräsidenten in Koblenz beantragt werden, die am 21. Oktober 1909 erteilt wurde. Der preußische Abschnitt war als Klein-

Die Schlosser der BLE stellen sich stolz dem Fotografen. An Hand der Kilometertafeln ist zu vermuten, dass in den Werkstätten der BLE auch Aufträge der Staatsbahn bearbeitet wurden

Geschichte

Lenz & Co. GmbH bzw. Aktiengesellschaft für Verkehrswesen

Friedrich Lenz wurde 1846 im Kreis Naugard in Pommern geboren. Da sein Vater schon 1847 starb, war der Schul- und Berufsweg für den jungen Lenz nicht einfach; zum Studium langten die Mittel nicht. Er interessierte sich für das Baugewerbe und arbeitete zunächst als Gehilfe für den Kreisbaurat in Naugard und bei einer Stettiner Schiffswerft. Später fand er eine Anstellung im technischen Büro der Berlin-Stettiner Bahn, von wo er in die Dienste eines Stettiner Bauunternehmens für Tief- und Hochbau übertrat. 1870 nahm er ein Angebot des Bauunternehmers Feuerloh an und wurde dessen Teilhaber. Diese Teilhaberschaft hat etwa fünf Jahre gedauert und führte Lenz mitten in den Eisenbahnbau hinein. Eine Teilstrecke der Saalebahn, ein Baulos der Saale-Unstrut-Bahn und die Erdarbeiten einer Bahnstrecke von Sydowsaue nach Stettin wurden von ihm teilweise selbständig leitend durchgeführt.

Im Jahre 1876 eröffnete Friedrich Lenz ein eigenes Tiefbau-Unternehmen. Die Erdarbeiten der Staatsbahnstrecke Stolpmünde-Stolp-Rummelsburg und der Bau der 122 Kilometer langen Bahn von Altdamm nach Kolberg wurden von ihm durchgeführt. Danach war er in Mecklenburg-Schwerin tätig, wobei er in dem Bankier Carl Fürstenberg, dem Inhaber der Berliner Handels-Gesellschaft (BHG), einen Geldgeber fand, der das unternehmerische Risiko mit ihm teilte. Hier entstanden zwischen 1882 und 1887 die Bahnlinien Güstrow-Plau-Meyenburg, Priemerburg-Plaaz, Wismar-Rostock, Teterow-Gnoien und Hornsdorf-Karow. Lenz wurde 1890 vom Großherzog Mecklenburg-Schwerin mit dem Titel "Geheimer Commercienrath" geehrt.

Als am 28. Juli 1892 in Preußen das Gesetz über Kleinbahnen und Privatanschlussbahnen erlassen wurde, bedeutete dies einen Boom im Bau von privaten Bahnstrecken, auch in den anderen deutschen Staaten. Mehr als 12000 Kilometer Neben- und Kleinbahnen sind von 1892 bis zum Ersten Weltkrieg in Deutschland entstanden, und etwa ein Drittel dieser hat die Firma Lenz & Co. GmbH gebaut. Diese war am 30. Juli 1892, nur zwei Tage nach dem Inkrafttreten des neuen Kleinbahngesetzes, mit einem Kapital von vier Millionen Mark gegründet worden, der größte Gesellschafter war die BHG. Lenz wurde Geschäftsführer der Lenz & Co. GmbH. Sitz der Firma war zunächst Stettin, ab 1899 Berlin.

Der Kapitalbedarf dieser neuen Bahnbau- und Betriebsgesellschaft war recht hoch, da man sich bei zahlreichen Bahnprojekten finanziell engagieren musste. Das Bankenkonsortium BHG der Firma Lenz gründete daher vier Finanzierungsgesellschaften: 1893 die Ostdeutsche Kleinbahn-Gesellschaft (1899 umfirmiert in Ostdeutsche Eisenbahn-Gesellschaft OEG, 1912 verkauft an die AG für Verkehrswesen AGV und bis 1945 existent), 1895 die Westdeutsche Eisenbahn-Gesellschaft (WEG, 1928 in der AGV aufgegangen und aufgelöst), 1896 die Bank für Deutsche Eisenbahnwerthe (1916 mit der AGV fusioniert und liquidiert) und 1901 die Aktiengesellschaft für Verkehrswesen (AGV). Diese Gesellschaft blieb nach 1928 als einzige der Finanzierungsgesellschaften übrig und beteiligte sich im Laufe der Zeit nicht nur an Eisenbahnen, sondern auch an Bauunternehmen und Industriebetrieben. Die AGV entwickelte sich zum Mutterkonzern innerhalb der Lenz-Gruppe.

Ab 1903 baute Lenz & Co. in den deutschen Schutzgebieten in Afrika Eisenbahnen; dafür wurde als Kolonialgesellschaft die Deutsche Kolonial-Eisenbahn-Bau- und Betriebsgesellschaft (DKE) gegründet. Zwischen 1903 und 1914 baute Lenz in Afrika insgesamt 1778 Kilometer Eisenbahnstrecken. Nach 1918 wurden die Bahnen als deutsches Regierungseigentum enteignet.

Demgegenüber nahm die Eisenbahnbautätigkeit von Lenz & Co. in Deutschland seit etwa 1905 ab. Nach Ende des Ersten Weltkrieges war bis auf die Bahn von Rövershagen nach Graal-Müritz, welche 1925 fertig wurde, kein neuer Bauauftrag mehr hereingekommen. Der Kraftwagen hatte sich inzwischen als wichtiges Verkehrsmittel durchgesetzt. Geheimrat Lenz zog sich 1920 aus der Verwaltung der AGV und ihrer Tochtergesellschaften zurück, war aber von 1924 bis 1927 im Aufsichtsrat tätig; er starb 1930.

Das Bahnhofsgebäude Butzbach an der Main-Weser-Bahn im Jahr 1910

Slg. Günter H. Köhler

Geschichte

Ein Bild aus den ersten Betriebsjahren: Lok 2c mit Seilzugbremse

Im Jahre 1924 bestand der Lenz-Konzern aus der GmbH Lenz & Co, der AGV, der OEG und der (inzwischen bedeutungslosen) DKE. Um ihr Tätigkeitsfeld zu erweitern, erwarb die AGV in der Folge Aktienpakete mehrerer Bahnen und übernahm auch drei weitere Bahnkonzerne: 1928, wie oben erwähnt, wurde die inzwischen in fremden Besitz übergegangene Westdeutsche Eisenbahn-Gesellschaft (WEG) zurückgekauft. Anno 1927 fusionierte die AGV mit der Allgemeinen Deutschen Eisenbahn AG, Berlin (ADEA) und 1929 schließlich mit der Deutschen Eisenbahn-Gesellschaft AG, Frankfurt (DEAG), die auch die AG für Bahnbau und -betrieb (AGBB) beherrschte. Während die ADEA aufgelöst wurde, blieb die DEAG als Betriebsführungsgesellschaft Deutsche Eisenbahn-Gesellschaft AG (DEGA) bestehen. Mit diesen Fusionen kamen auch so wichtige Betriebe wie die Württembergische Eisenbahn-Gesellschaft AG (ex DEAG) und die Württembergischen Nebenbahnen AG (ex WEG) zur AGV. Die AGV betrieb nach 1929 durch ihre Tochtergesellschaften insgesamt über 100 Neben- und Kleinbahnen mit rund 4000 Kilometer Strecken.

In dieser Zeit wurde ein zweites Standbein in der Bauindustrie geschaffen. Im Jahre 1927 wurde die DKE umbenannt in Allgemeine Baugesellschaft Lenz & Co. (Allbau Lenz) in der von der alten DKE übernommenen Unternehmensform einer Kolonialgesellschaft, die erst 1947 wegfiel, und übernahm nun die Hoch- und Tiefbauaktivitäten der GmbH Lenz & Co. Sie wurde 1952 in die Lenz-Bau AG umgewandelt, welche vor allem Verkehrsbauten durchführte. Die GmbH Lenz & Co. betätigte sich noch bis 1970 u. a. im Konsumbereich (Verbrauchermärkte) und wurde dann liquidiert. 1928 übernahm die AGV 40% der Aktien der Bauunternehmung Dyckerhoff & Widmann AG (Dywidag), welche sie 1931 wieder zurückgab.

Nach 1945 verblieb ein Großteil der AGV-Bahnen außerhalb der Bundesrepublik und wurde enteignet. Die in der Bundesrepublik verbliebenen Lenz-Bahnen wurden in der neu gegründeten Verkehrswesen West GmbH, Hamburg, zusammengefasst, die bis 1949 als Treuhänder für die AGV fungierte. Betriebsführungsgesellschaft für alle AGV-Bahnen wurde die Deutsche Eisenbahn-Gesellschaft AG (ab 1952 GmbH), Frankfurt (DEG).

Die AGV nannte sich ab 1954 Aktiengesellschaft für Verkehr und Industrie (AGVI) und ab 1966, als der Eisenbahnbesitz an Bedeutung verlor, Aktiengesellschaft für Industrie und Verkehrswesen (AGIV). Dieser Name wurde beibehalten, als die AGIV 1973 mit der Allgemeinen Organisations- und Kapitalbeteiligungs-AG (ALOKA) fusionierte, die bis 1972 noch als Allgemeine Lokalbahn- und Kraftwerke AG firmiert hatte. Die AGIV bestand als solche bis 1999 und ist heute als Imobiliengesellschaft AGIV Real Estate tätig. Die Verkehrsaktivitäten wurden an den französischen Vivendi-Konzern verkauft, gehören inzwischen zur Gruppe Veolia-Environment und firmieren unter dem Namen Connex.

Einweihungsfeier im Vogtschen Kalkbruch Ebersgöns am 13. Mai 1910 (vgl. Text auf S. 18)

Geschichte

Viele Jahre bildeten die Dampflokomotiven der Erstausstattung ein Rückgrat der Zugförderung. Zu diesen zählte Lok 22, die bis 1932 als 2c bezeichnet war

bahn nach dem preußischen Gesetz über Kleinbahnen und Privatanschlussbahnen vom 28. Juli 1892 konzessioniert, während es sich bei allen übrigen Strecken der Butzbach-Licher Eisenbahn um Eisenbahnen des öffentlichen Verkehrs gemäß dem hessischen Gesetz vom 29. Mai 1884, die Nebenbahnen betreffend, handelte. Die Strecke Butzbach Ost - Landesgrenze wurde am 30. April 1910 landespolizeilich abgenommen und am 13. Mai 1910 in Betrieb genommen. Der restliche Abschnitt bis Oberkleen folgte am 1. Juni 1910. Die Baukosten für die preußische Teilstrecke beliefen sich auf 172.440 Mark.

Die Aussage in manchen Veröffentlichungen, dass bei der Eröffnung der später fertig gestellten Abschnitte Ernüchterung der anfänglichen Euphorie Platz gemacht hätte, kann so nicht ganz stehen gelassen werden. Die Butzbacher Zeitung berichtet von der Eröffnung am 14. Mai 1910: *"Die heutige Eröffnung der Bahn gestaltete sich ziemlich feierlich. Als eigentlicher Eröffnungszug galt der fahrplanmäßige Zug um 10.50 Uhr ab Butzbach. Mit Tannengrün, Girlanden und Fahnen waren Lokomotive und Wagen geschmückt. Eine Kapelle spielte bei der Abfahrt am Staatsbahnhof und während der Fahrt. Viele Butzbacher fuhren mit. Als Gäste waren unsere Stadtvertretung und die Stadtverwaltung erschienen."* ... *"In Ebersgöns erwarteten sämtliche Dorfbewohner den Zug. Der Kriegerverein mit Fahne und die Schuljugend hatten Aufstellung genommen. Herr Vorsteher Seip brachte ein dreifaches Hoch auf die neue Bahn aus und nun ging es zu Fuß in langem Zug unter Musik nach dem früher Vogtschen Kalkwerk, wo von den Herren Gebrüder Vogt ein kleiner Imbiss und ein vorzügliches Glas Waldböckelheimer gespendet wurde. Herr Beigeordneter Flach (Butzbach) widmete den Gastgebern, die als eigentliche treibende Kraft für das Zustandekommen der Bahn und als deren Förderer gelten können, ein dreimaliges Hoch."* ... *" Nun wurde den im Entstehen begriffenen Bauten für das neue Marmorplattenwerk ein Besuch abgestattet und über Oberkleen nach Ebersgöns marschiert. In der Gastwirtschaft von Wilhelm fand bei Musik und Tanz die Feier ihre Fortsetzung. In kerniger Ansprache brachte Kaufmann Norm aus Butzbach zum Ausdruck, dass zwischen den Landorten und Butzbach stets ein gutes Verhältnis geherrscht habe. Er gab der Hoffnung Ausdruck, dass die neue Bahn zur kräftigen Weiterentwicklung dieses guten Einvernehmens beitragen möge. Muntere Weisen und Gesänge wechselten ab, und es herrschte eine frohe, animierte Feststimmung!"*.

Mit solchen Schreiben warb Wilhelm Joutz im Dezember 1901 bei den potentiellen Interessenten für den Bau einer Eisenbahnlinie von Butzbach nach Lich.

In der preußischen Konzessionsurkunde für den Abschnitt nach Oberkleen ist bereits von einer beabsichtigten Verlängerung nach Wetzlar die Rede ("von der Bildung eines besonderen Erneuerungs- und Spezialreservefonds für die kurze auf preußischem Gebiet liegende Strecke wird bis zum Weiterbau der Kleinbahn nach Wetzlar abgesehen"). Hierüber war in einem 1905 zwischen der Stadt Wetzlar (Bürgermeister von Zeugen) und der Firma Lenz & Co. (Reh/Semke) geschlossenen Vertrag folgendes ausgeführt: *"Die neue Bahn nimmt ihren Ausgang von der Staatsbahnstation Wetzlar, aus* welcher sie nach Westen zu abzweigt. Sie umfährt die Neustadt und biegt dann auf möglichst kürzestem Wege in das Wetzbachtal ein unter Überschreitung des Lahnflusses. Dem Wetzbachtal folgend umfährt die Strecke die Gemeinde Nauborn auf der westlichen Seite, überschreitet das Wetzbachtal in Richtung auf die Weismühle zu, schwenkt südlich der Dickesmühle scharf nach Osten ab, um die Höhe bei Weidenhausen zu erreichen und fällt von hier aus in das Tal des Kleenbaches, wobei sie Gr. Rechtenbach an geeigneter Stelle berührt. Die Gemeinde Hochelheim bleibt östlich der Bahnlinie liegen, welche hier wieder südliche Richtung annimmt und über Kirchgöns und Pohlgöns auf möglichst direktem Wege nach Butzbach geführt werden soll." Auch in den folgenden Jahren wurde an den Streckenplanungen nach Wetzlar weitergearbeitet. Dann aber war der Erste Weltkrieg ausgebrochen und die Planungen mussten eingestellt werden. Sie sind nach dem Krieg auch nicht wieder aufgenommen worden.

Auch gab es Überlegungen für eine Verlängerung der Strecke über Cleeberg nach Brandoberndorf. In Cleeberg gab es eine Molkerei, die sich wirtschaftliche Vorteile von dem Bahnanschluss versprach.

Im Jahre 1910 hatte die Butzbach-Licher Eisenbahn mit einer Streckenlänge von 57 Kilometern ihre größte Ausdehnung erreicht. Nun war es möglich, Brennstoffe, Düngemittel sowie landwirtschaftliche Erzeugnisse, Ebersgönser und Oberkleener Kalkstein, Rockenberger und Griedeler Sand, Basalt und Quarzit von der Grünberger Strecke, Koffer von der Rockenberger Kofferfabrik und Steinfurther Rosen aus der Wetterau auf dem Schienenweg und damit billiger zu transportieren.

Die Streckenlänge der Teilstrecken war:
Butzbach-West - Lich-Süd   19,1 km
Lich-Süd - Grünberg-Süd   19,0 km
Griedel - Bad Nauheim Nord   11,0 km
Butzbach-Ost - Oberkleen   7,9 km

Gesamt   57,0 km

Das Aktienkapital der Butzbach-Licher Eisenbahn betrug 1910, nach mehreren Kapitalerhöhungen, 1,867 Millionen Mark.

Nach einigen Betriebsjahren stellten sich jedoch, besonders auf der Stammstrecke, einige Nachteile bei der Trassierung heraus. In dem Bestreben, möglichst viele Orte an die Bahn anzuschließen, hatte man die Bahn oft zwischen zwei Dörfern oder weitab von den Orten entlang geführt, zum Beispiel Oberhörgern-Eberstadt, Hof und Dorf Güll oder Harbach. Lange Fußwege zu den Haltepunkten waren die Folge. Auch war die Fahrplangestaltung bei vier Übergangsbahnhöfen schwierig, irgendwo mussten immer Wartezeiten beim Umsteigen in die Staatsbahn und umgekehrt in Kauf genommen werden.

Lok 142 wurde im Jahr 1925 bei der Lokomotivfabrik Krauss in München gebaut. Das Foto zeigt die Maschine geschmückt zum 1. Mai 1933 oder 1934 im Bahnhof Griedel

Slg. Hermann Lerch

Die Bahn wurde schon wenige Jahre nach Gründung ein Zuschussunternehmen. Weder die Frachtkosten noch die Einnahmen aus dem Personenverkehr deckten die Betriebsausgaben. Die Bilanz für die Geschäftsjahre 1909/10, 1910/11 und 1911/12 wiesen Verluste von 107.217, 168.124 und 211.976 Mark aus. Im Jahre 1912 war einschließlich der Gewinne aus den Anfangsjahren bereits ein Defizit von 43.852 Mark aufgelaufen. Die Einnahmen hatten zwar die Aufrechterhaltung des Betriebs ermöglicht, aber nicht ausgereicht, um die Obligationszinsen zu erbringen, die Einlagen in die gesetzlich vorgeschriebenen Fonds zu decken und die Kosten der Verwaltung zu bestreiten. Das hessische Finanzministerium ordnete daher eine neutrale Überprüfung der Verwaltung an. Diese ergab, dass die Betriebsführung sorgfältig und sparsam gearbeitet hatte. Buchführung, Betriebsausgaben, Personalstand, Löhne und Gehälter waren nicht zu beanstanden.

Die Butzbach-Licher Eisenbahn entwickelte sich innerhalb des AGV-Konzerns zu einer der am wenigsten ertragreichen Bahnen und gehörte zu den Betrieben, welche nur eine geringe Rendite und ständig Defizite in der Betriebsrechnung erwirtschafteten. In den nächsten Jahren mussten immer wieder öffentliche Mittel zur Stützung der Bahn aufgewendet werden. Im Jahre 1913 wurde das Aktienkapital um 111.000 Mark auf 1,756 Millionen Mark herabgesetzt, es wurde 1924 im Verhältnis 1:1 in Reichsmark umgestellt.

Geschichte

Zeitgeschichte verkörpert die Ansicht des Bahnhofsgebäudes in Münzenberg mit dem davor geparkten Dienstwagen der Firma Lenz anlässlich einer Streckenbereisung im Jahre 1925

1.4 Zwischenkriegszeit

Nach dem Ersten Weltkrieg entwickelte sich die Butzbach-Licher Eisenbahn zunächst zufriedenstellend. Insbesondere nach Überwindung der Inflationszeit und dem Wiedererstarken der Wirtschaft stiegen die Beförderungsleistungen deutlich an. Für die abschnittsweise Sanierung und Verstärkung des Oberbaus mussten bereits Ende der zwanziger Jahre große Investitionen getätigt werden. Dabei wurde das aus der Anfangszeit stammende Schienenprofil preußisch V abschnittsweise durch Schienen des Profils VI ersetzt und dort, wo das alte Profil bestehen blieb, der Schwellenabstand von zwölf Schwellen je zehn Meter Gleislänge auf 15 Schwellen je zehn Meter verringert.

Zum 16. März 1925 wurde die Strecke von der Landesgrenze bei Ebersgöns nach Oberkleen von einer Kleinbahn in eine Eisenbahn des allgemeinen Verkehrs umkonzessioniert.

Zum 1. Oktober 1928 wurden die vierte Wagenklasse aufgegeben und analog zur Deutschen Reichsbahn die Frachtsätze im Güterverkehr um 11% erhöht.

Die dreißiger Jahre begannen für die Butzbach-Licher Eisenbahn nicht eben verheißungsvoll. Neben der schwachen wirtschaftlichen Entwicklung führte der aufkommende private Omnibusverkehr, welcher der BbLE auf einigen ihrer Strecken Konkurrenz machte, zu einem starken Rückgang der Fahrgastzahlen. Dem Zug der Zeit folgend setzte auch die BbLE auf den Omnibus und ließ ab 15. Mai 1930 auf der Strecke von Butzbach über Lich nach Grünberg für einzelne schwach ausgelastete Züge nunmehr Busse verkehren. Im Jahre 1933 erwog man die Stilllegung der Teilstrecke Lich - Grünberg, die sich als die am wenigsten benutzte erwies. Nur durch Zuschüsse der Anliegergemeinden konnte die Aufgabe der Strecke immer wieder hinausgeschoben werden.

Erst als Mitte der dreißiger Jahre überall Bautätigkeit einsetzte und Militäranlagen errichtet wurden, setzte der lang ersehnte Verkehrsaufschwung ein. Zwar zunächst nicht beim Personen-, aber beim Güterverkehr. Bei Ettingshausen und Kirch Göns wurden Militärflugplätze eingerichtet. Beide Objekte wurden über lange, neu errichtete Anschlussgleise von Harbach bzw. Pohlgöns aus bedient. Die Anschlussgleise gehörten der Wehrmacht. Der Güterverkehr stieg stark an. Nun konnten weitere Streckenabschnitte der Butzbach-Licher Eisenbahn saniert werden. Auch der Bau der Reichsautobahn zwischen Frankfurt und Kassel machte sich bei den Beförderungsleistungen im Güterverkehr positiv bemerkbar. So wurden als Spitzenwert im Jahre 1937 insgesamt 385.000 Tonnen Güter befördert - ein Wert, der später nie mehr erreicht wurde.

Der Zweite Weltkrieg blieb vorerst ohne große Auswirkungen auf den Betriebsablauf der Butzbach-Licher Eisenbahn. Im August 1944 wurde ein Zug bei der Sommersmühle unweit des Haltepunktes Harbach beschossen, wobei Lokführer und Heizer den Tod fanden. Am 13. März 1945 kam es zu einem Luftangriff auf Grünberg. Hierbei wurden große Teile der Bahnanlagen, auch der BLE, zerstört. Vor Kriegsende wurde der

Aus dem Jahre 1937 stammt dieses Bild vom Bau des Militärflugplatzes in Kirch Göns. Der Zeppelin dürfte die Aufmerksamkeit der Betrachter mehr auf sich gezogen haben als die Feldbahn-Dampflokomotive mit ihren 16 Kipploren an der "dicken" Eiche

Betrieb auf der Butzbach-Licher Eisenbahn am 28. März 1945 eingestellt.

1.5 Entwicklung nach 1945 - Rückzug aus der Fläche

Am 8. Mai 1945 war der Krieg vorbei. Deutschland lag in Schutt und Asche und wurde fortan in vier Besatzungszonen eingeteilt. Die Besatzungsmächte bestimmten nun den eigentlichen Tagesablauf ("wehe den Besiegten"), für die deutsche Bevölkerung war von 22:00 Uhr bis 6:00 Uhr Sperrstunde. Die zweite Wagenklasse durfte nur von Angehörigen der Besatzungsmacht benutzt werden, die deutsche Bevölkerung musste die "Holzklasse" benutzen.

Die Vermögens- und Materialversorgungen waren zusammengebrochen. Im Herbst zog es die Städter in die Wetterau. Es wurde gehamstert oder wie man es immer nennen wollte. Hunger zwang die Menschen der damaligen Zeit auf irgendeine Weise an Essbares heranzukommen. Es war abzusehen, dass für den bevorstehenden Winter keine Kohlenversorgung erfolgen konnte. Kohlen, Schwellen, egal ob alt oder neu sowie Sitzbänke und Fensterscheiben aus den Personenwagen und - soweit vorhanden - die Ledergriffe für herabzulassende Fenster wurden abmontiert. Sie dienten als Brennholz und Schuhsolen.

Für alle Materialien waren Bezugsscheine erforderlich. Dies galt auch für die Butzbach-Licher Eisenbahn. Selbst wenn man die Scheine hatte, waren die erforderlichen Ersatzteile noch lange nicht vor Ort. Aus diesem Chaos heraus

Personenzug im Bahnhof Bad Nauheim Nord am 27. April 1952

begann der Neuanfang. Die inzwischen zurückgekehrten Mitarbeiter wurden mit Aufräumarbeiten beschäftigt. An Lok und Wagen wurde improvisiert für den Tag der Wiederaufnahme des Betriebes.

Auf dem Gebiet der westlichen Besatzungszonen waren nur drei Lenz-Bahnen verblieben, nämlich Kiel-Schönberg, Kiel-Segeberg und Butzbach-Lich. Die Firma Lenz & Co. in Berlin konnte die Betriebsführung nicht mehr ausüben. Als die ersten Züge auf der BbLE ab 20. August 1945 wieder verkehrten, lag die Betriebsführung daher bei der Deutschen Eisenbahn-Gesellschaft AG in Frankfurt (DEGA), welche von der neu gegründeten Verkehrswesen West GmbH, Hamburg, damit beauftragt worden war. Die Verkehrswesen West GmbH handelte von 1945 bis 1949 als Treuhänder für die AGV.

Zum 1. Dezember 1945 waren bei der BbLE insgesamt 50 Personen beschäftigt, darunter 31 im Angestellten- und 19 im Lohnverhältnis.

Die Strecke nach Oberkleen konnte

Lok 22 im Jahre 1953 in Münster

Geschichte

Am Wetterdurchbruch zwischen Münster und Oberbessingen entstand das Foto des Personenzuges mit Lok 24

zunächst nicht befahren werden, weil die amerikanische Besatzungsmacht im Industriegebiet Butzbach Nord militärische Anlagen installiert hatte und diesen Bereich zum Sperrbezirk erklärte. Die BbLE-Strecke durchfuhr dieses Gelände. Ab 11. Februar 1946 wies der Fahrplan hier wieder ein Zugpaar aus.

In Grünberg endeten die Personenzüge der BbLE wegen der Kriegsschäden an einem provisorischen Bahnsteig in Kilometer 37,7 - rund 300 Meter vom früheren Endpunkt entfernt. Am 21. November 1948 fuhren die Personenzüge wieder bis zum Bahnsteig in Höhe des Staatsbahnhofs durch. Zum 15. März 1949 war auch der Übergang von Güterwagen in Grünberg wieder möglich. Die Verzögerungen bezüglich Instandsetzung der Bahnanlagen im Bahnhof Grünberg Süd waren auf schleppende Materiallieferungen und fehlende Arbeitskräfte zurückzuführen. In dieser Zeit gab es Planungen, in Grünberg Süd ein kleines Bahnhofsgebäude mit Güterraum und einer Wohnung zu errichten. Die Pläne wurden nicht realisiert.

Nach dem Krieg änderte sich das Kürzel, welches als Eigentumsmerkmal an den Fahrzeugen sowie in den amtlichen Unterlagen Verwendung fand, von "BbLE" in "BLE". Der Grund lag darin, dass die Braunschweigische Landes-Eisenbahn, die bisher das Kürzel "BLE" verwendet hatte, zum 1. Januar 1938 verstaatlicht worden war und die Buchstabenkombination damit frei wurde.

Als die Hessische Landesverfassung am 1. Dezember 1946 in Kraft trat, fand der Sozialisierungsaktikel 41, Ziffer 1 - Überführung der privaten Eisenbahnen in Gemeineigentum - auch Anwendung auf die Butzbach-Licher Eisenbahn. Die Befugnisse der Gesellschaftsorgane ruhten seit 1. Dezember 1946. Mit der 1. Ausführungsbestimmung vom 25. August 1947 wurde ein

Schwarz beflaggt war der letzte Personenzug zwischen Grünberg und Lich, der hier am 4. Oktober 1953 mit Lok 24 bespannt auf seine Abfahrt in Grünberg Süd wartet

Geschichte

Lok 22 oblag die traurige Aufgabe, beim Streckenabbau der Strecke Lich - Grünberg zu helfen. Hier sind die Arbeiten in Grünberg zu sehen, die schon weit vorangeschritten sind.

Treuhänder bestellt. Die Betriebsführung verblieb vorerst bei der DEGA. Fünf Jahre dauerte diese Interimsverwaltung, weitere Ausführungsbestimmungen zum Artikel 41, der inzwischen juristisch angefochten worden war, ergingen nicht. Mit einem Gerichtsurteil vom 6. Juni 1952 wurde die Sozialisierung der hessischen nichtbundeseigenen Eisenbahnen aufgehoben. Die Treuhänderschaft endete am 30. November 1953, und die Gesellschaftsorgane nahmen ihre Tätigkeit wieder auf.

Inzwischen war nach Kriegsende 1945 der Güterverkehr auf ein Minimum abgesunken. Das Eisenbahnnetz musste wieder aufgebaut werden. Brückenbauwerke, in den letzten Kriegstagen gesprengt, stellten beim Wiederaufbau das größte Hindernis dar. Auch der Güterwagenpark hatte gelitten. Das Anschlussgleis zum Militär-

Der Wismarer Schienenbus war von 1949 bis 1966 bei der BLE im Einsatz. Zum Zeitpunkt der Aufnahme am 23. September 1967 war er in Butzbach Ost abgestellt

Geschichte

Viel Eisenbahnromantik steckt in diesem Foto vom 22. Mai 1956. Während ein Personenzug der Bundesbahn, der mit einer Lok der Baureihe 78 bespannt ist, in Richtung Gießen ausfährt, wartet Lok 24 mit ihrem Zug auf die Abfahrt nach Butzbach

flugplatz Ettingshausen lag seit 1945 still und wurde ab 15. August 1948 durch die Firma Keil in Hattenrod abgebaut. Das Oberbaumaterial konnte von der BLE weiterverwendet werden.

Im Gegensatz zum Güterverkehr kam es beim Personenverkehr in den ersten Nachkriegsjahren zu einem enormen Anstieg, im Jahre 1948 wurden 1,24 Millionen Fahrgäste befördert. Die Währungsreform brachte ab 22. Juni 1948 bei der Butzbach-Licher Eisenbahn wieder ernüchternde Beförderungsleistungen, und mit der Normalisierung der Nachkriegsverhältnisse kehrte die finanzielle Notlage der BLE ab 1949 wieder zurück. Omnibusunternehmen und immer mehr Lastkraftwagen machten in starkem Maße der Schiene Konkurrenz. Der Güterverkehr erholte sich zwar langsam, aber an eine Rentabilität war nicht zu denken. Die Bahn war krank, und so mußten einschneidende Einschränkungen vorgenommen werden.

Um 1950 stellten die Steinbrüche an der Grünberger Strecke den Betrieb ein und entzogen der BLE auf dieser Strecke die Lebensgrundlage. Am 4. Oktober 1953 wurde der Gesamtbetrieb zwischen Lich Süd und Grünberg Süd eingestellt. Die offizielle Entbindung von der Betriebspflicht erfolgte zum 31. Dezember 1954. Der Rückbau der Gleisanlagen wurde einer Privatfirma übertragen. Das Oberbaumaterial war mit Ausnahme von ca. 1000 Stück Buchenschwellen nicht mehr verwendbar und wanderte in den Schrott. Ein Jahr später bereits waren die Gleise abgebaut und die Gebäude und Grundstücke an Privatpersonen verkauft. Als Auftragsunternehmen für die Personen- und Expressgutbeförderung wurde ein Licher Omnibusunternehmer verpflichtet. Nach einigen Jahren wurde die Expressgutbeförderung eingestellt.

Zum 1. Oktober 1949 wurde der Reisezugverkehr zwischen Butzbach Ost und

Der schwere Fünfkuppler 201 war eine Leihlok von der Kleinbahn AG Kassel - Naumburg. In den Jahren 1958-62 war sie bei der BLE im Einsatz

Geschichte

Von Unfällen blieb auch die BLE nicht verschont. Am 1. Juni 1954 mussten Lok 141 und Bi24 von einem Dampfkran bei Arnsburg wieder auf die Schienen gestellt werden (Bilder oben und rechts).

Im Rübenverkehr kam es am 1. November 1982 bei Oppershofen wegen Oberbaumängeln zu diesem Missgeschick (Bild links)

Beträchtlichen Schaden an einem Jeep der Amerikanischen Streitkräfte verursachte VT 65

Geschichte

Ein herrliches Stimmungsfoto aus der Dampflokzeit bei der BLE zeigt die Loks 1151 und 146 am Lokschuppen in Butzbach Ost

Butzbacher Zeitung

Oberkleen stark eingeschränkt, ab 1956 verkehrten nur noch Güterzüge. Der Kraftverkehr auf dieser Linie wurde von einem Auftragsunternehmer betrieben. Erst ab 1961 beschaffte die BLE ihre ersten eigenen Omnibusse. Das Auslaufen des Steinverkehrs in Oberkleen 1967/68 veranlasste die Butzbach-Licher Eisenbahn, um die Genehmigung zur Gesamtstilllegung des Abschnitts von der Landesgrenze bei Ebersgöns nach Oberkleen nachzusuchen. Dem wurde am 13. November 1968 entsprochen, so dass hier der Güterverkehr zum 1. Januar 1969 eingestellt wurde. Die Strecke wurde bald darauf abgebaut, nur der 1,85 km lange Abschnitt von Pohlgöns bis zur Landesgrenze blieb liegen und wurde zum Abstellen von Panzertransportwagen für den Gleisanschluss zur Kaserne Kirch Göns genutzt.

Eine kleine Kommission untersuchte 1957 die Wirtschaftlichkeit des Bahnbetriebs, woraus in der Folgezeit erhebliche Einschränkungen der Unterhaltungsarbeiten an den Gleisanlagen abgeleitet wurden. Besonders auf der Stammstrecke von Butzbach nach Lich war die Lage wenig befriedigend, zumal bei Weiterführung des Reiseverkehrs hier hohe Investitionen in den Oberbau erforderlich gewesen wären. Bereits am 1. Juni 1954 hatte es im Arnsburger Wald einen spektakulären Unfall gegeben, als wegen Oberbauschäden ein kompletter Zug mit Dampflok und Wagen entgleist und umgestürzt war. Deshalb beschloss der Aufsichtsrat am 20. Juli 1960 die Umstellung des Reisezugverkehrs auf Omnibusbetrieb. Zwischen Butzbach West und Lich Süd wurden daher am 27. Mai 1961 der Reiseverkehr ganz und der Güterverkehr auf dem Abschnitt Lich Süd - Hof und Dorf Güll eingestellt. Sämtliche Gütertarifpunkte konnten somit vorerst weiter bedient werden.

Da aber in den folgenden Jahren in den Oberbau nur wenig investiert wurde, waren fünfzehn Jahre später die Mängel so gravierend, dass 1972 der Landesbevollmächtigte für Bahnaufsicht auf den schlechten Gleiszustand zwischen Gambach und Hof und Dorf

Lok 146 fährt am 20. März 1968 mit ihrem Güterzug im Butzbach Ost ein

Kurt Burlein

Geschichte

Güll aufmerksam machte und mit der Betriebseinstellung drohte. Zum 12. Juni 1975 musste der Güterverkehr zwischen Trais-Münzenberg und Hof und Dorf Güll aufgegeben werden. Die Genehmigung dazu war am 3. April 1975 erteilt worden. Im Jahre 1976 wurde die Strecke abgebaut. Auch für den Abschnitt Münzenberg - Trais-Münzenberg lag die Stilllegungsgenehmigung zum 1. Februar 1976 vor. Er wurde aber nochmals saniert und weitere zehn Jahre betrieben, bis am 26. September 1985 endgültig die Entbindung von der Betriebspflicht genehmigt wurde. Zwischen dem 17. und 22. Oktober 1985 wurde der Streckenabschnitt nach Trais-Münzenberg von einer Privatfirma abgebaut.

Im Jahre 1958 stellte das Bankhaus Schroeder, Köln, welches auch bei der Kerkerbachbahn AG finanziell engagiert war, beim Hessischen Minister der Finanzen die Anfrage, ob das Land Hessen bereit wäre, seine Beteiligung an der BLE zu veräußern. Die Landesprüfstelle Hessen erstellte ein Gutachten über den Verkehrswert der nicht an der Börse gehandelten Aktien der BLE. Das Ministerium signalisierte seine Zustimmung zum Verkauf der Aktien der BLE zum Kurswert von 25%, dazu kam es jedoch nicht. Der Grund für den Vorstoß des Bankhauses ist heute nicht mehr klar erkennbar; wahrscheinlich wollte man mittelfristig den Bahnbetrieb aufgeben und die Grundstücke verwerten.

Immer wieder schön ist für den Lokführer der Blick auf Burg Münzenberg

Heizer und Lokomotivführer an ihrem Arbeitsplatz auf der Dampflok

Butzbach-Licher Eisenbahn

Geschichte

Gutachten zur BLE

Die Butzbach-Licher Eisenbahn A.G. wurde mit ihrer Stammstrecke Butzbach - Lich durch Konzession des Großherzogs von Hessen vom 22.3.1902 betr. den Bau und Betrieb einer normalspurigen Nebenbahn (§6, Ziff. 2) von Butzbach nach Lich auf Antrag der Firma Lenz & Co in Berlin nach dem hessischen Gesetz vom 29.5.1884, die Nebenbahnen betreffend, genehmigt. Die Konzession betrug ursprünglich 50 Jahre (§ 17) mit nachfolgendem Übernahmerecht des Staates. Durch eine weitere Konzessionsurkunde vom 29.8.1908 wurde die Genehmigung zu einer vom Bahnhof Griedel der Strecke Butzbach - Lich abzweigenden Nebenbahn nach Bad Nauheim sowie einer weiteren Nebenbahn von Butzbach bis zur Landesgrenze bei Ebersgöns erteilt als einheitliches Unternehmen mit der bestehenden Nebenbahn Butzbach-Lich. Diese Konzession erlischt gem. § 6 mit dem 30.9.1957. Für die auf ehemals preußischem Gebiet der von Butzbach nach Oberkleen verlaufenden Strecke erteilte der Regierungspräsident von Koblenz am 21.10.1909 die Genehmigung zum Bau und Betrieb einer nebenbahnähnlichen Kleinbahn von Oberkleen bis zur Landesgrenze bei Ebersgöns auf die Dauer von 50 Jahren. Diese Konzession wurde ersetzt durch Genehmigungsurkunde des Preußischen Staatsministeriums vom 7.5.1925 nach den Vorschriften des Preußischen Eisenbahngesetzes vom 5.11.1858 infolge Umwandlung der Bahn in eine Bahn des allgemeinen Verkehrs. Eine praktische Bedeutung kommt dieser Unterscheidung in Bahnen des allgemeinen und des nicht allgemeinen Verkehrs (Kleinbahnen) heute nicht mehr zu.

Eine weitere Genehmigungsurkunde des Großherzogs von Hessen von 17.7.1907, die Nebenbahn von Lich nach Grünberg betreffend, ist gegenstandslos geworden, nachdem durch

Bereits im Jahr 1955 wurde in der Tagespresse die Zukunft der BLE kritisch hinterfragt

Der Wetterauer Bahn geht die Puste aus
Gemeinden liegt mehr an Bus-Verkehr als am Schienenweg   6.8.55

Die Tage der Butzbach—Licher Kleinbahn sind gezählt. Diese Bahn, deren Netz sich zwischen Bad Nauheim und Butzbach (Kreis Friedberg), Cleeberg (Kreis Wetzlar) und Lich (Kreis Gießen) erstreckt, hat den oberhessischen Städten und Gemeinden, die an ihren Strecken liegen, mitgeteilt, das Defizit des Bahnbetriebes auf diesen Nebenstrecken habe derartige Formen angenommen, daß die Bahnverwaltung sich gezwungen sähe, diese Gemeinden mit heranzuziehen, es zu tragen. In dem Schreiben heißt es, für die Kleinbahn hätten bereits Kredite in Höhe von rund anderthalb Millionen Mark aufgenommen werden müssen, um den Betrieb überhaupt aufrechterhalten zu können.

Zu diesem Begehren der Kleinbahn-Verwaltung haben jetzt die Bad Nauheimer Stadtverordneten ablehnend Stellung genommen. In der Aussprache zu diesem Punkt wurde klar gesagt, daß Bad Nauheim verkehrsmäßig nicht nur kein Interesse am Betrieb dieser (1945 sozialisierten) Bahn hat, sondern sogar begrüßen würde, wenn diese Strecken nicht mehr von der Bahn, sondern von Omnibussen befahren würden. Zur Begründung wurde gesagt, das würde zweifelsohne eine Stärkung der Bad Nauheimer Omnibusbetriebe bedeuten, die einen Teil der Wettertalstrecke befahren würden, und dies würde wiederum das Gewerbesteueraufkommen der Stadt erhöhen. Die Bad Nauheimer Stadtverordneten spielten damit auf den bereits vor kurzer Zeit stillgelegten Nordteil des Streckennetzes der Kleinbahn an, die ebenfalls wegen Unrentabilität die Strecke zwischen Lich und Grünberg stillegte und abbaute. Dort verkehren jetzt Omnibusse.

Nachdem sich nun Bad Nauheim, der Ausgangspunkt der Butzbach—Licher Kleinbahn, nicht bereit erklärt hat, sich am Tragen der Fehlbeträge dieser Bahn zu beteiligen, nachdem ferner das Staatsbad und die Staatsbäderverwaltung in Bad Nauheim eine ebenso ablehnende Haltung eingenommen haben und auch schon einige der betroffenen Landgemeinden erklärten, sie könnten der Bahn nichts zuzahlen, dürfte auch das Schicksal dieser Kleinbahn, die das Wettertal durchfährt, in Kürze besiegelt sein.

Slg. Walter Söhnlein

Lok 201 in Butzbach Ost im Juli 1958

Johannes Kroitzsch

Geschichte

Nachtrag des Hessischen Ministeriums für Arbeit, Wirtschaft und Verkehr vom 15.9.1953 auf Grund des erwähnten hessischen Gesetzes von 1884 Art. 10 Ziff. 4 in Verbindung mit § 1 des Reichsgesetzes über Maßnahmen zur Aufrechterhaltung das Betriebes von Bahnunternehmen des öffentlichen Verkehrs vom 7.5.1954 (RGB1. II S. 91) die Butzbach - Licher Eisenbahn AG für diesen Streckenabschnitt von der Betriebspflicht zum 4.10.1953 befristet und durch Nachtrag vom 24.11.1954 zum 1.1.1955 endgültig von der Betriebspflicht entbunden worden ist. Dieser Streckenabschnitt wurde 1955 abgebaut.

Das Grundkapital der AG beträgt 1.756.000,- DM. Hiervon hat das Land Hessen den Anteil der AG für Verkehrswesen in Höhe von 1.525.000,- DM = 87 % im Jahre 1955 käuflich übernommen. Der Rest des Aktienkapitals ist sehr unterschiedlich gestreut. Während die beteiligten Landkreise überhaupt nicht an Aktienbesitz beteiligt sind, haben die an den Endpunkten der Bahn gelesenen Städte Bad Bauheim mit 15.000 DM, Lich mit 2.000 DM und Butzbach mit sogar nur 1.000 DM ihr Interesse an der Bahn in nur sehr bescheidenem Umfang zum Ausdruck gebracht. Von den an die Bahn angeschlossenen Gemeinden erscheint Steinfurth mit 31.000 DM an erster Stelle. Es folgen Oberkleen und Ebersgöns mit jeweils 25.000 DM, Oppershofen mit 15.000 DM, Rockenberg mit 14.000 DM; die sechs zwischen Griedel und Lich gelegenen Gemeinden sind mit Beträgen von 2.000 bis 4.000 DM beteiligt. Schließlich ist noch die Stadt Wetzlar mit 10.000 DM sowie eine Reihe Privater mit insgesamt 68.000 DM vertreten, darunter Krupp Essen mit 20.000 DM. Diese nach Verkehrsinteresse und Anteilshöhe äußerst unterschiedlichen Beteiligungen stellen den Vorstand bei dem Bestreben des Landes Hessen, die Aktionäre gem. der Höhe ihrer Anteile zur Deckung des Defizits heranzuziehen, vor eine sehr schwierige Aufgabe.

(Auszug aus einem Gutachten des Reichsbahndirektors i.R. Wendt vom Dezember 1956 über eine Untersuchung des Eisenbahn- und Kraftfahrbetriebes unter Darlegung von Rationalisierungsmöglichkeiten).

Die Gleisanlagen im Bahnhof Griedel am 22. Mai 1956, von der Spitzkehre aus betrachtet. Links das Streckengleis in Richtung Bad Nauheim

Aktionäre der Butzbach-Licher Eisenbahn AG 1950

Stadt Wetzlar	10.000,00
Gemeinde Rockenberg	14.000,00
Gemeinde Ebersgöns	25.000,00
Gemeinde Oberkleen	25.000,00
Gemeinde Ober Bessingen	4.000,00
Stadt Butzbach	1.000,00
Gemeinde Gambach	1.000,00
Gemeinde Ober Hörgern	1.000,00
Stadt Münzenberg	1.000,00
Gemeinde Trais-Münzenberg	1.000,00
Gemeinde Eberstadt	1.000,00
Gemeinde Muschenheim	1.000,00
Gemeinde Steinfurth	31.000,00
Gemeinde Oppershofen	15.000,00
Stadt Bad Nauheim	15.000,00
Stadt Lich	2.000,00
Gemeinde Niederbessingen	3.000,00
Gemeinde Münster	3.000,00
Gemeinde Ettingshausen	4.000,00
Gemeinde Harbach	2.000,00
Gemeinde Queckborn	3.000,00
Kommunen gesamt	**163.000,00**
Bergwerk Luise	2.000,00
Pfarrer Allwohn	2.000,00
Fa. Joh. Heinr. Ihring	2.000,00
Buderus'sche Eisenwerke	5.000,00
Fa. Golfschmidt & Locwonick	5.000,00
Fa. Löffler & Co.	6.000,00
Fa. Scheidhauer & Giessing, Didier-Werke, Berlin	15.000,00
Ökonomierat Hoffmann, Hof-Güll	1.000,00
Fa. Fr. Krupp AG, Essen	20.000,00
Commerz & Privatbank	5.000,00
Gutehoffnungshütte AG, Oberhausen	5.000,00
Verkehrswesen West GmbH, Hamburg	1.525.000,00
Privat gesamt	**1.593.000,00**
gesamt	**1.756.000,00**

Geschichte

Einen Einblick in den typischen Arbeitsalltag der 50er und 60er Jahre bei der BLE geben diese Bilder. Häufig waren schwere körperliche Tätigkeiten zu verrichten und auch Belastungen durch Staub und Lärm waren an der Tagesordnung

Butzbacher Zeitung (5), Johannes Kroitzsch (Hintergrund)

Schildermaler der BLE bei seiner Arbeit

Neben fundiertem Fachwissen benötigte der Lokschlosser in der Dampflokzeit auch eine gute Portion Kraft

Auch bei der Bekohlung der Dampflokomotiven war viel Handarbeit vonnöten. Eine Arbeit, die bei Hitze, Regen oder Schneefall hohe körperliche Anforderungen an die Eisenbahner stellte

Geschichte

Wartungsarbeiten an Lok 204 im Betriebswerk Butzbach Ost

Arbeiten im Lokschuppen in Butzbach. Der Kohlenofen im Hintergrund sorgte an kalten Tagen für eine angenehme Arbeitstemperatur

Geschichte

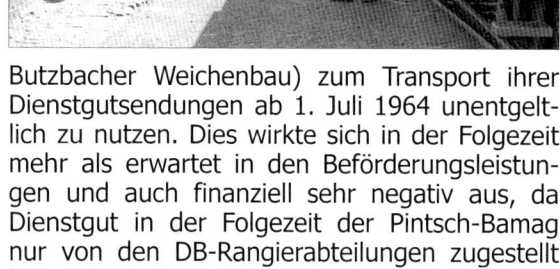

Ihren Anteil am Verkehrsaufkommen bei der BLE hatte immer auch die Stückgutverladung, oben am 9. September 1968 in Butzbach Ost und rechts am 8. Juli 1968 in Griedel

Anfang der sechziger Jahre bahnte sich eine bedeutende Änderung für den Bereich Butzbach an. Im Zusammenhang mit der Elektrifizierung der Main-Weser-Bahn und der Beseitigung des niveaugleichen Bahnübergangs der Bundesstraße 3 ergab sich die Notwendigkeit, die Übergabe zur Deutschen Bundesbahn auf die gegenüberliegende Seite des DB-Bahnhofs zu verlegen. Denn die Turmmasten für die den Nordkopf des Butzbacher Bahnhofes überspannenden Querseil-Tragwerke sollten auf der Trasse der BLE und dem Bahnhof Butzbach West zu stehen kommen. Im Jahre 1962 konnten die notwendigen Grundstückskäufe getätigt werden. Am 19. Juli 1964 wurde die seit 1961 nur noch im Güterverkehr befahrene Verbindungsstrecke von Butzbach Ost nach Butzbach West aufgegeben und gleichzeitig der Verbindungsbogen von Butzbach Nord nach Butzbach DB in Betrieb genommen. Von Vorteil ist hierbei, dass die Hauptgleise der DB bei Übergabefahrten nicht mehr gekreuzt werden müssen. Von den Gesamtkosten dieser Maßnahme in Höhe von einer Million DM musste die BLE rund 490.000 DM tragen, die über Finanzierungshilfen des Landes abgedeckt waren. Die DB beteiligte sich mit den restlichen ca. 510.000 DM an den Gesamtkosten der Westeinfahrt. Als Gegenleistung für den Baukostenzuschuss räumte die BLE der DB ein, das neue Einfahrgleis bis zum Anschluss Pintsch-Bamag AG (heute Butzbacher Weichenbau) zum Transport ihrer Dienstgutsendungen ab 1. Juli 1964 unentgeltlich zu nutzen. Dies wirkte sich in der Folgezeit mehr als erwartet in den Beförderungsleistungen und auch finanziell sehr negativ aus, da Dienstgut in der Folgezeit der Pintsch-Bamag nur von den DB-Rangierabteilungen zugestellt bzw. abgeholt wurde.

Mittlerweile wurde nur noch auf der Strecke durch das Wettertal Personenverkehr durchgeführt. Zwar war hier um 1961 der Sonntagsverkehr auf der Schiene eingestellt und durch Omnibusse ersetzt worden. Aber werktags war der Reisezugverkehr noch beachtlich. Allerdings fand am 27. Mai 1971 eine Einschränkung des Personenverkehrs statt. Im Jahre 1974 entschloss sich die BLE zur Aufgabe des restlichen Personenverkehrs auf der Schiene. Die Genehmigung wurde vom Hessischen Verkehrsministerium am 10. März bzw. 3. April 1975 erteilt, am 31. Mai 1975 ging nach über 70 Jahren der Schienenpersonenverkehr auf der Butzbach-Licher Eisenbahn vor-

Im April 1963 stellt sich das Personal in Butzbach Ost vor der Lok 142 in Position

Geschichte

Butzbach Ost am 23. September 1967

erst zu Ende. Erwähnt werden soll an dieser Stelle das Kuriosum, dass bis zur Aufgabe des Personenverkehrs werktäglich zwei Zugpaare aus dem Wettertal bis zum mitten im Industriegebiet gelegenen Haltepunkt Butzbach Nord durchgebunden waren. Diese waren nur beschränkt öffentlich und erschienen nicht im Kursbuch.

Zum 4. Oktober 1971 wurde im Rahmen einer Sonderfahrt die letzte Dampflok von den Gleisen der BLE verabschiedet. Ebenfalls 1971 wurde der Zugfunk eingerichtet. Mit Ausnahme von Butzbach Ost wurden ab den siebziger Jahren sämtliche Bahnhofsgebäude der Butzbach-Licher Eisenbahn entbehrlich und konnten an Privat verkauft worden. Bis zum Verkauf der Empfangsgebäude waren die teilweise noch dort tätigen Agenten mit dem Zeitkartenververkauf für den Omnibusverkehr beschäftigt.

1.6 Talsohle und langsame Konsolidierung

Mit der Aufgabe des Schienenpersonenverkehrs und dem Rückzug auf die Strecke Trais-Münzenberg - Butzbach Ost - Pohlgöns und Griedel - Bad Nauheim Nord hatte sich bis 1975 das Schienennetz der BLE auf die Hälfte des ursprünglichen Umfangs reduziert. Von 1958, als noch 102 Mitarbeiter bei der BLE beschäftigt waren, konnte bis zum Jahre 1975 durch die Reduzierung der Zugleistungen und durch Rationalisierungsmaßnahmen der Personalbestand auf 37 Mitarbeiter im Eisenbahnbereich gesenkt werden. Der Kostendeckungsgrad lag nun bei rund 80%.

Der Güterverkehr beschränkte sich mehr und mehr auf nur noch drei große Bahnkunden: Das war zum einen der Militärverkehr zur amerikanischen Ayers-Kaserne bei Kirch Göns, welcher über das lange, in Pohlgöns abzweigende Anschlussgleis der Bundesvermögensverwaltung abgewickelt wurde. Recht häufig waren hier

Gleisbaurotte der BLE mit Draisine bei Oberbauarbeiten an der Strecke

Butzbach-Licher Eisenbahn

Geschichte

Anfang der 70er Jahre wurde der Abschied vom Dampfbetrieb vollzogen. Am Heiligabend des Jahres 1969 waren indes noch die Loks 204 und 146 unter Dampf in Butzbach Ost anzutreffen

Wochen pro Jahr, von Mitte September bis Mitte Dezember, konzentrierte. Wie auf manch anderen ländlichen Bahnstrecken herrschte dann auf den ansonsten verlassen liegenden Bahnhöfen Hochbetrieb. Zuletzt konzentrierte sich der Rübenverkehr bei der BLE auf die Verladebahnhöfe Münzenberg und Rockenberg und - in bescheidenem Rahmen - auf Pohlgöns.

Daneben wurden noch weitere Güter-dann lange Militärzüge zu sehen, wobei hauptsächlich Panzer befördert wurden. Wegen der starken Steigungen musste hier vorwiegend mit Vorspann, manchmal sogar mit drei Lokomotiven, gefahren werden. Diese Fahrten waren für die BLE sehr lukrativ; die Strecke nach Pohlgöns und darüber hinaus wurde von der BLE und der Bundesvermögensverwaltung auch stets in sehr gutem Zustand gehalten.

Einen weiteren Schwerpunkt im Güterverkehr bildete das Industriegebiet Butzbach Nord. Es waren mehrere Anschließer vorhanden, das meiste Aufkommen brachte die Firma Pintsch-Bamag (eigene Werksloks). Im Jahre 1970 ging das Unternehmen in Konkurs, bis 1979 war die einstmals umfangreiche Produktion eingestellt. Der Bereich Weichenbau wurde 1970 ausgegründet und in einem rechtlich selbständigen Unternehmen, der Butzbacher Weichenbau Gesellschaft mbH (BWG), fortgeführt. Dieses sorgt seitdem erneut für ein hohes Aufkommen im Industriegebiet Butzbach Nord.

Schließlich ist noch der Rübenverkehr zu nennen, der sich jedoch nur auf zwölf bis 14

Verkaufsausschreibung für die Bahnhöfe Münzenberg sowie Hof und Dorf Güll

Samstag, 19. Juni 1971

Meistbietend zu verkaufen:

1. Bahnhofsgebäude des Bahnhofs Münzenberg (Kr. Friedberg). Nähe Butzbach.

Massive Bauweise, Satteldach, Schiefereindeckung, bebaute Fläche ca. 155 m², teilweise unterkellert, umbauter Raum ca. 1200 m³, Wohn- und Nutzflächen ca. 230 m².
dazugehörige Grundstücksfläche ca. 500 m².

2. Bahnhofsgebäude des Bahnhofs Hof und Dorf Güll (Kr. Gießen), Nähe Lich (Oberhessen).

Fachwerkbau, Walmdach, Schiefereindeckung, teilweise unterkellert, bebaute Fläche ca. 80 m², Wohn-Nutzfläche ca. 80 m², umbauter Raum ca. 280 m³,
dazugehörige Grundstücksfläche ca. 600 m².

Angebote sind zu richten, getrennt nach Gebäude- und Grundstücksfläche, an

Deutsche Eisenbahn-Gesellschaft mbH
6 Frankfurt (Main), Mainzer Landstraße 41.

Zu besichtigen nach vorheriger Anmeldung bei der
Butzbach-Licher Eisenbahn, Bahnverwaltung,
6308 Butzbach, Griedeler Str. 64 (im Ostbahnhof),
Telefon 0 60 33 / 22 37.

**Letzter Termin für Angebotsabgabe:
Freitag, den 2. Juli 1971.**

kunden mehr oder weniger regelmäßig bedient: Quarzwerke Frechen, Werk Gambach; Kohlenhandlung Gilbert, Griedel; Schrottverwertung Wulffen, Butzbach; Kohlensäurewerk Lindner, Bad Nauheim Nord.

Im Jahre 1975 wurde mit der DB ein Rangiervertrag für den Bahnhof Butzbach abgeschlossen. Seit dem 5. Januar 1976 hat die BLE die gesam-

Eine der letzten Fahrten einer BLE-Dampflok am 2. Oktober 1971 bei Rockenberg

Geschichte

Nach den alten Dampflokomotiven wanderte auch der VT 65 auf's Abstellgleis. Seine letzte Fahrt absolvierte er am 31. Mai 1975, hier beim Halt in Rockenberg

ten Rangierleistungen im DB-Bahnhof Butzbach einschließlich der Bedienung der von diesem Bahnhof ausgehenden Gleisanschlüsse übernommen (SMS, Tröster u. a.). Die DB zog ihre Rangierlok, eine V60, zurück. Das Lok- und Rangierpersonal wurde zunächst je zur Hälfte von der BLE und der DB gestellt. Wegen Personalmangels bei der DB übernahm einige Jahre später die BLE im Bahnhof Butzbach DB das gesamte Rangiergeschäft.

Ebenfalls 1976 übernahm die BLE von der DB den gesamten Stückgutverkehr für den Bereich Butzbach und konzentrierte auch ihren eigenen Stückgutverkehr in Butzbach Ost. Dort wurden hierfür der Güterschuppen und die Laderampe erweitert.

Mitte der siebziger Jahre wurden auf der BLE jährlich zwischen 140.000 und 180.000 Tonnen Güter befördert.

Im Jahre 1983 stellte die Verwaltung der BLE einen ersten Stilllegungsantrag für die Strecke von Griedel nach Bad Nauheim Nord, da dieser Abschnitt, ausgenommen Rübenverladung in Rockenberg, nahezu bedeutungslos geworden war. Diesem Antrag entsprach der Aufsichtsrat nicht, da die Eisenbahnfreunde Wetterau inzwischen einen Museumsbahnbetrieb zwischen Bad Nauheim Nord, Butzbach Ost und Münzenberg eingerichtet hatten.

Als im Jahre 1991 die Ortsumgehung Bad Nauheim (B3a) gebaut wurde, musste die BLE-Strecke mit einer Brücke über die neue Straße geführt werden. Während der Brückenbauarbeiten war die Strecke zwischen Steinfurth und Bad Nauheim Nord ab März rund acht Monate unterbrochen. Ab 29. Oktober 1991 war die Strecke wieder befahrbar.

Zu Beginn der neunziger Jahre kam es zu weiteren starken Einbrüchen im Güterverkehr. Zum 31. Dezember 1991 wurde die Stück- und Expressgutabfertigung aufgegeben. Zuletzt hatte das Jahresaufkommen bei 2.000 Tonnen gelegen. Ebenfalls im Dezember 1991 endete der bis dahin sehr bedeutende Rübenverkehr auf der BLE. Nach der Wende zog die US-Armee ihre Truppen mehr und mehr aus Deutschland ab. Dies führte Mitte 1997 zur Aufgabe der Ayers-Kaserne; die verbliebenen Truppen wurden in Gießen konzentriert. Nach Kirch Göns liefen in der Folge noch sporadisch Munitionstrans-

So sah der Arbeitsplatz des Lokführers im VT 65 aus.

Geschichte

Am 23. Oktober 1982 fährt Lok V 126 mit einem Rübenzug aus Trais-Münzenberg kommend in Münzenberg ein. Zuckerrüben waren viele Jahre lang ein wichtiges Transportgut der BLE

Andreas Christopher

porte für das Bundeswehr-Lager Wehrheim/Ts., seit 2000 ist das Anschlussgleis Kirch Göns ohne Aufkommen.

Nach dem Ende des Rübenverkehrs sah es für die verbliebene Stammstrecke nach Münzenberg zunächst sehr trübe aus. Dann siedelte sich 1992 in Münzenberg die Holzfirma Heller an, welche zunächst in großen Mengen Holz auf der Schiene erhielt, hier entrindete, auf einheitliche Länge schnitt und wieder über die Schiene versandte. Nach wenigen Jahren, insbesondere nach dem Sturm Lothar, verlagerte die Firma aber den Schwerpunkt ihrer Aktivitäten nach Süddeutschland, in Münzenberg ging das Aufkommen stark zurück und wurde für die BLE bedeutungslos.

Bis 1994 übergab die BLE regelmäßig Güterwagen in Bad Nauheim an die DB, danach wurde der Wagenübergang nur noch fallweise genutzt. Im Jahre 1996 verzichtete die BLE endgültig auf die Übergabemöglichkeit von Güterwagen in Bad Nauheim. Die DB vereinfachte damals die Gleisanlagen dieses Bahnhofs. Zwar wurde wieder ein Übergabegleis angelegt, dieses ist aber durch einen Prellbock gegen ein Befahren gesichert. Seitdem übernimmt und übergibt die BLE sämtliche Güterwagen ausschließlich in Butzbach.

Als Ersatz für fehlendes eigenes Aufkommen boten sich für die BLE zunächst Auftragsfahrten im Güterverkehr für die DB an. Mit Vertrag vom 1. Juni 1993 wurden Güterzüge zwischen Butzbach, Friedberg, Friedrichsdorf und Grävenwiesbach gefahren. Auch die für das eigene Netz bestimmten Güterwagen holte die BLE-Lok jetzt selbst vom Knotenbahnhof Friedberg ab bzw. brachte sie dort hin. Diese Fahrten wurden aber zum 31. Mai 1996 bereits wieder gekündigt und im Mai 1997 endgültig abbestellt.

Zuvor war die BLE bereits mit Bauzugleistungen auf der Taunusbahn Friedrichsdorf - Grävenwiesbach beauftragt gewesen, als diese zwischen 1991 und 1993 modernisiert wurde, und setzte dort ihre Loks V116 und V126 ein. Weitere Bauzugleistungen für die DB führte die BLE ab 5. August 1996 bis 31. August 1997 durch. Diese betrafen die DB-Neubaustrecke Frankfurt - Köln, im Bereich Wiesbaden Hbf und Wiesbaden Ost wurden zeitweise zwei Rangierloks gestellt. Das Personal stammte aus Butzbach, die Lokomotiven wurden von der Nassauischen Touristikbahn angemietet. Als die Taunusbahn 1999/2000 von Grävenwiesbach bis Brandoberndorf verlängert wurde, stellte die BLE auch hier Loks für den Bauzugdienst.

Mitte der neunziger Jahre waren die Beförderungsleistungen im Güterverkehr nach Einstellung des Rübenverkehrs und Aufgabe der Ayers-Kaserne um mehr als 50% zurückgegangen. Die Beförderungsleistungen betrugen 1996 nur noch 58.200 Tonnen. Die Existenz der BLE-Strecken war damit ernsthaft in Frage gestellt. Überlegungen, den Bahnbetrieb aufzugeben, wurden 1996 erstmals konkret erörtert und dafür im Wirtschaftsplan 1997 ein Posten "Stillgungskosten" vorgesehen. Im Jahre 1997 stellte die BLE dann abermals einen Stillegungsantrag für die Bad Nauheimer Strecke.

Nach zähen Verhandlungen mit dem Wetteraukreis und den Anliegergemeinden gelang es aber nochmals, die Stillegung abzuwenden. Die BLE investierte 300.000 DM in die Bahntrasse und beteiligte sich mit weiteren 30.000 DM an den jährlichen Unterhaltungskosten von 100.000 DM. Der Rest wurde von den Kommunen Bad Nauheim, Butzbach, Münzenberg und

Geschichte

Auf der neuen Verbindungskurve zwischen Butzbach Nord und dem DB-Bahnhof Butzbach ist V85 mit einem leeren Militärzug unterwegs (vgl. S. 67)

Rockenberg sowie dem Wetteraukreis finanziert. Inzwischen waren zwei Gutachten zur Reaktivierung des Personenverkehrs auf der Wettertalbahn mit der Variante der Durchbindung der Züge bis Friedberg in Auftrag gegeben worden, deren erste Ergebnisse zunächst vielversprechend aussahen. Man wollte sich die Möglichkeit für die spätere Wiederinbetriebnahme im Personenverkehr nicht verbauen. Außerdem konnten so die Aktivitäten der Eisenbahnfreunde Wetterau erhalten werden. Der Stillegungsantrag ist daher 1998 zurückgezogen worden.

Das Güteraufkommen erholte sich Ende der neunziger Jahre leicht auf 75.000 bis 90.000 Tonnen pro Jahr, bedingt durch gute Auslastung des nunmehrigen Hauptkunden Butzbacher Weichenbau, u.a. für die Neubaustrecke Frankfurt - Köln.

Der Omnibusbetrieb gewann für die BLE immer mehr an Bedeutung. Im Jahre 1983 waren 24 eigene Busse vorhanden. Deshalb entstand in Butzbach Ost für 3,3 Millionen DM ein neuer Omnibusbetriebshof. Der Baubeginn war im Mai 1982, die Fertigstellung erfolgte im September 1983. Anschließend wurde darin bei Investitionskosten von 300.000 DM auch noch eine Betriebswerkstatt für Schienenfahrzeuge integriert, die im Frühjahr 1984 fertig gestellt war.

1.7 Exkurs: Die Hessische Landesbahn GmbH

Als zum 1. Dezember 1953 mit der Aufhebung der Sozialisierung der hessischen Privatbahnen die Treuhänderschaft endete, waren bei den meisten Bahnen bereits Schulden aufgelaufen, die während der staatlichen Treuhänderschaft entstanden waren. Allein bei der BLE hatten diese von 1949 bis 1953 insgesamt 1,2 Millionen DM bei 1,756 Millionen DM Grundkapital erreicht. Die Aktiengesellschaft für Verkehrswesen als damaliger Hauptaktionär der BLE und weiterer hessischer Privatbahnen hatte sich daher schon 1954 bereit erklärt, ihre Anteile an der BLE in Höhe von 86,8% an das Land Hessen zu übertragen.

Einmal begonnen, betrieb das Land Hessen deshalb die Zusammenfassung der nichtbundeseigenen Eisenbahnen und gründete 1955 die Hessische Landesbahn GmbH (HLB). Diese Gesellschaft mit zunächst sehr kleinem Mitarbei-

Streckenabbau bei Trais-Münzenberg am 21. Oktober 1985

Sonderheft 24   35

Geschichte

Lok 832 hat am 29. September 1995 einen Holzzug in Münzenberg abgeholt und befindet sich nun zwischen Ober-Hörgern, dessen Kirchturm im Hintergrund zu sehen ist, und Gambach

terstamm betreute die Bahnen, an denen das Land Hessen Anteile besaß. Es waren dies:

- Butzbach-Licher Eisenbahn AG (BLE)
- Kleinbahn AG Frankfurt-Königstein (FK)
- Kleinbahn AG Kassel-Naumburg (KN)
- Reinheim-Reichelsheimer Eisenbahn (RRE)

Der Sitz der HLB befand sich bis Mitte der siebziger Jahre im umgebauten Bahnhof Schneidhain der Kleinbahn Frankfurt - Königstein. Ferner benutzte der Vorstand noch zwei Büroräume bei der DEG in Frankfurt, die ja weiterhin Betriebsführerin für die Bahnen der HLB war.

Ab 1955 wurden die Liquiditätsbeihilfen des Landes, die sich bis dahin bereits auf Millionenhöhe summiert hatten - 1950 bis 1957 insgesamt 1.699.679 DM - in verlorene Zuschüsse umgewandelt, ferner sagten die Anliegergemeinden Zuschüsse zum Bahnbetrieb zu, die jedoch nie gezahlt worden sind.

Mit Wirkung vom 28. Dezember 1971 übertrug das Land Hessen seine Anteile an der BLE auf die HLB, 1973/75 übernahm die HLB weitere Aktien der BLE in Höhe von 96.000 DM von außenstehenden Aktionären. Somit hielt die HLB im Jahre 1975 insgesamt 92,3% des Aktienkapitals der BLE (2000 sind es 94,8 % bei nach wie vor 1,756 Mio DM Aktienkapital). Seit dem 1. Dezember 1972 besteht ein Organschaftsvertrag mit Gewinnabführung und Verlustüberweisung zwischen der HLB und der BLE. Den außenstehenden Aktionären wurde eine Dividende von 1% garantiert.

Anfang der siebziger Jahre erwirtschaftete von den drei verbliebenen Bahnen (BLE, FK und KN) nur die Kleinbahn Kassel-Naumburg Gewinne. Diese waren jedoch nicht ausreichend, um die Defizite der anderen Bahnen abzudecken. Deshalb strebte das Land Hessen die Übernahme seiner Privatbahnen durch die DB an. Als erste Stufe hierzu wurde der Betriebsführungsvertrag mit der Deutschen Eisenbahn-Gesellschaft zum 31. Dezember 1973 gekündigt, ab 1. Januar 1974 ging die Betriebsführung auf die Deutsche Bundesbahn über, die hierzu eine NE-Stelle bei der Bundesbahndirektion Frankfurt einrichtete.

Wenig später war die DB an einer Übernahme der defizitären Strecken nicht mehr interessiert und wollte nur die rentablen Streckenteile der hessischen Privatbahnen übernehmen (dies waren die Abschnitte

Am 2. November 1974 rangierte die V 85 im Bahnhof Gambach

Andreas Christopher (2)

Geschichte

Kassel - Baunatal der KN und Frankfurt-Höchst - Kelkheim der FK). Die anderen Strecken sollten stillgelegt werden.

Die Verhandlungen zwischen HLB und DB zogen sich in die Länge. In dieser Situation entschied sich die HLB zu einem Kurswechsel, zumal es hier mit Eisenbahndirektor Dr. Valentin Jost einen neuen, dynamischen Geschäftsführer gab. Statt die Bahnen abzugeben, strebte man nun die Weiterführung der Betriebe in eigener Regie und die Modernisierung an und hoffte, durch Rationalisierungen die Verluste zu reduzieren. Der Betriebs- und Geschäftsführungsvertrag mit der DB wurde zum 31. Dezember 1982 beendet. Zum 1. Januar 1983 gingen alle wesentlichen Betriebsführungsaufgaben auf die HLB über, die nun ihr Personal aufstocken musste. Bei der DB verblieben die technische Aufsicht, Gütertarifangelegenheiten und die Regelung der Haftpflicht- und Unfallschäden. Die Verkehrskontrolle wurde der DEG übertragen. Die Hessische Landesbahn verlegte 1984 ihren Sitz von Wiesbaden nach Frankfurt am Main. Seit 1992 liegt die gesamte Geschäftsführung bei der HLB.

Die HLB hat seitdem in erheblichem Umfang in ihre Bahnen investiert. Die Kleinbahn Frankfurt-Königstein, die jetzt als Frankfurt-Königsteiner Eisenbahn (FKE) firmiert, beschaffte moderne Triebwagen und wickelt seit Mitte der achtziger Jahre einen dichten Verkehr mit kurzen Taktfolgen auf ihrer Strecke ab. Mit der Taunusbahn des Verkehrsverbandes Hochtaunus (VHT), welcher 1993 die Strecke Friedrichsdorf - Grävenwiesbach (- Brandoberndorf) von der DB übernommen hatte und gleichartige Fahrzeuge einsetzt, gibt es eine gemeinsame Betriebsleitung in Königstein. Auch bei der inzwischen als Kassel-Naumburger Eisenbahn (KNE) firmierenden nordhessischen Privatbahn wurde in den Fahrzeugpark und die Infrastruktur investiert. Die BLE erfuhr zunächst nur zögerlich neue Investitionen.

Dies änderte sich, als die HLB nach der Bahnreform Verkehrsleistungen auf DB-Strecken in der Wetterau übernehmen konnte. Von Butzbach aus werden insgesamt 23 Triebwagen eingesetzt. Hier entstanden 2001-2003 neue Fahrzeughallen und Werkstätten für die Wartung der Fahrzeuge, welche die BLE von der HLB gemietet hat.

Heute ist die Hessische Landesbahn an folgenden Bahnen beteiligt:

- Butzbach-Licher Eisenbahn AG (BLE)
- Frankfurt-Königsteiner Eisenbahn AG (FKE)
- Kassel-Naumburger Eisenbahn AG (KNE)
- Regionalbahn Kassel GmbH (RBK)
- Hersfelder Eisenbahn GmbH (HEG, nur noch Kraftverkehr)
- Hellertalbahn GmbH (HTB)
- Süd-Thüringen-Bahn GmbH (STB)
- Künftiges Westerwaldnetz (Vectus)

1.8 Neuausrichtung: BLE als Auftragnehmer für Personenverkehr in der Wetterau

Wie bereits erwähnt, war im Jahre 1996 die Existenz der BLE-Strecken ernsthaft in Frage gestellt und es gab Überlegungen, den Bahnbetrieb aufzugeben. In dieser Situation hat die BLE in Zusammenarbeit mit der HLB 1996 einen "Unternehmensplan 2000" entwickelt, um für Ausschreibungen von Verkehrsleistungen gerüstet zu sein.

Diese Maßnahme muss auch im Zusammenhang mit der Bahnreform gesehen werden,

DWA-Triebwagen zwischen Rosbach und Friedberg am 16. September 1998

Geschichte

Im Bauzugdienst war V 32 auf der Frankfurt-Königsteiner Eisenbahn eingesetzt. Hier trifft die Lok am 30. Mai 1997 in Liederbach auf einen Triebwagen der Taunusbahn.

Ulrich Erle

denn der im Zuge der Bahnreform geschaffene Gesetzesrahmen hatte erhebliche Konsequenzen für den öffentlichen Personennahverkehr. Die Verantwortung für den ÖPNV erhielten die Bundesländer. In Hessen haben gemäß dem Gesetz zur Weiterentwicklung des ÖPNV die Landkreise, die kreisfreien Städte sowie die Gemeinden mit mehr als 50.000 Einwohnern als zuständige Aufgabenträger für die Planung, die Organisation und die Durchführung des ÖPNV auf ihrem Gebiet zu sorgen.

Die Aufgabenträger haben so genannte "Lokale Nahverkehrsgesellschaften" gegründet.

Diese bestellen für den lokalen Verkehr die Verkehrsleistungen in Eigenregie bei den Verkehrsbetrieben, während im Regionalverkehr die Aufgabenträger Ihre Aufgaben gemeinsam in den Verkehrsverbünden (RMV und NVV) erfüllen. Die Verkehrsbetriebe, bisher auch für die Fahrplan- und Tarifgestaltung verantwortlich, erbringen jetzt nur noch die Leistungen zu den zuvor ausgehandelten Preisen und haben nicht mehr das Risiko nicht kostendeckender Verkehre zu tragen.

Im Wetteraukreis fungiert die Wetterauer Verkehrsgesellschaft mbH in Friedberg als Loka-

Wochenendruhe: gleich fünf Triebwagen der BLE sind am 26. August 2000 im Bahnhof Hungen abgestellt.

Andreas Christopher

Geschichte

Am 17. März 2003 passiert VT 107 das Einfahrsignal des Bahnhofs Wölfersheim

le Nahverkehrsgesellschaft und bestellt in Abstimmung mit dem 1995 gegründeten Rhein-Main-Verkehrsverbund die Nahverkehrsleistungen bei den Verkehrsunternehmen. Auf der Grundlage des Unternehmensplans 2000 konnten ab 1998 Leistungen im Schienen-Personen-Nahverkehr übernommen werden.

Zum 24. Mai 1998 war das Schwesterunternehmen Frankfurt-Königsteiner Eisenbahn mit der Abwicklung des Personenverkehrs auf der Strecke Friedrichsdorf - Friedberg (16 km) betraut worden. Zunächst im Unterauftrag für die FKE, ab Anfang 2000 dann auf eigene Rechnung, führt die BLE mit von der HLB gemieteten Triebwagen und eigenem Personal hier den Personenverkehr durch. Es wurde zunächst im alten DB-Fahrplan von Montag bis Freitag im Stundentakt, in der Hauptverkehrszeit halbstündlich, sowie Samstag vormittags gefahren. Ab 22. April 2002 wurde der Betrieb auch auf das Wochenende (Samstag nachmittags und sonntags) ausgedehnt.

Zum 30. Mai 1999 wurde die HLB mit dem Personenverkehr auf den Strecken Friedberg - Nidda (25 km) und Friedberg - Hungen (23 km) beauftragt. Auch hier ist die BLE Unterauftragnehmerin, stellt das Personal und hat von der HLB die notwendigen Fahrzeuge gemietet. Von Montag bis Freitag wurde nach Nidda ein Stundentakt und nach Hungen überwiegend ein Zweistundentakt geboten. Am Wochenende war Betriebsruhe. Die DB fuhr (und fährt) nur auf dem Niddaer Ast noch zwei bis Frankfurt Hbf. durchgebundene RE-Zugpaare. Zum 4. April 2003 wurde der Fahrplan umstrukturiert. Zu diesem Zeitpunkt endete der Reisezugverkehr zwischen Wölfersheim-Södel und Hungen, statt dessen wurde der Wochenendverkehr zwischen Friedberg und Nidda mit sechs Zugpaaren wieder aufgenommen.

Zum 8. Januar 2001 kamen Verkehrsleistungen auf der Strecke Gießen - Gelnhausen (70 km) hinzu. Es besteht von Montag bis Freitag Stundentakt und in der Hauptverkehrszeit Halbstundentakt auf Teilstrecken. Samstags wird von Gießen bis Hungen, seit Dezember 2002 bis Nidda ein Verkehr in Zwei-Stunden-Takt angeboten. Am 15. Dezember 2003 wurde auf der gesamten Strecke der Wochenendverkehr wieder aufgenommen.

Und schließlich kam zum 11. Juni 2001 die Beauftragung für die Linie Friedberg - Hanau (32 km) hinzu, wo werktags im Stundentakt und in der Hauptverkehrszeit halbstündlich gefahren wird. Die Dieseltriebwagen der BLE fahren auf dieser zweigleisigen Hauptbahn unter dem Fahrdraht.

Seit 15. Dezember 2002 fahren die HLB-Triebwagen aus Umlaufgründen vom Montag bis Freitag auch je ein durchgehendes Zugpaar Nidda - Friedberg - Frankfurt sowie Friedberg - Gießen, ferner endet von Montag bis Freitag ein Triebwagenkurs von Hanau in Bad Nauheim.

Die BLE hat hierfür 24 Triebwagen der Bauart GTW 2/6 von der HLB angemietet und entsprechendes Personal eingestellt. Für die Wartung und Pflege dieser Fahrzeuge entstand 2001/03 in Butzbach Ost bei Gesamtkosten von ca. sechs Millionen Euro in zwei Stufen ein neuer VT-Betriebshof mit Waschstand, Grubengleis, Werkstatt und Tankanlage. Die offizielle Einweihung der neuen Anlagen erfolgte am 3. September 2003. Die Fahrzeuge übernachten jedoch planmäßig hauptsächlich in Friedberg, aber auch in Nidda, und gelangen umlaufmäßig nur alle paar Tage nach Butzbach zur Wartung.

Durch die Übernahme dieser Leistungen, durch weitere Rationalisierungsmaßnahmen sowie Übernahme von KOM-Leistungen für die FKE hat sich die finanzielle Lage der BLE erheblich gebessert. Die Verlustabdeckungen durch die HLB, die Anfang der neunziger Jahre noch

Geschichte

VT 111 und 104 begegnen sich am 6. März 2001 in Büdingen

zwischen 1,1 und 1,7 Mio DM pro Jahr betrugen, sind im Zeitraum zwischen 1998 und 2000 auf rund 250.000 DM pro Jahr zurückgegangen. Im Geschäftsjahr 2001 war das Betriebsergebnis der BLE nach vielen Jahren des Defizits wieder positiv. Es wurden 764.000 DM erwirtschaftet.

Die Zuweisung der Leistungen im Schienenpersonennahverkehr und damit verbunden die Pflege und Wartung der Triebwagen brachten neue, zukunftsträchtige Aufgaben. Es wurden Arbeitsplätze geschaffen und für die Zukunft gesichert. Was damit aber im wahrsten Sinne des Wortes auf der Strecke blieb, ist der Güterverkehr auf dem Stammnetz, den die BLE nun nicht mehr zum Überleben benötigt. Zum 18. Juni 2001 wurden die Gütertarifpunkte Rockenberg, Oppershofen, Steinfurth und Oberhörgern-Eberstadt geschlossen, welche schon lange keinerlei Aufkommen mehr hatten. Zum 22. Oktober 2001 folgten die Gütertarifpunkte Butzbach Ost und Bad Nauheim Nord.

Pläne für eine Wiederaufnahme des Personenverkehrs zwischen Bad Nauheim und Butzbach sind vorerst zurückgestellt worden, nachdem ein Gutachten keinen ausreichenden Nutzen-Faktor ergab. Als auch der über fünf Jahre laufende Vertrag mit den Kommunen, der die Streckenunterhaltung sicherte, 2002 abgelaufen war, stellte die BLE im Herbst des Jahres erneut einen Stilllegungsantrag für die Bahnlinien Bad Nauheim Nord - Griedel sowie Butzbach Ost - Münzenberg, dem der Aufsichtsrat diesmal stattgegeben hat. Im Jahre 2002 wurden auf der Strecke Butzbach Ost - Münzenberg nur noch rund 2.600 t Güter transportiert, die Strecke Griedel - Bad Nauheim Nord war ohne Güteraufkommen und wurde nur noch von den Museumszügen der Eisenbahnfreunde Wetterau befahren.

Beide Strecken wurden im Januar 2003 zur Übernahme an Dritte ausgeschrieben. Als neuer Betreiber haben sich die Eisenbahnfreunde Wetterau beworben und erhielten nach Ablauf der Bewerbungsfrist von Seiten der Hessischen Landesbahn auch den Zuschlag. Die EFW werden somit Eisenbahninfrastrukturunternehmen, pachten die Strecken ab 2004 und betreiben sie als Anschlussbahn im Rahmen ihres Museumszugverkehrs weiter, wobei die bedarfsweise Durchführung des Güterverkehrs durch Lokomotiven der BLE weiterhin möglich ist. Bis 1. Juni 2003 wurde die Strecke Butzbach Ost - Münzenberg unter Regie der BLE noch fallweise von Güterzügen befahren, während die Strecke von Griedel bis Bad Nauheim betrieblich gesperrt war. Mitte Mai wurde hier die Streckensperre nach einer Streckenbegehung aufgehoben, und seit 18. Mai 2003 verkehren wieder Museumszüge zwischen Bad Nauheim Nord und Münzenberg.

Durch die Verpachtung wird die Möglichkeit offen gehalten, in einigen Jahren die Wiederaufnahme des Personenverkehrs zwischen Bad Nauheim und Griedel oder Butzbach erneut zu prüfen, da die Strecke erhalten bleibt und nicht entwidmet wird. Ein ausreichendes Reisendenpotenzial ist vorhanden. Was fehlt, ist der politische Wille, in Zeiten knapper Kassen der öffentlichen Hand in die Infrastruktur zu investieren.

Die BLE betreibt noch Güterverkehr zwischen Butzbach DB und Butzbach Nord (Butzbacher Weichenbau). Außerdem wird die Strecke nach Pohlgöns und die dort abzweigende Anschlussbahn nach Kirch Göns weiter unterhalten. Auf dem Gelände der brach liegenden, aber verkehrsgünstig gelegenen Ayers-Kaserne will die Spedition Bork ein Logistikzentrum errichten, welches nach Fertigstellung auch über die Schiene bedient werden soll.

2. Streckenbeschreibung

Butzbach-Licher Eisenbahn
Streckennetz um 1950

Jürgen Lerch

Streckennetz der Butzbach-Licher Eisenbahn

Nach Vollendung des Streckennetzes waren im Jahre 1910 insgesamt 135800 laufende Meter Vignolschienen und 101 Weichen verbaut. Acht Hauptsignale und ein Vorsignal, 16 Empfangsgebäude, sechs Güterschuppen, zwei Gebäude für die Bahnmeisterei, die Lokschuppen mit sieben Ständen und eine Werkstätte wurden errichtet. Die Streckenlänge betrug 57,32 Kilometer, die Länge der Nebengleise war mit 11,13 Kilometer angegeben. Auf die einzelnen Streckenabschnitte verteilten sich die Zahlen wie folgt:

Die Butzbach-Licher Eisenbahn war das 73. Projekt der Firma Lenz & Co. GmbH und seinerzeit die größte Privatbahn des Großherzogtums Hessen.

Beim Bahnbau wurden Stahlschienen der Form preußisch V mit 24,39 kg Gewicht pro laufenden Meter verwendet. Die Schwellen waren 2,40 Meter lang, 15 cm hoch und 20 cm breit. Sie bestanden aus Kiefernholz und waren mit Chlorzink und Teerölzusatz durchtränkt. Die Anzahl der eingebauten Schwellen betrug zwölf Stück pro zehn Meter Schiene auf der Geraden und 13 Stück in den Krümmungen mit einem Radius von 500 Meter und darunter. Die

Strecke	Hauptgleis (km)	Nebengleis (km)	Weichen (Stück)
Butzbach - Lich	19,40	3,70	30
Lich - Grünberg	19,08	2,22	27
Butzbach - Landesgrenze	5,29	1,24	12
Landesgrenze - Oberkleen	2,65	0,93	8
Griedel - Bad Nauheim	10,90	3,04	24

Streckenbeschreibung

Längsschwellen-oberbau in Griedel am 2. Oktober 1971. Dieser stammte vom ehemaligen Ettingshausener Flugplatzgleis

durchschnittliche Lebensdauer der Schienen im Hauptgleis wurde mit 40 Jahren, im Nebengleis mit 50 Jahren und die der Schwellen mit 17 Jahren angenommen.

Mitte der fünfziger Jahre wurde der Betrieb auf den Strecken der BLE nach den vereinfachten Fahrdienstvorschriften (vFV) und nach der Betriebsvorschrift für den Zugleitdienst (BZD) durchgeführt. Zugleitbahnhöfe waren Butzbach Ost mit den Zugleitstrecken Butzbach West - Butzbach Ost und Butzbach Ost - Oberkleen sowie Griedel mit den Zugleitstrecken Griedel - Bad Nauheim Nord und Griedel -Lich Süd. Damals waren die Bahnhöfe Butzbach Ost und Griedel mit Zugleitern besetzt, bis Anfang der fünfziger Jahre auch Münzenberg, Rockenberg und Steinfurth. Alle anderen Bahnhöfe waren Agenturen.

Im September 1969 betrug die Streckenlänge der eingleisigen, regelspurigen Nebenbahn noch 27,5 Kilometer, davon wurden 13,3 Kilometer nur im Güterverkehr befahren. Die Länge aller Gleise umfasste 36,3 Kilometer. In den Stecken der BLE waren damals 40 Weicheneinheiten eingebaut. Verlegt waren Schienen der Formen Pr. 5 und 6 auf Holzschwellen. Der technischen Sicherung dienten eine Blinklichtanlage, eine Schrankenanlage und zwei Formsignale (Butzbach Ost). Zugleitbahnhof war Butzbach Ost. Insgesamt sieben Werksanschlüsse wurden bedient.

Im Jahre 2001 betrug die Streckenlänge noch 23,1 Kilometer und die Gleislänge 30,6 Kilometer.

Die maximale Neigung beträgt bzw. betrug auf der Strecke Butzbach Ost - Bad Nauheim Nord 1:40, auf der Strecke Butzbach Ost - Oberkleen 1:45 und auf der Strecke Butzbach - Lich - Grünberg 1:50, der kleinste Radius ist auf der letztgenannten Strecke 200 m, auf den anderen 180 m. Übergangsmöglichkeiten bestehen in Butzbach und Bad Nauheim, früher auch in Lich und Grünberg. Die maximale Achslast beträgt 20 t, die Meterlast 6,4 t. Die Strecken sind der Streckenklasse C2 zugeordnet.

Zur Zeit des Bahnbaus legte man großen Wert auf die stilgerechte Gestaltung der Bahnhofsgebäude. Mit der Wahl des Architekten für die Gebäude hatte die Butzbach-Licher Eisenbahn eine glückliche Hand bewiesen. Fast alle Gebäude waren nicht, wie heute allgemein üblich, als reine Zweckbauten ausgeführt, sondern passten sich dem Orts- bzw. Stadtbild an. Die großen, mehrgeschossigen Empfangsgebäude mit hohem, steilen Dach und einem turmartigen Anbau an der Nichtgleisseite, der mit einer schieferbedeckten Haube gekrönt ist, sind "Markenzeichen" der Butzbach-Licher Eisenbahn. So besaß beispielsweise Münzenberg einen Bahnhof in mittelalterlichem Burgen-Stil, mehrere Bahnhöfe (Butzbach Ost, Griedel, Gambach, Ober Hörgern-Eberstadt, Muschenheim, Niederbessingen) waren mit seitlichen Türmchen verziert. Andere Bahnhöfe (Ettingshausen, Queckborn, Rockenberg) waren etwas nüchterner, aber trotzdem stilvoll gehalten. Ferner gab es einen Gebäudetyp für die kleineren Bahnhöfe wie Steinfurth, Oppershofen, Pohlgöns oder Ebersgöns.

Der technischen Sicherung von Bahnübergängen diente an-

Klaus-Peter Quill

Abstellgruppe Butzbach West im Jahr 1961

Johannes Kroitzsch

Streckenbeschreibung

Personenzug nach Lich hat Grünberg mit seiner schönen Stadtkulisse verlassen und rollt nun gemächlich die Steigung nach Queckborn hinunter

fangs nur eine Schrankenanlage in Griedel (km 3,152); weitere (Butzbach West und Lich Süd) wurden von den Staatsbahn-Stellwerken aus bedient. Im Jahre 1963 musste auf Anordnung der Aufsichtsbehörde für den Bahnübergang der B488 zwischen Butzbach Ost und Griedel (km 2,21) eine Blinklichtanlage installiert werden. Im Jahre 1970 wurde als Ersatz für die bisherige Schrankenanlage eine Blinklichtanlage mit Halbschranken am Bahnhof Griedel (km 3,152) in Betrieb genommen. Es folgten 1971 weitere Blinklichtanlagen in Rockenberg (km 2,974) und Steinfurth (km 7,182). Im Jahre 1973 wurden in Gambach (km 5,757) eine Blinklichtanlage sowie am Bahnhof Pohlgöns (km 3,155) und in Griedel, Münzenberger Weg (km 0,43) je eine Anlage mit Halbschranken in Betrieb genommen.

Im Dezember 1974 folgten zwei Blinklicht-/Halbschrankenanlagen in Butzbach, Bahnübergang Bleichweg (km 0,59) und Holzheimer Straße (km 0,846). Gleichzeitig wurde die Weiche 106 (km 0,796), an der das Verbindungsgleis zur DB abzweigt, auf elektrische Schaltung umgerüstet. Weichenbedienung und Blinklichtanlagen wurden mittels Schaltpult vom Zugleiter in Butzbach Ost auf Anforderung über Funk gestellt. Seit 1990 werden diese beiden Blinklichtanlagen und die elektrische Weiche 106 von den Lokführern infrarot geschaltet und das Stellpult stillgelegt. Im Jahre 1978 wurde eine Blinklichtanlage in der Straße "Am Taubenbaum" in Bad Nauheim (km 9,912) installiert, 1980 folgte schließlich eine Lichtzeichenanlage mit Halbschranken als Ersatz für die Blinklichtanlage an der B488 zwischen Butzbach Ost und Griedel. Schließlich erhielt 1992 der Bahnübergang Himmrichsweg (km 1,505) im Bahnhofsbereich Butzbach Ost eine Lichtzeichenanlage mit Halbschranken. Diese Anlage wird bei Fahrten in Richtung Griedel infrarot geschaltet und aus Richtung Griedel mittels Schienenkontakt. Zum gleichen Zeitpunkt wurde der Bahnübergang St. Florian Straße, am Bahnhofsgebäude Butzbach Ost, aufgehoben und zum Fußgängerübergang mit Drängelgitter umgewidmet.

Bahnhof Butzbach Ost mit Lok 146 im Mai 1965

Kapitel 2

Die Gleisanlagen des DB-Bahnhofs Butzbach waren Anfang der 50er Jahre noch deutlich umfangreicher als heute. Dafür ist auf der angrenzenden Straße kein einziges Auto zu sehen. Das Gleis ganz links war das BLE-Streckengleis von Butzbach West nach Butzbach Ost. Aufnahme vom Stellwerk aus.

Heinz Pfaff, Slg. Erika Gillmann

steig und einer kleinen Wellblechbude. Davor zweigte das Übergabegleis zur DB ab. Weiter zurück liegend gab es eine dreigleisige Übergabe- und Rangiergruppe. Zwischen Bahnsteig und Rangiergruppe mußten zwei stark befahrene Straßen (Kleeberger Straße und Gießener Straße) schrankengesichert gekreuzt werden. Hinter dem Bahnübergang Gießener Straße zweigte die enge und im Gefälle (1:40) liegende Verbindungskurve zum Bahnhof Butzbach Ost ab.

> **Butzbach**: Ländliche Kleinstadt zwischen Wetterau und Taunus. Mittelalterlicher Stadtkern mit zahlreichen Fachwerkhäusern, teilweise erhaltene Stadtmauer. Industriestandort seit ca. 1880 (Eisenverarbeitende Industrie, Landmaschinen, Schuhfabriken). Butzbach hat heute mit seinen 13 Stadtteilen ca. 23.000 Einwohner.

2.1 Butzbach West - Lich Süd

Der Ausgangsbahnhof der BLE, der Bahnhof **Butzbach West** (km 0,0), lag am Nordkopf des DB-Bahnhofes vor dem Hotel "Deutsches Haus" eingeengt zwischen Main-Weser-Bahn und der Bebauung. Die Abfahrtsstelle bestand nur aus einem Stumpfgleis mit 120 Meter langem Bahn-

Heute ist von alledem nichts mehr zu sehen. Der Bau der Unterführung Wetzlarer Straße und die Elektrifizierung der Main-Weser-Bahn beanspruchten 1964 die Flächen der BLE.

Der Bahnhof **Butzbach Ost** (km 1,18) war und ist der betriebliche Mittelpunkt der BLE. Das große und stilvolle, mit einem Turm verzierte Gebäude des Bahnhofs beherbergte die Verwaltung der BLE und Dienstwohnungen. An weiteren Baulichkeiten befanden sich hier anfänglich ein zweigleisiger Lokschuppen mit zwei Ständen und eine kleine Werkstatt, eine Pulsometeranlage samt Kohlenschuppen und zwei Gleiswaagen. Ferner war ein Güterschuppen, Nebengebäude und eine kleine Halle für die Bahnmeisterei vorhanden. Die Einfahrten aus den Richtungen Butzbach West, Butzbach Nord und Griedel waren mit Einfahrsignalen gesichert.

Im Laufe der Jahre wurden die Anlagen erweitert: Der Lokschuppen wurde vergrößert und auf vier Stände erweitert sowie 1940 eine größere Werkstatt einschließlich einer Schmiede angebaut, so dass nun auch größere Reparaturen an den Loks in Butzbach ausgeführt werden konnten. Auf der südlichen Seite der Bahnhofsanlagen war inzwischen ein weiterer, zweigleisiger Lokschuppen errichtet worden, dem statt des Kohlenschuppens jetzt ein moderner Bansen mit Kran und "Hunden" vorgelagert war. Der alte, auf der nördlichen Gleisseite gelegene

Luftansicht des DB-Bahnhofs und des BLE-Bahnhofs Butzbach West im Jahr 1956. Man erkennt den Wismarer Schienenbus am Hausbahnsteig. Ganz im Hintergrund rechts erkennt man den Ostbahnhof und das charakteristische Gebäude der Nudelfabrik Heil

Stadtmuseum Butzbach

Streckenbeschreibung

Diese Luftansicht von Butzbach aus dem Jahre 1956 entstand genau aus der Gegenrichtung. Vorn die Nudelfabrik Heil und der Bahnhof Butzbach Ost mit zwei Dampflokomotiven. Die Ortsumgehung Butzbach (B 3) existiert noch nicht

Lokschuppen mit davor befindlichem Außenportalkran diente nun ausschließlich als Werkstatt. 1941 wurde statt des bisherigen Wellblech-Güterschuppens ein neues, massives Gebäude mit bis zum Gleis vorgelagerter Rampe errichtet. Im Jahre 1952 kam an der Einfahrt Richtung Griedel noch ein zweigleisiger Triebwagen-Schuppen hinzu. Auch die Gleisanlagen waren durch ein Anschlussgleis zur Landesprodukte-Handelsgesellschaft erweitert worden. So präsentierte sich der Bahnhof Butzbach Ost im 50. Jahr seines Bestehens als geschäftiger, mittelgroßer Nebenbahn-Knotenpunkt.

An das Bahnhofsgebäude wurde 1961 ein Kiosk angebaut. Neben dem südlichen Lokschuppen wurde eine Wagenwerkstatt für die Instandsetzung der Personenwagen angebaut. Ab 1972 wurde eine Waschanlage für Omnibusse in diesem Raum errichtet. Inzwischen war 1970 der VT-Schuppen zur Omnibus-Werkstatt umgebaut und stattdessen die südliche Lokhalle zum Unterstellen des Triebwagens verlängert worden. Nach Aufgabe des Personenverkehrs 1975 führte auch in den südlichen Lokschuppen bald nur noch ein Gleis für die Dieselloks, während der restliche Gebäudeteil vom KOM-

Im November 1959 wartet Lok 141 mit ihrem Personenzug im Bahnhof Butzbach West auf den Abfahrauftrag

Streckenbeschreibung

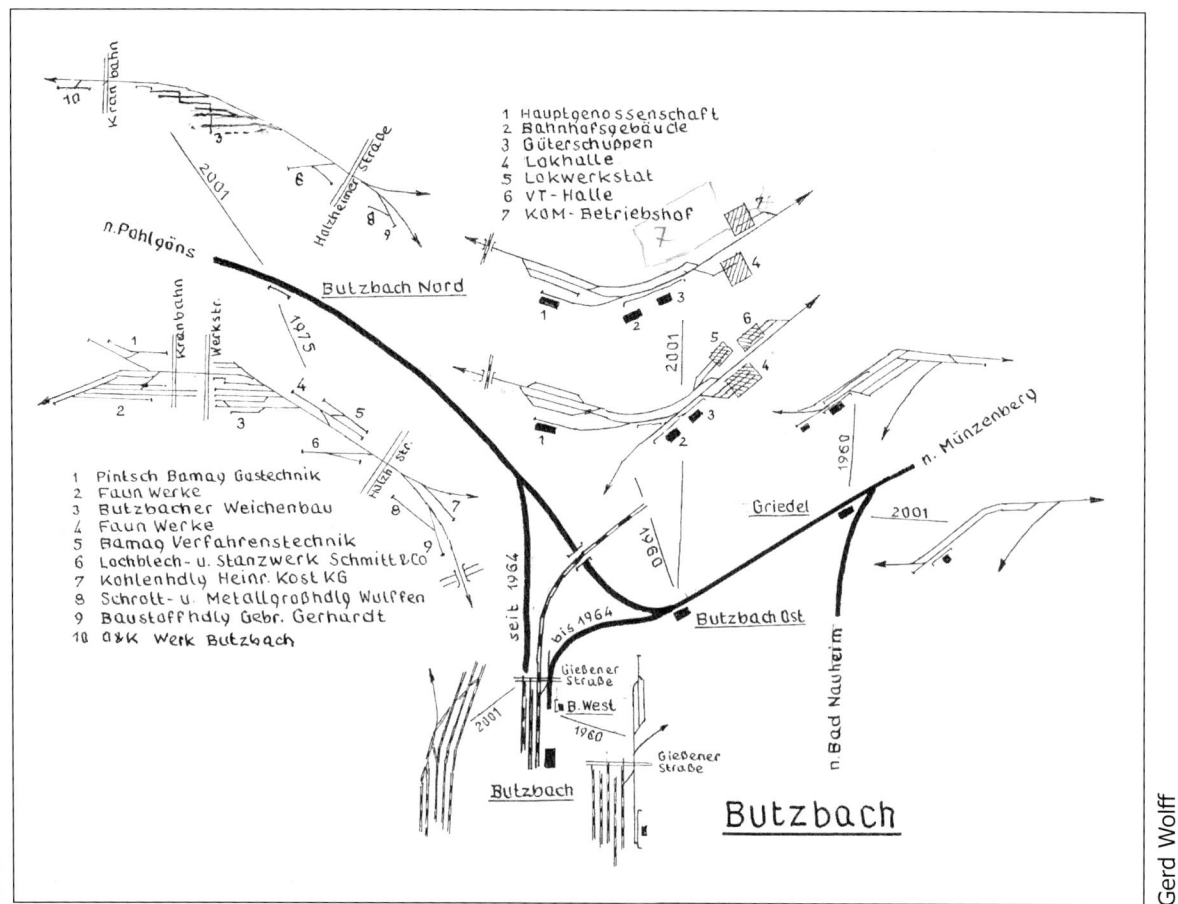

Die Gleisanlagen in Butzbach — Gerd Wolff

Betrieb belegt wurde. Alle diese Maßnahmen waren jedoch nur Provisorien, ein moderner Omnibus-Betriebshof wurde dringend benötigt.

Im Jahre 1982 fielen die Werkstatt und der VT-Schuppen der Spitzhacke zum Opfer; auf dem Gelände am Himmrichsweg entstand ein moderner, großer Omnibus-Betriebshof mit angebautem zweiständigem Lokschuppen und einem Betriebs- und Wohngebäude. Im Erdgeschoß befanden sich die Sozialräume für das Zugpersonal und die Omnibusfahrer sowie ein Büro für den Fahrmeister. Im zweiten Obergeschoß waren zwei Wohnungen eingerichtet worden. Die Inbetriebnahme der Anlagen erfolgte

A. J. Tröster GmbH, Landmaschinen, Butzbach

Werklok der Fa. A. J. Tröster am 8. März 1980 — Andreas Christopher

Die Landmaschinenfabrik Tröster entwickelte sich aus kleinen Anfängen. Im Jahre 1891 wurde der heutige Standort gegenüber dem Staatsbahnhof Butzbach bezogen, wo sich das Werk entwickeln und vergrößern konnte. Der Markenname "Hassia-Landmaschinen" ist bei Landwirten bekannt. Im Jahre 1991 ging das Unternehmen in Konkurs, nach starker Belegschaftsreduzierung erfolgte die Betriebsübernahme durch eine dänische Gruppe. Inzwischen wurde die Produktion vollständig eingestellt, das Gelände soll mit Wohn- und Geschäftsgebäuden neu bebaut werden.

Die Firma hatte einen Gleisanschluss an den DB-Bahnhof Butzbach, der mittels einer "Deutschland-Kurve" hergestellt wurde. Hier ist der Gleisradius so gering, dass die Räder der Eisenbahnwagen auf der inneren Schiene auf ihren Spurkränzen laufen. Das Anschlussgleis war für Lokomotiven der DB und zuletzt der BLE gesperrt, vielmehr musste eine eigene Werkslokomotive unterhalten werden. Nach dem Besitzerwechsel 1991 wurde der Anschluss stillgelegt, ist aber noch vorhanden.

Lokliste:

B-dm   Deutz   55332/52 A4L514R, 55 PS, neu an Chloberag Chlorbetriebe Rheinfelden AG
                  (Dynamit Nobel AG), Rheinfelden/Baden (186)/ 1967 an A.J. Tröster
                  KG, Butzbach/ 1993 an Privat, Hanau

Streckenbeschreibung

Samesreuther & Co. GmbH, heute Buss-SMS, Butzbach

Die Firma Samesreuther wurde 1919 durch den aus Ostpreußen stammenden Kaufmann Richard Samesreuther gegründet. Das Betriebsgelände lag und liegt gegenüber dem Staatsbahnhof Butzbach neben der Firma Tröster. Anfangs fertigte man Lokomotivkessel, Braukessel und Gerbereibottiche. Als man eine Methode entwickelte, Kupfer zu schweißen statt zu nieten, wurde die Firma vergrößert. Neben der Kesselschmiede war nun ein Schweißwerk vorhanden, in dem kupferne Feuerkisten von Dampflokomotiven der damaligen Deutschen Reichsbahn und Privatbahnen bearbeitet wurden. Man befasste sich mit Apparatebau und spezialisierte sich bald auf elektrische und autogene Schweißungen. Ein guter Kundenkreis konnte in der Chemischen Industrie gewonnen werden.

Nach dem Zweiten Weltkrieg kam man durch das Produktionsverbot für chemische Apparate in eine wirtschaftlich schwierige Lage. Durch Lokomotivinstandsetzungen und den Bau von kupfernen Feuerbüchsen von Lokkesseln konnte diese Zeit überbrückt werden. Nach der Währungsreform konnte auch wieder an die chemische Industrie geliefert werden. In den fünfziger Jahren spezialisierte man sich auf die thermische Verfahrenstechnik (Dünnschichtverdampfung, Trocknung und Hochviskosetechnik). Im Jahre 1964 fusionierte Samesreuther mit dem Siegener Unternehmen Müller-Schuss GmbH zur Samesreuther Müller Schuss (SMS). Die Thermische Verfahrenstechnik mit dem Standort Butzbach wurde 1972 von der Luwa AG in Zürich, Schweiz übernommen, wodurch die Luwa-SMS GmbH, Butzbach entstand. Diese wurde schließlich mit der Thermischen Verfahrenstechnik der Luwa AG, Zürich 1983 von der Buss AG in Prattlen, Schweiz erworben und der Name in Buss-SMS GmbH Verfahrenstechnik, Butzbach geändert. Im Jahre 1998 wurde die Buss-SMS mit dem Hauptsitz Butzbach und der Niederlassung in Prattlen an die UPE Europe Holding GmbH, eine US-amerikanische Firma, verkauft. In Butzbach werden etwa 130 Mitarbeiter beschäftigt.

Das Werk hatte über eine Drehscheibe Gleisanschluss an die Staatsbahn in Butzbach, und auch Schmalspurgleise führten in das Werk. Später wurden nach Ausbau der Drehscheibe die Güterwagen unmittelbar vor dem Werk beladen. Zuletzt wurde der Anschluss durch die BLE bedient. Ein Teil des Gleisanschlusses ist noch heute vorhanden, wird aber nicht mehr bedient.

Archiv Fa. A.J. Tröster, Slg. Hermann Lerch

Diese hochinteressante Aufnahme zeigt die Werke an der Main-Weser-Bahn gegenüber dem Butzbacher Bahnhof um 1930. Links die Firma Samesreuther, dessen Werkshof mehrere über eine Drehscheibe angeschlossene normal- und schmalspurige Gleise durchziehen. Mit dem Portalkran wird gerade ein Lokkessel verladen. Der Bereich hinter Samesreuther mit dem Schornstein gehört zur Dampfziegelei und Kalkbrennerei Gebr. Vogt. Rechts der Hoch-Weiseler Straße fällt der Gebäudekomplex der Kalkbrennerei W. J. Küchel mit dem Brennofen, dem mächtigen Schornstein und den großen Kalksteinhaufen im Innenhof auf. Auch dieses Werksgelände ist mit Gleisen und Waggondrehscheiben erschlossen, so dass Kalk aus den Steinbrüchen in Ebersgöns und Oberkleen mit der Butzbach-Licher Eisenbahn in Güterwagen direkt auf den Werkshof gelangen konnte. Am rechten Bildrand sind die Gebäude der Landmaschinenfabrik Tröster nur angeschnitten. Später wurde das Werksgelände der Firma Küchel von Tröster übernommen und neu überbaut; in diesem Bereich liegt auch heute noch das Anschlussgleis mit der Deutschland-Kurve

Streckenbeschreibung

Gleisplan Butzbach Ost

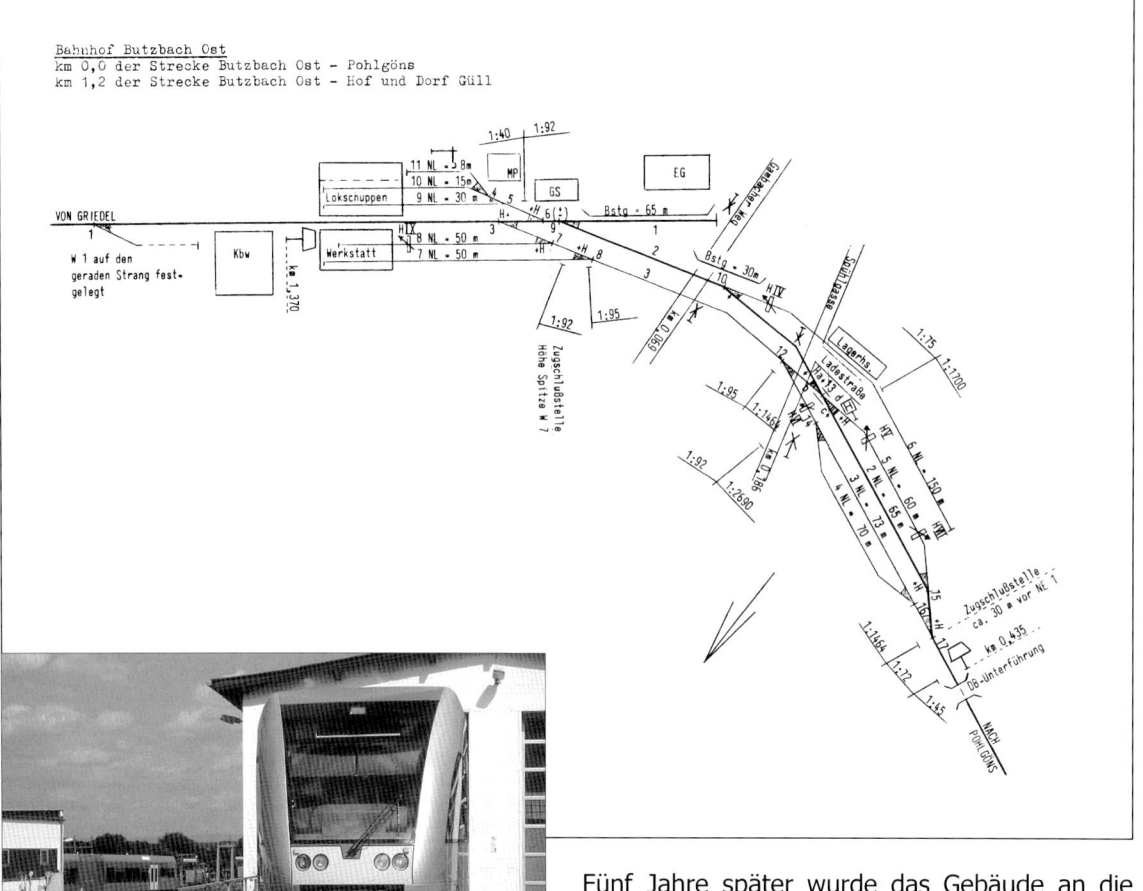

GTW 2/6 am 13. August 1999 vor dem mittlerweile abgerissenen "neuen" Lokschuppen. Links ist der alte Lokschuppen erkennbar, vor dem ein weiterer GTW 2/6 steht

im Juni 1983. Im Jahre 1997 wurden die Wohnungen geräumt und die Verwaltung zog vom ehemaligen Empfangsgebäude Butzbach Ost in den Anbau des Omnibus-Betriebshofs. Das Bahnhofsgebäude wurde Anfang 1998 vom GründerInnenzentrum Butzbach angemietet.

Fünf Jahre später wurde das Gebäude an die Stadt Butzbach verkauft, die beabsichtigt, darin ein Jugendhaus einzurichten.

Als ab 1998 von Butzbach Ost aus moderne Triebwagen auf den DB-Strecken in der Wetterau eingesetzt wurden, war die bisherige Infrastruktur den Anforderungen nicht gewachsen. Abermals kam es zu großen Veränderungen in Butzbach: Im Jahre 2000 wurde der alte, auf der südlichen Gleisseite gelegene Lokschuppen abgebrochen. An seiner Stelle entstand eine lange, zweigleisige Fahrzeughalle mit Wasch-

Die Gleisanlagen des Bahnhofs Butzbach Ost von der Brücke der Main-Weser-Bahn aus gesehen am 13. Dezember 1964

Streckenbeschreibung

Die Werkstattanlagen in Butzbach Ost im Wandel der Zeit:

Werkstatt und Lokschuppen am 7. November 1967

Neue Wartungshalle am 7. September 2003

Wismarer Schienenbus mit altem Lokschuppen am 22. Mai 1956 (Hintergrund)

Neue Werkstatt am 7. September 2003

"Neuer" Lokschuppen am 16. September 1998

Kurt Burlein (oben), Gerd Wolff (Hintergrund), Andreas Christopher (3)

Butzbach-Licher Eisenbahn

Streckenbeschreibung

V 13 rangiert am 29. April 1996 in Butzbach DB. Im Hintergrund die Landmaschinenfabrik A. J. Tröster GmbH ("Hassia")

statt mit zwei Gleisen, Gruben, Hebeanlage und Dacharbeitsständen sowie einem Lagerkomplex für die Ersatzteile sowie ein neues Bürogebäude errichtet. So präsentiert sich Butzbach Ost heute als modernes Nahverkehrs-Dienstleistungszentrum, die alte Nebenbahn-Idylle ist dabei auf der Strecke geblieben.

Nach Überquerung des mit Lichtzeichen und Halbschran-

Kalkbrennerei W. J. Küchel, Butzbach

Zwischen den Firmen Tröster und Samesreuther lag früher das Werksgelände der Kalkbrennerei Küchel. Die Firma war über eine Drehscheibe und ein Anschlussgleis mit der Main-Weser-Bahn und der Butzbach-Licher Eisenbahn verbunden, über deren Streckennetz Kalkstein aus den Brüchen in Ebersgöns und Oberkleen zum Brennen herangeschafft wurde. Die Firma Küchel war zeitweise auch Eigentümerin des Kalkwerks Heinrichsberg in Ebersgöns.

Beim Bombenangriff am 9. März 1945 auf Butzbach wurden die Firmen Küchel, Samesreuther und Tröster schwer beschädigt. Die Firma Küchel stellte daraufhin das Kalksteinbrennen ein und betrieb noch bis etwa 1960 eine Bau- und Brennstoffhandlung. Das Gelände wurde anschließend von der benachbarten Firma Tröster übernommen.

A.W. Heil, Nudelfabrik, Butzbach

Die Nudelfabrik wurde 1900 in Butzbach gegründet. Bereits im Jahre 1907 zog das Unternehmen in einen Neubau am Bahnhof Butzbach-Ost. Das hohe Betriebsgebäude der Firma war fortan charakteristisch für das Gewerbegebiet. Im Jahre 1910 begann die Herstellung von Apfelmus, bald kamen weitere Obstkonserven hinzu. Im Laufe der Jahre entwickelte sich das Unternehmen mehr und mehr zum Konservenhersteller. Die Nudelproduktion war längst ausgelaufen, als man im Jahre 1978 den Betrieb einstellen musste. Für die Firma Heil bestimmte Güterwagen wurden im Bahnhof Butzbach Ost in den Zugpausen auf dem Streckengleis entladen. Das Betriebsgebäude steht auch heute noch leer und wird zum kleinen Teil von einer Möbelhandlung genutzt, verfällt jedoch mehr und mehr.

stand und davor gelegener moderner Tankstelle. 2002 wurde dann auch der neue Lokschuppen abgerissen und hier eine moderne, auf die Neubautriebwagen GTW 2/6 zugeschnittene Werk-

ken gesicherten Bahnübergangs Himmrichsweg, noch im Bahnhofsbereich Butzbach Ost, fällt die Strecke mit einem Gefälle von bis zu 1:40 in das Wettertal ab. Nach Überquerung der mit Lichtzeichenanlage und Halbschranken gesicherten B 488 wird die Autobahn Frankfurt - Kassel unterquert. Bei deren Bau musste in den dreißiger Jahren das Streckengleis verlegt werden.

Nach einer weiteren, früher mit Schranken und heute mit Blinklicht-Halbschrankenanlage gesicherten Straßenkreuzung in Griedel wird der Bahnhof **Griedel** (km 3,22) erreicht. Bei der

V 13 mit Holzzug zwischen Griedel und Butzbach Ost am 19. März 2003

Andreas Christopher (2)

Streckenbeschreibung

Bahnhof Griedel

Bahneröffnung hatte er noch den Namen Griedel-Rockenberg getragen und erhielt seine heutige Bezeichnung mit dem Bau der Bahn nach Bad Nauheim im Jahre 1910. Dieser Streckenast zweigt mit einer Spitzkehre ab. Früher geschah dies über ein Stumpfgleis, so dass zurückgesetzt werden musste. Seit 1971 ist das Gleis an das Streckengleis Richtung Gambach angebunden, so dass direkte Zugfahrten zwischen Gambach und Bad Nauheim möglich sind. Die Einfahrten aus Richtung Butzbach Ost, Gambach und Rockenberg waren mit Einfahrsignalen gesichert. Auch der Bahnhof Griedel besticht, wie die meisten Gebäude an der Stammstrecke, durch ein großzügiges und reich verziertes Bahnhofsgebäude, welches sich seit 1975 in Pri-

Innenansicht Bahnhof Griedel

Butzbach-Licher Eisenbahn

Streckenbeschreibung

vatbesitz befindet. An dem Ladegleis hat der örtliche Kohlenhändler Gilbert Gelände gepachtet; er erhielt bis 2002 fallweise einzelne Wagen mit Kohlenladungen.

In Höhe des Bahnhofs Griedel wird das Wettertal erreicht; diesem Tal folgt die Bahnlinie fast ständig bis Münster/Oberhessen.

Zwischen Griedel und Gambach in Höhe des Griedeler Sportplatzes wurden 1950 Betonlängsschwellen mit Schienen der Form 6 eingebaut, wobei die Schienen mit Spurstangen verschraubt werden mußten. Der Spurstangenabstand betrug 95 cm, befestigt wurden diese am Schienenstrang beiderseits mit je zwei 20 mm Schrauben und Muttern. Diese Rarität stammte aus dem Rückbau des Ettingshausener Flugplatzgleises. Dieser Oberbau war bei der Rotte nicht beliebt. Die ca. 200 kg schweren Betonklötze von Hand zu bewegen war nicht leicht. Auch mußten diese ständig nachgestopft werden. Im Herbst 1971 wurden die Betonschwellen durch Holzschwellen ersetzt und die Spurstangen von den Schienen abgeschraubt. Die Schienen wurden an gleicher Stelle wieder eingebaut.

Durch ein Schilfgebiet und an der Wasch-Mühle vorbei führend, wird Gambach erreicht, dessen Bahnhof am äußersten südlichen Ende des lang gezogenen Dorfes liegt.

Auch der Bahnhof **Gambach** (km 5,12) besitzt ein großes, reich verziertes Bahnhofsgebäude, welches im Verhältnis zu der an sich recht kleinen Gleisanlage etwas überdimensioniert wirkt. Es wurde 1972 an Privat verkauft. Am Nebengleis entstand um 1940 eine hohe Verladerampe, an der die Firma Buss Basalt GmbH zeitweise Gleisschotter in Selbstentladewagen entsprechend dem Bedarf verlud; die Steinverladung endete in den siebziger Jahren. An der Ausfahrt wird in km 5,757 eine Ortsstraße, die Bahnhofstraße, blinklichtgesichert überquert, kurz darauf zweigt in km 5,893 mit einer Spitzkehre das 1958 errichtete, ca.

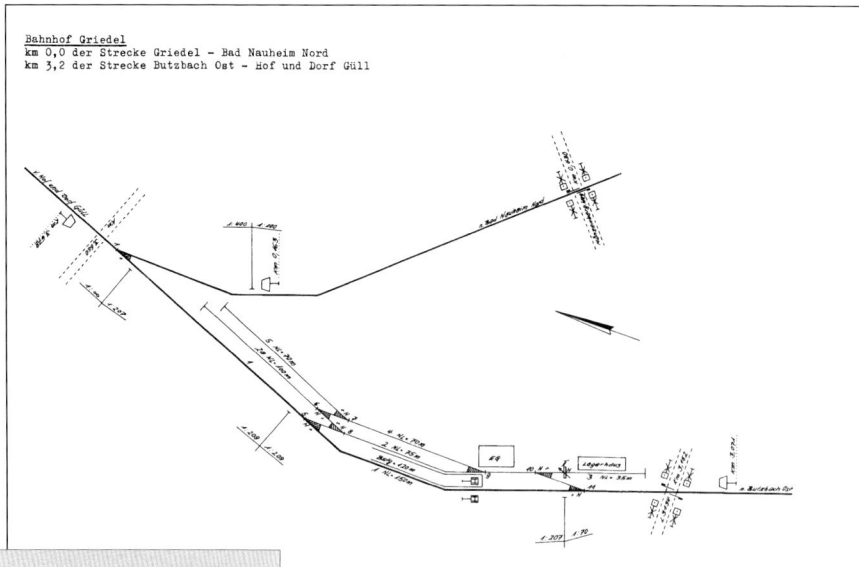

Gleisplan Bahnhof Griedel

Lok 142 am Einfahrsignal von Griedel aus Richtung Gambach im März 1963

Bahnhof Gambach: Lok 146 mit Güterzug am 4. Juli 1968

52 DREHSCHEIBE

Streckenbeschreibung

Seit Frühjahr 2003 ist das Anschlussgleis gesperrt.

Nach der Querung eines Bachlaufs im km 5,923 auf einer kurzen Stahlfachwerkbrücke wird im Gambacher Gewerbegebiet zwischen km 6,070 und 6,120 ein Werksgelände durchfahren. Erst Anfang der siebziger Jahre hatte hier die Hessenia Maschinenfabrik Max Angler eine nördlich des Streckengleises liegende große Halle mit Rampe errichtet. Südlich daran schloss sich auf der anderen Gleisseite ein Freilager an, welches über das Streckengleis hinweg mittels einer Kranbahn mit der Halle verbunden war. Gefertigt wurden Kleinkräne, wie sie auch früher von der in Konkurs gegangenen Pintsch Bamag gebaut wurden. Auf dem horizontal gelegenen BLE-600 Meter lange Anschlussgleis zum Quarzsandwerk Gambach ab. Bis 1991 gab es hier ein regelmäßiges, hohes Frachtaufkommen. Werktäglich wurden mehrere Wagen für die Gießerei- und Glasindustrie zum Versand gebracht. Zu diesem Zeitpunkt endete der Versand. Anstelle der Güterwagen sind Silo-Lkw getreten. Danach wurde die Anschlussbahn zeitweise kaum noch befahren. Von 1996 bis 2002 erhielt das Quarzsandwerk wieder Spezialsand als Beimischung in dreier Wagengruppen je nach Bedarf zugestellt. Die Wagen wurden im Werk entladen (im Gegensatz zu früher, als Sand verladen wurde). Streckengleis konnten Güterwagen zur Be- und Entladung durch den Kran bereitgestellt werden. Der Betrieb dort währte nicht lange, seit der Produktionseinstellung 1977 gibt es hier kein Aufkommen mehr. Die Kranherstellung ging auf den Butzbacher Weichenbau über.

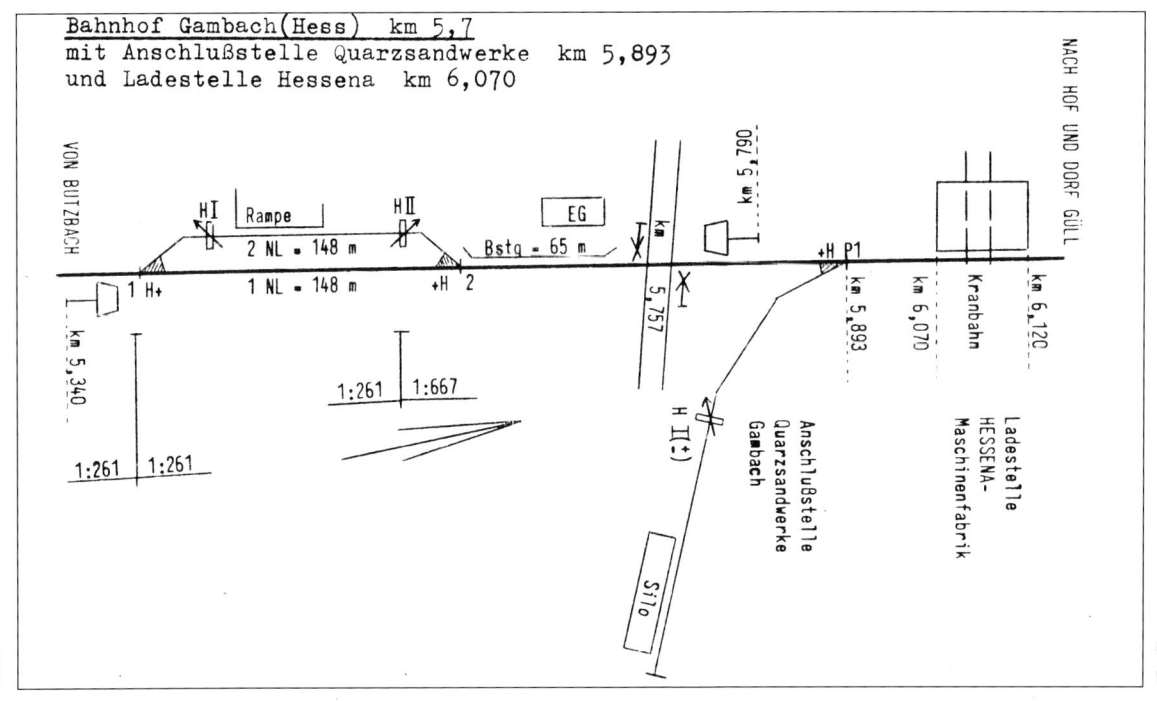

In Griedel begegnen sich Lok 146 und VT 65 am 10. Dezember 1964

Zeitweise wurden die neuen GTW 2/6 im Bahnhof Griedel in einem Zelt gewartet, wie hier am 19. September 1999

Gleisplan Bahnhof Gambach

Streckenbeschreibung

Quarzwerke Frechen, Quarzsandwerk Gambach

Zwischen Rockenberg, Griedel und Gambach erstrecken sich hochwertige Quarzsandlagerstätten. Im Jahre 1958 errichten die Quarzwerke Frechen in Gambach ein Quarzsandwerk, welchem eine Kunstharzumhüllungsanlage angegliedert ist. Dies wurde nötig, weil damals ein wichtiger Kundenstamm der Sandwerke, nämlich die Gießereien, mit der stärkeren Nutzung des Croning-Verfahrens begannen. Der Erfüllung der hieraus resultierenden Nachfrage begegneten die Quarzwerke mit der Errichtung von Anlagen zur Umhüllung von Quarzsand mit Kunstharzen.

Gleichzeitig mit der Inbetriebnahme des Werkes Gambach wurde ein etwa 700 Meter langes Anschlussgleis errichtet, welches östlich des Bahnhofs Gambach aus dem Streckengleis der BLE-Stammstrecke abzweigt, die Wetter auf einer eigenen Betonbrücke überquert und im Werksgelände endet. Im Werksgelände wurden die Wagen vom Anschließer mittels einer Rangierwinde bewegt. Das Anschussgleis wurde bis 1991 rege genutzt, wurde dann für wenige Jahre kaum benutzt, bis ab Mitte der neunziger Jahre wieder regelmäßig in bescheidenem Umfang Quarzsand aus Haltern angefahren wurde. Seit 2001 liegt der Gleisanschluss abermals still.

Die Geschichte der Quarzwerke Frechen (b. Köln) geht auf das Jahr 1884 zurück, als im Frechener Wald ein Quarzsandvorkommen erschlossen wurde. Weitere Werke wurden 1924 in Haltern und 1936 in Neuß errichtet. 1991 wurde das Sand- und Tonwerk Walbeck erworben, welches seinerseits 1992 das benachbarte Werk Grasleben bei Helmstedt der Dörentruper Sand- und Thonwerke übernahm. 1993 wurde die Hohenbockaer Quarzsand GmbH (Brandenburg) erworben und 1995 die Mehrheit bei den Amberger Kaolinwerke in Hirschau (Oberpfalz) übernommen. Weitere Werke existieren in Österreich, Tschechien und Polen.

V 13 auf dem Anschlussgleis zum Quarzsandwerk Gambach am 15. November 2000. Im Hintergrund der Bahnhof Gambach

Am 1. Februar 2000 entgleiste V 17 auf dem Anschlussgleis nahe dem Bahnhof Gambach

17. September 1998: Bedienung bei strömendem Regen

Lok 142 bei der Bedienung des Quarzsandwerkes am 23. Mai 1966

Dieter Riehemann, Ulrich Erle, Andreas Christopher, Kurt Burlein (von oben nach unten)

Streckenbeschreibung

V 13 mit Holzzug bei Ober Hörgern am 17. September 1998. Im Hintergrund erkennt man die auf einem Bergrücken liegende Stadt und Burg Münzenberg

Die Bahn verläuft nun im Abstand parallel zur Bundesstraße Butzbach - Lich. Vom Zug aus hat man bereits hier einen schönen Blick auf die Burgruine Münzenberg, das "Wetterauer Tintenfass". Anschließend geht es erst auf einem Damm, dann im Einschnitt recht romantisch an der südlichen Bebauung von Ober-Hörgern entlang, bis der Bahnhof **Ober Hörgern-Eberstadt** (km 7,15) erreicht wird. Der auf freiem Feld liegende Bahnhof weist ein schönes, mit einem Turm verziertes Bahnhofsgebäude auf (1969 verkauft). Die Bewohner von Eberstadt hatten vom Bahnhof aus noch einen halbstündigen Fußmarsch vor sich. Die Bahnlinie senkt sich nun ganz auf das Niveau der Wetter ab und führt durch ein weiteres Schilfgebiet, die unter Naturschutz stehenden Salzwiesen von Münzenberg.

Kurz darauf wird der Bahnhof **Münzenberg** (km 9,07) erreicht. Das große, mit Erkern und Türmen verzierte Bahnhofsgebäude passt sich in seinem Aussehen der mittelalterlichen Stadt Münzenberg mit ihrer großen Burganlage an. Seit 1972 wird das Gebäude privat genutzt. Der Bahnhof Münzenberg hatte früher einige Bedeutung. Die auf einem Berg liegende Stadt war jedoch recht weit von ihrem Bahnhof entfernt, auch wenn sich die Bebauung entlang der zum Bahnhof führenden Straße ausgedehnt hat. Für die Dampflokomotiven war eine Wasserstation vorhanden. Die dor-

Gleisplan Bahnhof Ober Hörgern-Eberstadt

V 126 mit Rübenzug am Bahnhof Ober Hörgern am 23. Oktober 1982

Butzbach-Licher Eisenbahn

Streckenbeschreibung

Reger Betrieb herrschte am 13. März 1998 im Bahnhof Münzenberg, als V 13 dort mit Holzwagen rangierte

Leihlok TWE V 123 rangiert mit einem langen Güterzug im Bahnhof Münzenberg am 3. Dezember 1977

tigen Ladegleise wurden von der Landwirtschaft genutzt, 1984 wurde eine moderne Rübenverladeanlage installiert (1991 aufgegeben). Seit 1992 hat ein Holzhändler das Gelände gepachtet, schält und schneidet hier Stammholz und bringt dieses zum Versand. Dieser Holzverkehr hatte mehrere Jahre lang einige Bedeutung.

Unmittelbar hinter dem Empfangsgebäude Münzenberg endet heute das Gleis. Früher führte die Strecke weiter unter der Autobahn hindurch nach **Trais-Münzenberg** (km 10,52). Hier gab es nur ein kleines, hölzernes Fachwerkgebäude mit Warte- und Dienstraum (1973 abgetragen). Bis zuletzt fand Rübenverladung statt. Die Reisenden mußten nur wenige Schritte zu Fuß über die Wetterbrücke zurücklegen, um die ersten Häuser des kleinen Dorfes zu erreichen.

Durch reizvolle Wiesenlandschaft führte die Strecke weiter, dem Lauf der Wetter folgend. Unmittelbar nachdem die Landstraße zweimal kurz

Gleisplan Bahnhof Münzenberg

V 85 am 28. Mai 1965 im verträumten Bahnhof Münzenberg

56   DREHSCHEIBE

Streckenbeschreibung

Andreas Christopher

V 32 am 29. März 1993 in Münzenberg

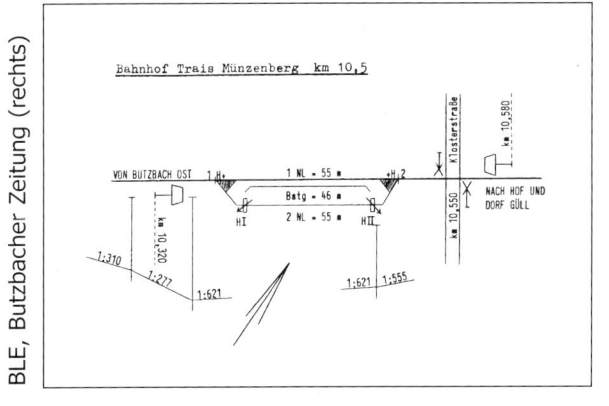

BLE, Butzbacher Zeitung (rechts)

Bahnhofsgebäude und Gleisplan Trais-Münzenberg

Kurt Burlein

Lok 142 bei Muschenheim am 23. September 1967

Butzbach-Licher Eisenbahn 57

Streckenbeschreibung

Bahnhof Muschenheim am 6. Oktober 1971

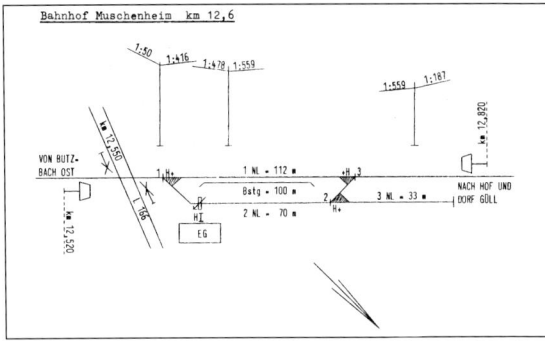

Butzbacher Zeitung

Gleisplan Bahnhof Muschenheim

hintereinander gekreuzt worden war, folgte der Bahnhof **Muschenheim** (km 12,63). Hier steht wieder ein stilvolles, auch heute bestens gepflegtes und privat genutztes Bahnhofsgebäude.

Nun verlässt die Bahnlinie mit einer Steigung von 1:50 das Wettertal. Die Trasse ist heute nicht mehr durchgehend vorhanden, sondern teilweise verschliffen worden. Nach Querung der Bundesstraße 488 war der Bahnhof **Hof und Dorf Güll** (km 14,31) erreicht. Er hatte ein kleines, hölzernes Bahnhofsgebäude, das sich seit 1972 in Privatbesitz befindet und versteckt zwischen Bäumen und Hecken heute noch steht. Der Bahnhof hatte für die Landwirtschaft (u. a. Rübenverladung) einige Bedeutung. Das nahe gelegene und bedeutende Gut Hof Güll war bis in die fünfziger Jahre durch eine 600 mm-Wirtschaftsbahn mit dem Bahnhof verbunden, um 1970 waren die Gleisreste noch vorhanden. Das Dorf Güll war wieder kilometerweit

Der ländliche Bahnhof Hof und Dorf Güll mit bereitstehenden Rübenwagen, 11. Dezember 1964

Johannes Kroitzsch

58   **DREHSCHEIBE**

Streckenbeschreibung

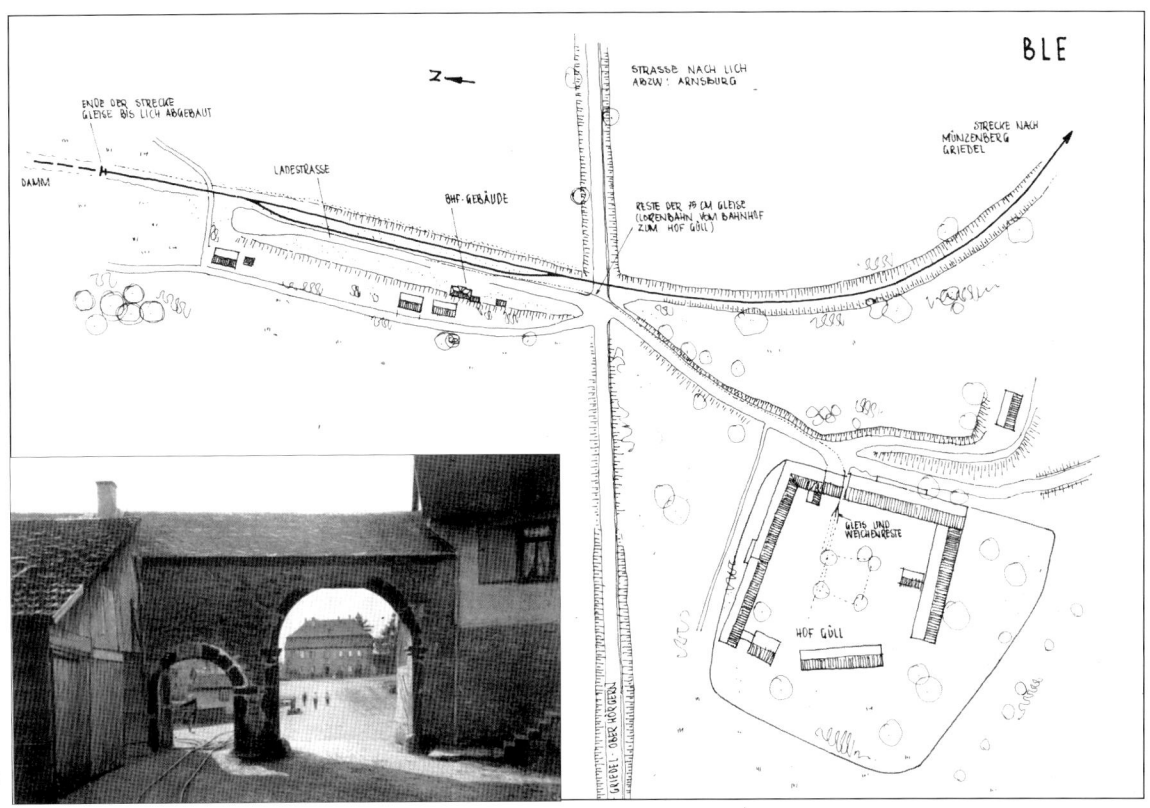

Feldbahn in Hof Güll

Slg. Dr. Dieter Wolf, Albert Schrader (Zeichnung)

von seinem Bahnhof entfernt. Näher zum Bahnhof lag dagegen die idyllisch gelegene alte Klosterruine Arnsburg, welche bereits zur Zeit des Bahnbaus einige touristische Bedeutung hatte und auch heute an den Wochenenden ein beliebtes Ausflugsziel ist.

Hinter dem Bahnhof tauchte die Bahnstrecke in ein Waldgebiet ein. In diesem Bereich lag im Zweiten Weltkrieg ein Parallelgleis, das zum Hinterstellen von Zügen der Wehrmacht diente. Aus der Luft konnte diese Stelle kaum ausgemacht werden. Die Strecke fiel nun wieder in das Wettertal ab. Die Trasse ist hier teilweise

> **Kloster Arnsburg:** Ehemaliges Benediktinerkloster, gegründet 1151 durch Konrad von Arnsburg und Hagen, heute teilweise Ruine. Seit mehr als hundert Jahren beliebtes Ausflugsziel mit Klostergaststätte. Im Klosterhof heute Kriegsgräbergedenkstätte. In der Nähe Reste der Arnsburg, der Vorgängerin der Burg Münzenberg.

Lok 142 bei Hof und Dorf Güll am 23. September 1967

Richard Schatz

Butzbach-Licher Eisenbahn

Streckenbeschreibung

Lok 24 in Lich Süd am 22. Mai 1956. Rechts ist das Empfangsgebäude, links der Schrankenposten zu erkennen.

Unterquerung der Bundesstraße 488 im Arnsburger Wald nach dem Gleisabbau ca. 1966

Nochmal Lok 24 in Lich Süd am 22. Mai 1956

in den heute höher als früher aufgestauten Fischteichen aufgegangen. Nach Unterquerung der B 488 führte sie in unmittelbarer Nähe der Wetter verlaufend am Weiler Kolnhausen vorbei nach Lich. Gemeinsam mit der DB-Strecke querte die BLE-Strecke schrankengesichert die Bundesstraße Gießen - Hungen (heute nur noch Ortsstraße).

Der sich unmittelbar anschließende Bahnhof **Lich Süd** (km 19,06) lag südwestlich des DB-Bahnhofs nahe der Brauerei. Vorhanden waren hier nur ein kleines Bahnhofsgebäude mit

Streckenbeschreibung

mechanischem Stellwerk und außerdem umfangreiche Gleisanlagen und Übergabegleise zur DB. Hier gab es Einfahrsignale aus Richtung Hof und Dorf Güll und Niederbessingen, eine Wasserstation, einen 120 Tonnen fassenden Kohlenbansen und einen einständigen Lokschuppen. Heute ist von dem Bahnhof nichts mehr zu sehen. Auf dem Gelände befindet sich u. a. ein Supermarkt.

Lok 142 fährt mit einem Personenzug aus Butzbach am 25. April 1959 in Lich Süd ein

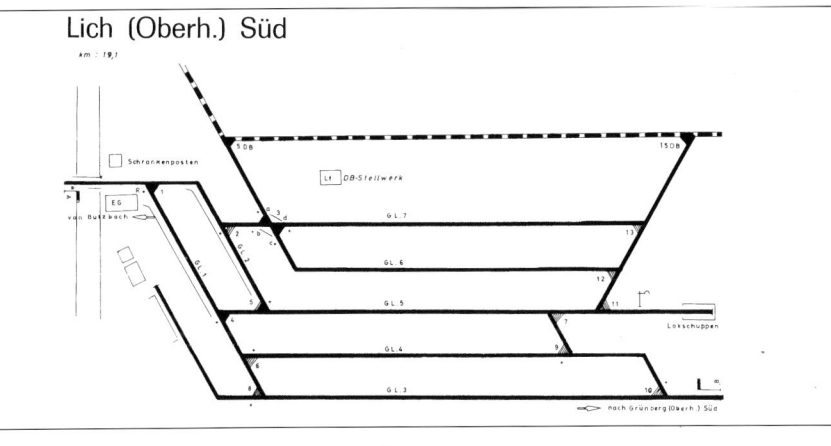

Gleisplan Bahnhof Lich Süd

2.2 Lich Süd - Grünberg Süd

Hinter Lich Süd überquerte die BLE die DB-Strecke Gießen - Gelnhausen auf einer Brücke mit langen Rampen. Diese markante Stelle ist heute noch gut auszumachen, die östliche Rampe mit einer Feldwegbrücke ist, inzwischen mit hohem Baumbewuchs, immer noch vorhanden. Die Bahnlinie folgte nun dem Lauf der Wetter auf einem langen, schnurgeraden Abschnitt und kreuzte anschließend den Fluss auf einer etwas ansehnlicheren Brücke.

Der Bahnhof **Niederbessingen** (km 24,19) lag nur wenige Meter vom Ortskern entfernt hochwassergeschützt auf einer kleinen Aufschüttung. Das markante Bahnhofsgebäude steht noch, wurde leicht umgebaut und ist sofort als solches zu erkennen. Hier befand sich eine Wasserstation mit Wasserkran, die von den Lokpersonalen wegen des weichen Wassers gern genutzt wurde.

Parallel zur Bundesstraße führte die Bahnstrecke auf **Oberbessingen** (km 26,65) zu. Auch dieses Bahnhofsgebäude steht noch, ist aber inzwischen erheblich an- und umgebaut worden und wird privat genutzt. Der Ort liegt auf der anderen Seite der Wetter, während in Bahnhofs-

Im April 1955 ist Lok 24 am Einfahrsignal von Lich Süd zu sehen. Der Personenzug kommt aus Butzbach

Lich: Bereits im Jahre 778 erhielt Lich durch iro-schottische Missionare eine Kirche. Im 12. Jahrhundert wurde die Siedlung stark befestigt und erhielt Stadtrechte. Der historische Stadtkern mit zahlreichen Fachwerkhäusern ist noch gut erhalten. Weitere Sehenswürdigkeiten: das fürstliche Schloss mit Park, die 500-jährige Marienstiftskirche und der 50 Meter hohe Festungsturm. Bekannte Brauerei.

Bahnhofsgebäude Oberbessingen nach dem Gleisabbau und Verkauf an Privat, ca. 1955 noch im Ursprungszustand. Inzwischen wurde das Gebäude erheblich verändert

Streckenbeschreibung

Gleisplan Bahnhof Niederbessingen

Bahnhofsgebäude Niederbessingen (Aufnahme vom 9. Juni 2001)

Gleisplan Bahnhof Oberbessingen

nähe die viel besuchte Gastwirtschaft "Zur Horstenburg" liegt.

Hinter Oberbessingen wird das Tal enger, die Stelle wird noch heute als "Wetterdurchbruch" bezeichnet. Kurz nach der Stelle, wo sich Fluss, Bahn und Straße den engen Platz teilen, befindet sich heute eine wilde Brachfläche. Hier bei Kilometer 27 lag früher der bedeutende Steinbruchbetrieb "Im Steines", der mit einem Anschlussgleis an die BLE-Strecke angebunden war. Feldbahnen hatten daher nur kurze Zubringerstrecken.

Die Bahnlinie verließ jetzt ihre West-Ost-Richtung und das Wettertal und schwenkte nach Norden ein. Kurz nach Überqueren der Landstraße war der Bahnhof **Münster (Oberhessen)** (km 27,90) erreicht. Er befand sich am westlichen Ortsrand. Das Bahnhofsgebäude steht noch und wird privat genutzt.

In einem langen Bogen wurde der Bahnhof **Ettingshausen** (km 29,10) erreicht. Ettingshausen war der wichtigste Unterwegsbahnhof zwischen Lich und Grünberg. Das Bahnhofsgebäude war typengleich mit Rockenberg, es wird heute als Kindergarten genutzt. Neben dem

Feldbahn Launspach & Co. in Ettingshausen

Bis Ende der 50er Jahre wurde die 600 mm-Feldbahn der Fa. Launspach betrieben. Die Bilder aus dem Jahr 1944 zeigen die Deutz-Lok 7021 von 1926 im Einsatz

Streckenbeschreibung

So sahen die Züge zwischen Grünberg und Lich in aller Regel aus: Güterzug mit Personenbeförderung bei Münster (Oberh.)

Gleisplan Bahnhof Münster (Oberh.)

Hauptgleis war hier je ein Kreuzungs- und Ladegleis vorhanden sowie ein langes hölzernes Sturzgerüst, auf dem eine vom südwestlich des Bahnhofs gelegenen Steinbruchbetrieb Launspach & Co. kommende 600 mm-Lorenbahn endete. Dieser Betrieb lief auch während des Krieges durchgehend bis Anfang der fünfziger Jahre.

Einen Kilometer weiter nördlich zweigte bei km 29,9 an einer Anschlussweiche auf freiem Feld die rund 1800 Meter lange Anschlussbahn zum Fliegerhorst Ettingshausen ab. Die Trasse der nur von 1935 bis 1948 existenten Anschlussbahn ist heute kaum noch auszumachen. Der Fliegerhorst besteht heute wieder als Privatflugplatz, auch eine Reihe typischer Gebäude aus den dreißiger Jahren stehen noch.

Kurz nach dem Abzweig des Anschlussgleises war in Höhe der Kolben-Mühle der Haltepunkt **Harbach** (km 30,61) erreicht, er verfügte nur über ein kurzes, einseitig angebundenes Ladegleis und eine einfache Wartehalle aus

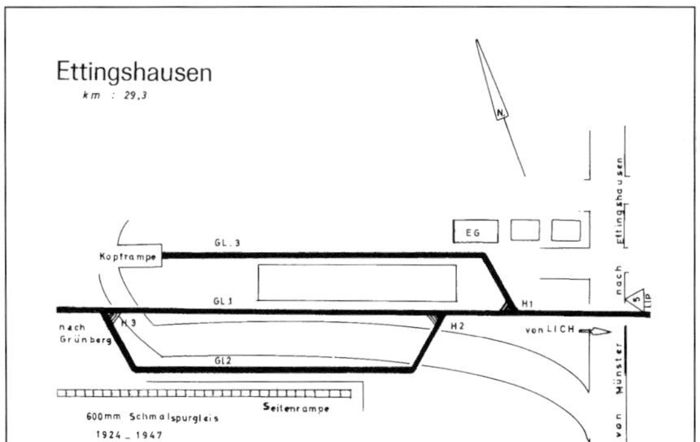

Gleisplan Bahnhof Ettringshausen und Bahnhofsgebäude am 5. Mai 1991 (links)

Ausfahrt Ettingshausen 1952

Butzbach-Licher Eisenbahn 63

Streckenbeschreibung

Gleisplan Bahnhof Harbach

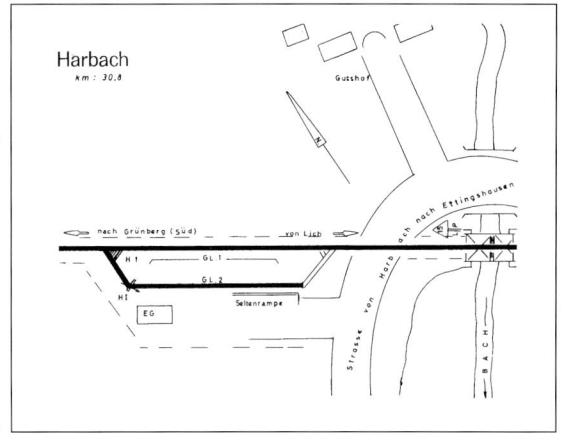

Bahnhofsgebäude Queckborn und davor die Kleinbahnfreunde Gerd Wolff und Klaus-Peter Quill auf Streckenerkundung am 9. Juni 2001 sowie Gleisplan Bahnhof Queckborn (Bilder rechts)

Holz. Der Ort Harbach liegt einen Kilometer weiter nordwestlich des Haltepunkts.

Entlang der Sommers-Mühle führte die Trasse weiter durch flaches Wiesengelände nach **Queckborn** (km 33,08). Der Bahnhof mit seinem markanten Bahnhofsgebäude verfügte über je ein Kreuzungs- und Ladegleis und eine Rampe, von der eine Feldbahn zu den Steinbrüchen "Am Höllenköppel" der Basaltwerke Gießen führte. Die Feldbahnwagen wurden mit einer Winde auf die Rampe heraufgezogen und nach der Entleerung abgebremst wieder abgelassen. Nach Aufgabe der Steinverladung wurde das Ladegleis 1933 ausgebaut. Eine Zeitlang war hier ein Pulsometer aufgestellt, doch das Wasser war zu hart, die Personale bevorzugten das Wasser aus Niederbessingen.

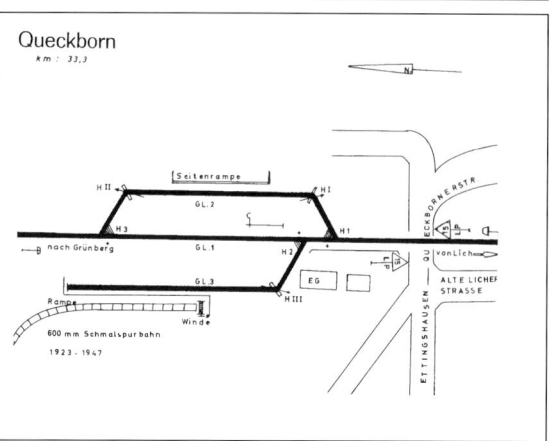

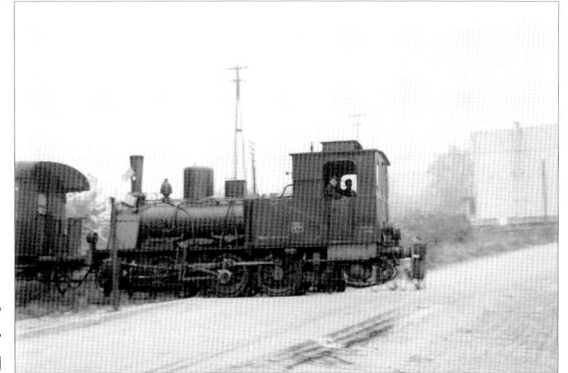

Lok 24 am Bahnübergang Bundesstraße Grünberg

Lok 172 und 22 in Grünberg Süd

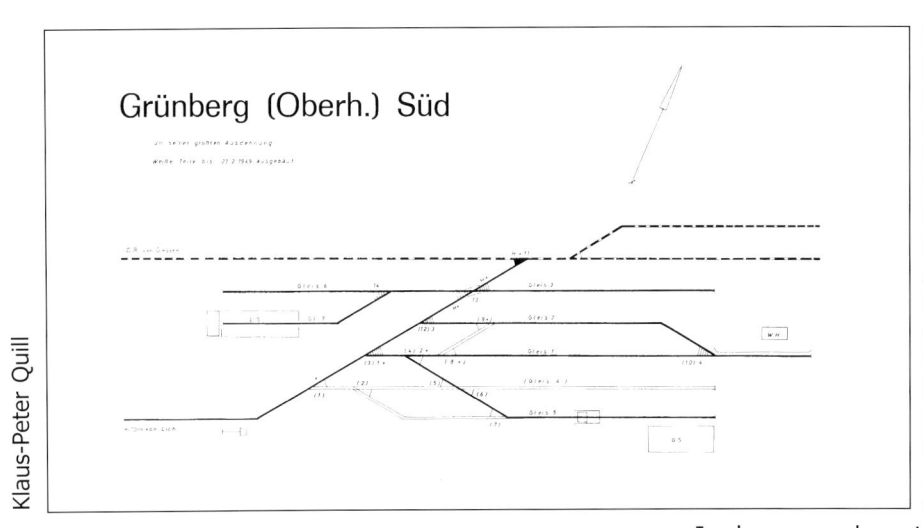

Streckenbeschreibung

Gleisplan Bahnhof Grünberg Süd

Klaus-Peter Quill

Grünberg: Im Jahre 1186 als Grenzburg angelegt, wurde die Siedlung in der Nähe der Burg 1222 zur Stadt erhoben. 1370 fast völlig niedergebrannt, wurde Grünberg im 30-jährigen Krieg nochmals verwüstet. Der historische Stadtkern blieb bis heute erhalten.

Hinter Queckborn begann der Aufstieg aus dem Tal mit ständiger Steigung von 1:50 und vielen Kurven nach der auf der Höhe gelegenen Stadt Grünberg. Dieser markante Streckenabschnitt mit einem guten Fernblick auf die südlich gelegenen Dörfer und den Vogelsberg wird heute als Feldweg genutzt. Nach der halbkreisförmigen Umrundung der Stadt und der schon damals viel befahrenen Kreuzung mit der Bundesstraße Gießen - Lauterbach wurden die vorgelagerten Gütergleisanlagen des Bahnhofs **Grünberg Süd** (km 38,08) durchfahren, bevor das Gleis nach Passieren des Bahnübergangs über die Landstraße Grünberg - Londorf an einem eigenen Bahnsteig stumpf direkt neben dem DB-Bahnhof endete. Wie auch in Butzbach West und Oberkleen bestand die Ausstattung aus einer kleinen Wellblechbude, die zur Hälfte als Warte-, zur Hälfte als Dienstraum diente und beim Luftangriff auf Grünberg am 13. März 1945 völlig zerstört wurde.

In dem vorgelagerten Betriebsbahnhof in Grünberg verfügte die BLE von Anfang an über einen Lokschuppen, eine Wasserstation, eine Gleiswaage und größere Gleisanlagen. Auch Teile dieser Anlagen wurden im März 1945 zerstört und erst 1950, allerdings teilweise reduziert, wieder in Betrieb genommen.

Ein Personenzug in einem schneereichen Winter in den 50er Jahren bei Grünberg

Eine besondere Kostbarkeit stellt diese wunderbare Bahnhofsszene aus Grünberg Süd dar, die in den 50er Jahren entstand. Das Bild hätte aber auch durchaus schon 20 Jahre früher entstanden sein können

Wilfried Biedenkopf (2)

Streckenbeschreibung

2.3 Butzbach Ost - Oberkleen

Die Strecke nach Oberkleen beginnt im Bahnhof Butzbach Ost. Hinter dem technisch nicht gesicherten Bahnübergang Spülgasse befand sich ein kleiner Rangierbahnhof mit den Gleisen 2 bis 6. Die Gleise 2 bis 5 waren Abstell- bzw. Umfahrungsgleise, Gleis 6 das Ladegleis der Landesprodukten-Handelsgesellschaft. Das Ladegleis wird nicht mehr bedient, das Gleis 4 ist abgebaut und Gleis 2 dient zum vorübergehenden Abstellen nicht genutzter Fahrzeuge.

Im weiteren Verlauf führt die Strecke unter der Main-Weser-Bahn hindurch, welche hier auf einem hohen Damm verläuft. Nach einer Straßenkreuzung (Bleichweg, km 0,590) folgte der 1928 gebaute, links abzweigende Gleisanschluss der Firma Gebr. Gerhard, Baustoffe und Kohlenhandlung. Der Anschluss bestand aus den Gleisen 1, 2a und 2b. Die Zustellung und das Abholen erfolgte in Gleis 1, das weitere Verschieben war Sache des Anschließers. Dieser hatte hierfür eine Seilwinde installiert. Durch den Bau des neuen Verbindungsgleises zur DB im Jahre 1964 wurde das Lager zu klein und wurde von der BLE aufgekauft. Als Ersatz erhielt die Firma Gerhard in km 0,375 des neuen Verbindungsgleises ein neues Anschlussgleis mit entsprechend größerer Lagerkapazität. Ein Nebenanschluss für die Schrott- und Metallgroßhandlung Dr. Wulffen wurde ebenfalls auf dem neuen Gelände eingerichtet. Das 1928 errichtete Anschlussgleis einschließlich Weiche wurde zurückgebaut.

Das Anschlussgleis des Kohlenlagers Heinrich Kost KG wurde 1965 in km 0,732 angeschlossen. Der somit erschlossene Lagerplatz diente dem Anschließer zur Lagerung und Verteilung von US-Kohlen, welche aus den Staaten auf dem Seeweg bis nach Hanau Hafen gelangten. Hier wurden diese in Ed-Wagen zum Weitertransport nach Butzbach Nord umgeladen. Der Firma Kost oblag die Entladung der eingehenden Kohlenwagen und die Versorgung der Kohleheizkraftwerke der ehemaligen Schlosskaserne und der US-Siedlung Degerfeld mit Kohlen. Nach Umrüstung der Heizkraftwerke auf

Unterspülung der Strecke zwischen Butzbach Nord und Ost am 2. Juni 1998. Im Hintergrund ist die Unterführung unter der Main-Weser-Bahn gut erkennbar

Ulrich Erle

Blick aus Richtung Holzheimer Straße in Richtung Main-Weser-Bahn im Jahre 1982. Im Vordergrund die "berühmte" Weiche 106, die wohl wichtigste Weiche im gesamten BLE-Streckennetz. Das linke Streckengleis verläuft unter der Staatsbahnstrecke weiter nach Butzbach Ost. Das ansteigende mittlere Gleis ist die Verbindungskurve zum DB-Bahnhof. Rechts der Anschluss Gebr. Gerhardt und Dr. Wulffen

Butzbacher Zeitung

Streckenbeschreibung

Lok 1151 auf der Verbindungskurve von Butzbach Nord zum DB-Bahnhof im Mai 1965.

Erdgas entfielen die Kohlentransporte. Das Anschlussgleis wurde nicht mehr benötigt und daher einschließlich Weiche zurückgebaut. Gleisreste sind noch erkennbar.

Kurz darauf mündet in km 0,797 mit Weiche 106 das 1964 gebaute Verbindungsgleis von Butzbach DB in das Streckengleis ein. Die Weiche 106 wurde anfangs vom örtlichen Betriebsbediensteten in Butzbach Nord ferngesteuert. Der Dienstraum befand sich in Höhe der Weiche 3 im Pintsch Bamag Werksgelände. Nach Aufgabe des Postens erfolgte die Bedienung der Weiche 106 von einem Stellpult beim Zugleiter in Butzbach Ost. Seit 1990 wird die Weiche vom Lokführer des jeweiligen Triebfahrzeugs aus infrarot geschaltet. Das auf einem Mast angebrachte Weichenlagesignal (WLS) zeigt dem Lokführer gut sichtbar die Fahrtrichtung an. In Butzbach DB ist das Verbindungsgleis mit Weiche 6 an das Gleis 4 angeschlossen. Die Weiche 6 und zwei abhängige Gleissperren XII werden vom Stellwerk des Bahnhofs Butzbach DB ferngesteuert.

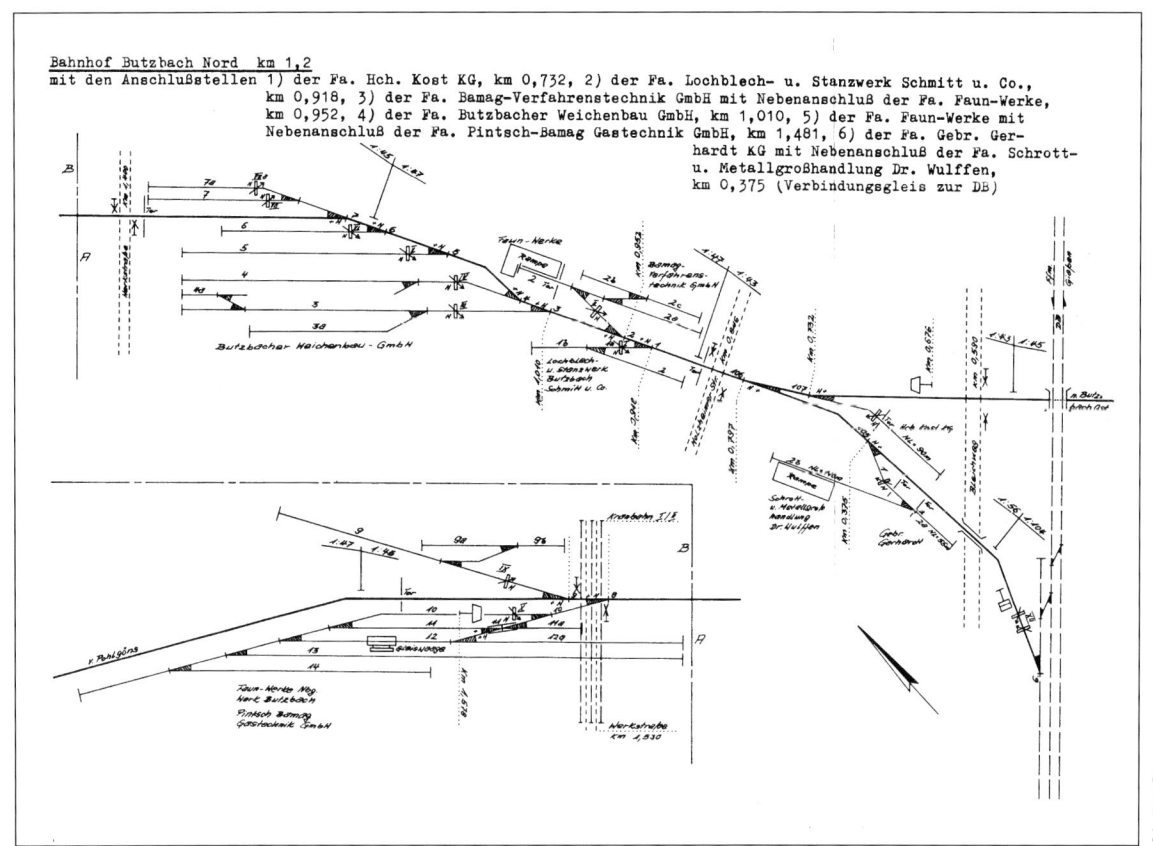

Gleisplan Butzbach Nord mit den einzelnen Anschließern

Streckenbeschreibung

V 126 im Rangierdienst auf dem Gelände der Butzbacher Weichenbau am 22. September 1992

Aus dem Jahrbuch Deutsche Straßen- und Kleinbahnen, Ausgabe 1911, stammt die Anzeige der Firma Gebr. Freitag aus Butzbach

Der Verbindungsbogen hat eine Neigung von 1:56 auf 158 m und 1:103 auf 207 m Länge, er überquert auf einer Betonbrücke den Bleichweg und mündet dann in die Gütergleise des DB-Bahnhofs Butzbach ein. Verkehrstechnisch ist diese Lösung sicher ein Fortschritt gegenüber der Übergabe in Butzbach West, wo bei Übergaben stets alle Hauptgleise gekreuzt werden mußten.

Danach wird in 0,846 die Holzheimer Straße gequert, und es beginnt das heute als Industriegebiet Nord bezeichnete Werksgelände der Meguin AG, später Pintsch Bamag AG, das

Reparaturen
an Lokomotiven, Lokomobilen, Straßenwalzen, Kesseln, Motoren, Dampfmaschinen. Umbau von Maschinen. Einsetzen von Kuppelzapfen und Treibkurbeln. Bandagieren von Achsen. Anfertigen und Reparieren von Achsen- u. Stangenlagern, Reparatur der Steuerung. Auswechseln von Feuerbüchsen, Siederohren u. Stehbolzen, Feuerbüchsrohrwänden ohne Herausnehmen der Feuerbüchsen.
An- und Verkauf gebr. Lokomotiven.
Lokomotiv-Reparatur-Werkstätten u. Maschinenfabrik
Gebr. Freitag, Butzbach
in Hessen.

Überführungsfahrt von drei GTW 2/6-Triebwagen am 26. August 2003

Streckenbeschreibung

Lokomotivfabrik Gebrüder Freitag, Butzbach

Im Jahre 1910 gründeten drei Brüder Friedrich (Techniker, vorher bei Krupp), Gustav (Maschinenmeister) und Karl (Werkmeister) die Lokomotivfabrik Gebrüder Freitag. Das Werk lag an der Holzheimer Straße und war der erste Betrieb im späteren Industriegebiet Butzbach-Nord. Es wurden keine Loks neu gebaut, sondern die Firma befasste sich mit Instandsetzungen und Handel von Lokomotiven. Im Ersten Weltkrieg wurden zahlreiche Heeresloks repariert. Nach dem Krieg ging die Auftragslage spürbar zurück, da die Staatsbahn ihre Loks nun ausschließlich in eigenen Werkstätten wartete. Deshalb musste der Betrieb im Jahre 1923 eingestellt werden. Die Werksanlagen wurden von der Meguin AG (später Pintsch-Bamag) übernommen und als "unteres Werk" bezeichnet. Heute ist in den Gebäuden die Abteilung Kranbau der Butzbacher Weichenbau GmbH untergebracht.

Auch Lok "Nordhorn" der Bentheimer Eisenbahn (Hohenzollern 2232/08) war bei der Firma Freitag in Reparatur und wurde auf der großen Schiebebühne im Bild festgehalten

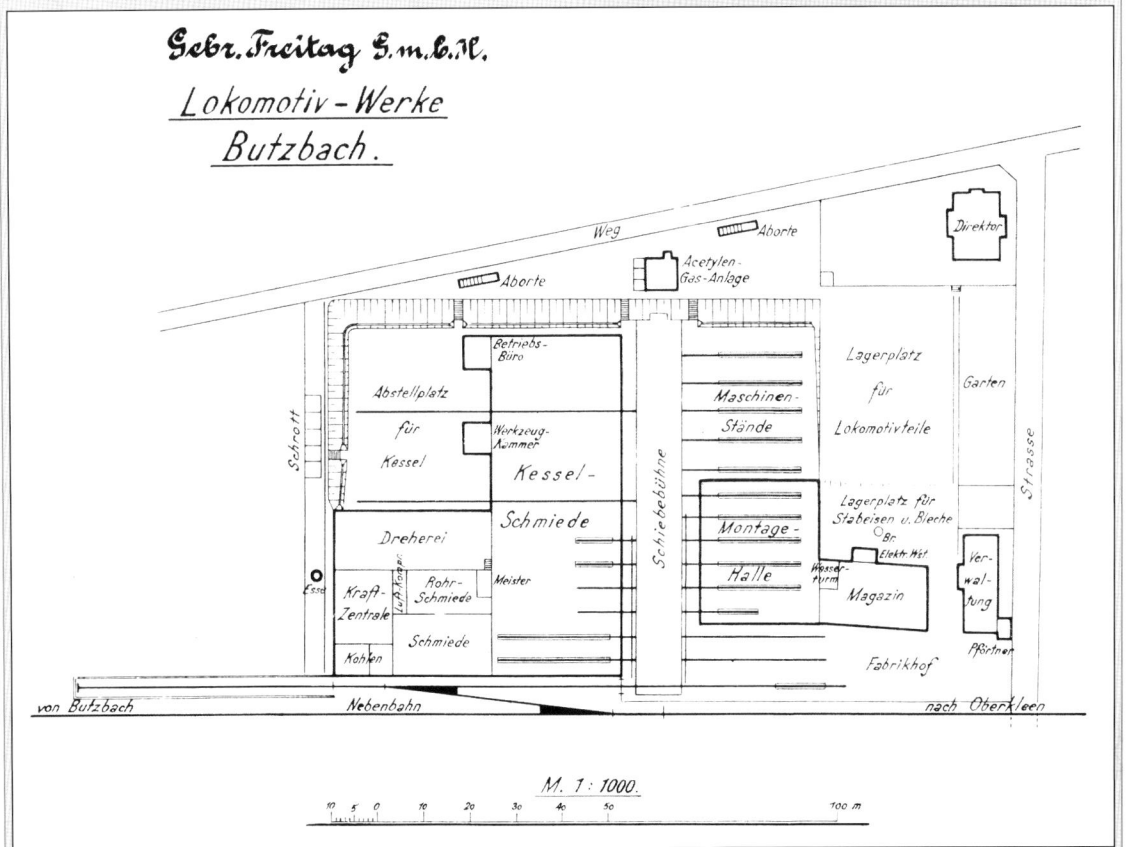

Lageplan der Lokomotivfabrik Gebr. Freitag. Fehlerhaft sind allerdings die Ortsangaben. Dort, wo es "nach Oberkleen" gehen soll, liegt Butzbach, und umgekehrt

Borsig lieferte im Jahre 1913 fünf riesige Mallet-Loks mit der Achsfolge (1'C)'C n4vt in 760 mm Spurweite an die Serbische Staatsbahn (FNr. 8491-8495). Henschel fertigte 1916 weitere 46 dieser Maschinen für die KuK Transportleitung Wien (FNr. 14183-14228). Eine davon war auch bei Freitag in Butzbach

Blick in die Kesselschmiede (Ostflügel)

Butzbach-Licher Eisenbahn

Streckenbeschreibung

Meguin AG, später Pintsch-Bamag AG, Butzbach

Die Firma Meguin AG wurde 1895 in Dillingen/Saar gegründet. Hauptsächlich wurden Lochbleche für den Kohlenbergbau gefertigt, aber auch bereits "Feldbahnweichen von allerhöchster Qualität". Als das Saargebiet nach dem Ersten Weltkrieg an Frankreich fiel, erfolgte im Jahre 1921 die Betriebsverlagerung nach dem verkehrsgünstig gelegenen Butzbach. Ab 1924 fusionierte man mit der Berlin Anhaltischen Maschinenbau AG (Bamag) zur Bamag Meguin AG und begann mit der Produktion von Weichen für die damalige Deutsche Reichsbahn. Auch der Kranbau war ein wichtiger Unternehmensteil. Die Lochblechfertigung wurde 1926 aus dem Unternehmen ausgegliedert (s.u.).

Das Butzbacher Werk konnte sich recht gut entwickeln. Nach dem Zweiten Weltkrieg wurden große Teile des Butzbacher Werksgeländes von der amerikanischen Besatzungsmacht beschlagnahmt und erst 1954 zurückgegeben, als die Truppeneinheit nach Rheinland-Pfalz verlegt wurde. Im Jahr 1952 fusionierte man mit der Firma Julius Pintsch KG zur Pintsch-Bamag AG, wobei Butzbach der Hauptsitz des Unternehmens wurde. Im Jahre 1970 wurde das Unternehmen zahlungsunfähig, es kam zu einem Vergleich, die Produktion in Butzbach musste teilweise eingestellt werden. Die Weichenproduktion wurde aus dem Gesamtkonzern Pintsch-Bamag AG herausgelöst und firmiert seitdem als rechtlich selbständiges Unternehmen Butzbacher Weichenbau Gesellschaft mbH. Das Werk Dinslaken für Antriebs- und Verkehrstechnik blieb bestehen.

Das Werksgelände befand sich im Industriegebiet Butzbach-Nord rechts und links der BLE-Strecke nach Oberkleen. Es waren umfangreiche Werksgleisanlagen vorhanden, für Rangieraufgaben wurden schon frühzeitig eigene Werksloks eingesetzt. Nach der endgültigen Produktionseinstellung wurde die letzte Werkslok 1979 verkauft.

Lok Henschel 19565/22 der Pintsch-Bamag am 7. März 1966

Lok Henschel 19565/22 der Pintsch-Bamag inmitten des Werksgeländes mit seinen interessanten Krananlagen am 7. März 1966

Kurt Burlein (2)

Streckenbeschreibung

Lokliste:

1	Cn2t	Schichau 570/92	T3, 1929 ex 89 7123, ex Stettin 6118, ex Bromberg 1832
2	Bn2t	Henschel 1109/80	1929 ex Zeche Holland III (z 01.04.28)
3	Cn2t	Schichau 421/86	T3, nach 1921 ex Bromberg 6150, ex Bromberg 1747
	Ch2t	Hohenz 1391/00	T3, 1952 ex NHS 4b (1924 Umb. Jung)
	Cn2t	Jung 438/00	T3, 1956 ex DB 89 7271, ex Mainz 6211, ex Mainz 1737
	Cn2t	Henschel 19565/22	1957 ex Marburger Kreisbahn (3), + um 1966
	B-dh	KrMa 19275/65	M250B, neu, 1979 an Grevenbrücker Kalkwerke

Wagen:

1 2achs G
2 2achs O
3 3achs Schienenwagen
4 2achs O
5 2achs O

Butzbacher Weichenbau Gesellschaft mbH, Butzbach

Das Unternehmen geht zurück auf die Firma Pintsch-Bamag AG. Als diese 1970 Konkurs anmelden musste, wurde der Bereich Weichenbau aus der Firma herausgelöst und als rechtlich selbständiges Unternehmen unter dem Namen Butzbacher Weichenbau Gesellschaft mbH (BWG) fortgeführt.

Im Juli 1991 erfolgte die Übernahme der DR-Weichenwerke in Brandenburg und Gotha, 35% verblieben vorerst im Eigentum der DR. Das ostdeutsche Werk firmiert als Weichenwerk Brandenburg GmbH (WBG) und unterhält eine Zweigniederlassung in Gotha, wo vorwiegend Straßenbahnweichen hergestellt werden. Im Jahre 1998 übernahm die BWG die restlichen 35% der Anteile an der WBG von der DB AG, Rechtsnachfolger der DR. Im gleichen Jahr wurden BWG und WBG durch die VOEST Alpine Eisenbahnsysteme (VAE) Österreich übernommen, einem Unternehmen, an dem die VOEST Alpine Stahl und Vossloh mit je etwa 45% Anteilen die Haupteigentümer waren. Inzwischen wurden Joint Ventures mit weltweit 21 Weichenwerken geschlossen. Vossloh reduzierte seinen Anteil an der VAE bis 2003 auf 15,1 %.

Das Produktionsprogramm in Butzbach umfasst Hauptbahn-Weichen und Kreuzungen aller Geometrien und Profile, Schienenauszüge, Industrieweichen und Weichenanlagen in Vignol- und Rillenschienenprofilen, Rillenschienen-Nahverkehrsweichen und -anlagen sowie Herzstücke mit beweglicher Spitze. Neben der Weichenfertigung wurden eine Zeitlang für die DB Schienenschweißungen auf Längen von 120 Metern ausgeführt. Die Verladung erfolgte auf Drehschemelwagen.

Im Jahre 1977 wurde durch Übernahme der Kranherstellung der Hessenia Maschinenfabrik in Gambach auch der Kranbau wieder aufgenommen. Diese Abteilung ist im unteren Werksteil, den ehemaligen Gebäuden der Lokomotivfabrik Gebr. Freitag untergebracht.

Die BWG unterhält keine eigene Werkslokomotive, den umfangreichen Rangierverkehr im Werk sowie die Rangierfahrten zwischen Werk und DB-Bahnhof versieht die BLE mit ihren Lokomotiven.

Schienenkran am 7. März 1966 (Foto: Kurt Burlein)

Krauss-Maffei Diesellok der Pintsch-Bamag AG am 2. Oktober 1971 (Foto: Klaus-Peter Quill)

Streckenbeschreibung

Lok 32 in der Halle der Butzbacher Weichenbau am 5. November 1998

Ulrich Erle

Die V 36 der Eisenbahnfreunde Wetterau half 2003 als Leihlok bei der BLE aus, da die eigene Lok in Reparatur war. Hier ist sie am 26. August 2003 an der Weiche 106 zu sehen

sich in Unter- und Oberwerk gliedert(e). Die Werksanlagen werden heute von mehreren Firmen genutzt. Das BLE-Streckengleis führt von km 0,860 bis km 1,630 durch das Fabrikgelände. Für die Bedienung der umfangreichen Gleisanlagen setzte der Anschlussinhaber eigene Dampflokomotiven, später bis 1979 eine Diesellok einschließlich eigener Lokführer, Heizer und Rangierer ein. In Höhe der Weiche 3 befand sich in km 1,010 früher ein Dienstraum für den örtlichen Betriebsbediensteten des Bahnhofs **Butzbach Nord** (km 1,2) der BLE. Dieser war für den ordnungsgemäßen Ablauf des Rangierdienstes verantwortlich und koordinierte auch die Rangierfahrten der Werkslokomotive. Er war nur während der Regelarbeitszeit anwesend. In dem Dienstraum befand sich ein Schlüsselbrett mit den Weichen- und Gleissperrschlüsseln und später der Weichenhebel der fernbedienten Weiche 106. Dienstbeginn und -ende waren dem Zugleiter in Butzbach Ost zu melden. Nach Dienstschluss mußten sich alle Weichen- und Gleissperrschlüssel am Schlüsselbrett befinden und der Weichenhebel mit Grundstellung nach Butzbach Ost festgelegt sein. Der Dienstraum musste nach Dienstschluss verschlossen und der Schlüssel beim Zugleiter abgegeben werden.

Die Bedienung der Anschlüsse erfolgte von Butzbach Ost aus. Der örtliche Betriebsbedienstete konnte nach Zustimmung des Zugleiters

Andreas Christopher

Lok 205 verlässt am 7. November 1967 mit einem schweren Militärzug Butzbach Nord. Die V 85 leistet Schubdienst.

Kurt Burlein

DREHSCHEIBE

Streckenbeschreibung

dem Rangierleiter des Anschließers unter Aushändigung der erforderlichen Weichen- und Gleissperrschlüssel die Erlaubnis zu selbständigen Rangierfahrten zwischen Ober- und Unterwerk geben. Vor Zustimmung hatte der Zugleiter die Strecke Butzbach Ost - Pohlgöns zu sperren. Auch bei Dienstruhe des örtlichen Betriebsbediensteten konnte der Anschließer auf Antrag beim Zugleiter das Hauptgleis der BLE innerhalb des Werksgeländes zum Rangieren benutzen. Wegen des starken Gefälles (bis 1:45) durften im Hauptgleis keine Wagen abgestellt werden. Rangierarbeiten waren so auszuführen, dass sich die Lok stets auf der Talseite befand. Um ein Ablaufen von Wagen auf das Hauptgleis zu verhindern, war nach Bedienung eines der Anschlußgleise die Gleissperre sofort wieder zu verschließen. Vorher durfte die Lok den talwärts vor der betreffenden Anschlussweiche liegenden Gleisabschnitt nicht verlassen. Diese Bestimmungen gelten auch heute, wo die Rangierabteilung der BLE die Rangierarbeiten ausführt.

Der erste Anschluss (*1921, km 0,918) ist der zur Meguin AG, Abteilung Lochbleche, später Lochblech- und Stanzwerk Butzbach Schmitt & Co., heute SHS Lochblech GmbH. Der Anschluss liegt noch, ist aber stillgelegt.

Es folgt der Anschluss (*1910, km 9,952) zur Lokomotivfabrik Gebr. Freitag, später Pintsch Bamag Verfahrenstechnik ("Unterwerk"), heute Butzbacher Weichenbau GmbH (BWG), Abteilung Kranbau. Die alten Werkshallen der Lokomotivfabrik stehen zum großen Teil noch.

Sodann folgt eine größere Gleisgruppe (*1921, km 1,010) der Meguin AG, später Pintsch-Bamag mit ursprünglich acht Anschlussgleisen. In diesem Bereich hat sich später die Firma Butzbacher Weichenbau GmbH niedergelassen, welche die alten Werkshallen zum großen Teil durch neue Montagehallen und Bürogebäude ersetzt hat. Sie ist heute der wichtigste Güterkunde der BLE.

Im Kilometer 1,4 wurde um 1921 ein Personenbahnsteig eingerichtet, der heute noch vorhanden ist. Er diente bis 1975 stets dem beschränkt öffentlichen Verkehr für die Beschäf-

Nochmals Weiche 106 mit Lok 1151 im Mai 1965

> ### Lochanstalt Butzbach, heute SHS Lochblech GmbH, Butzbach
>
> Die Lochanstalt Butzbach entstand 1926 durch Ausgliederung aus der Meguin AG. Später firmierte man unter Lochblech- und Stanzwerk Schmitt & Co. Da nach 1945 amerikanische Truppen das Werksgelände beschlagnahmten, zog man 1950 für wenige Jahre nach Oberkleen um, verlagerte den Betrieb aber 1957 wieder zurück nach Butzbach. Im Jahre 1993 stand die Firma kurz vor der Insolvenz. Ein Jahr später wurde das Nachfolgeunternehmen SHS Lochblech Butzbach GmbH gegründet; unter dieser Firmierung besteht das Werk an der Holzheimer Straße noch heute. Auf dem noch vorhandenen Gleisanschluss zur BLE wurden früher Bleche als Rohmaterialien angefahren und die Fertigprodukte meist in Stückgutwagen abgefahren, heute wird der Anschluss jedoch nicht mehr genutzt. Zu den Kunden zählen heute Groß- und Mittelstandsunternehmen in allen erdenklichen Branchen.

V 116 als Schiebelok hinter einem Militärzug am 31. Juli 1992 bei Pohlgöns

Butzbach-Licher Eisenbahn

Streckenbeschreibung

Militärzug am Abzweig zum Militärlager in Pohlgöns am 1. September 1966. Links das Streckengleis nach Oberkleen — Kurt Burlein

Gleisplan Bahnhof Pohlgöns — BLE

Unterführung Windhof Pohlgöns — Johannes Kroitzsch

Lok V 13 bei Rangierarbeiten in der Ayers-Kaserne am 16. Mai 2003 — Andreas Christopher

heit des örtlichen Betriebsbediensteten durfte der Kran nicht bewegt werden.

Teile des Oberwerks wurden nach dem Ende der Pintsch Bamag AG von den Faun-Werken Nürnberg übernommen. Es wurden Spezial-Lkw (Muldenkipper) hergestellt. Nach Verlegung der Produktion haben die Faun-Werke ihre Hallen an die Orenstein & Koppel AG veräußert. Heute ist der linke Anschluss noch betriebsbereit, liegt aber still.

Die teilweise seit dem Ende der Pintsch-Bamag mehrere Jahre leerstehenden Produktionsgebäude wurden in letzter Zeit saniert und von anderen kleineren Nachfolgefirmen genutzt (Ringel Stahlhandel, Konex Verpackungen, Südrohrbau u.a.).

Nach Verlassen des Industriegebietes Butzbach Nord führt die Bahnstrecke in ständiger Steigung zunächst durch Felder, dann durch einen tiefen Einschnitt, wo es eine markante Feldwegbrücke über die Bahn gibt, um schließlich auf einem Damm den Bahnhof **Pohlgöns** (km 3,069) zu erreichen. Der Bahnhof hat ein tigten der Werke und war im Kursbuch nicht erwähnt.

Darauf wurde (*1923, km 1,48) der Anschluss des Oberwerkes links mit den Gleisen 11 bis 15 und in km 1,508 rechts mit den Gleisen 16-19 hergestellt. Unmittelbar darauf wurde in km 1,53 eine Werksstraße gequert und gleich anschließend eine Kranbahn. Die Kranbahn des Anschließers, welche mit der Anhängelast in das Lichtraumprofil reichte, durfte die Gleise nur mit Zustimmung des örtlichen Betriebsbediensteten überqueren. Die Zustimmung durfte erst erfolgen, nachdem der Zugleiter verständigt war und dieser die Strecke gesperrt hatte. In Abwesenheit kleines einstöckiges Bahnhofsgebäude (heute privat) und besitzt ein später verlängertes Lade- bzw. Kreuzungsgleis und eine Rampe. In den direkt gegenüber dem Bahnhofsgebäude liegenden Betriebsgebäuden, die zuletzt von der Bauunternehmung Jaksch genutzt wurden, hatte die Pohlgönser Landmaschinenfabrik Anton Volk von 1914 bis 1935 ihren Sitz. Danach wurde das Gebäude

Streckenbeschreibung

Am 16. Oktoger 1991 holt V 126 im Bahnhof Pohlgöns einige Rübenwagen ab

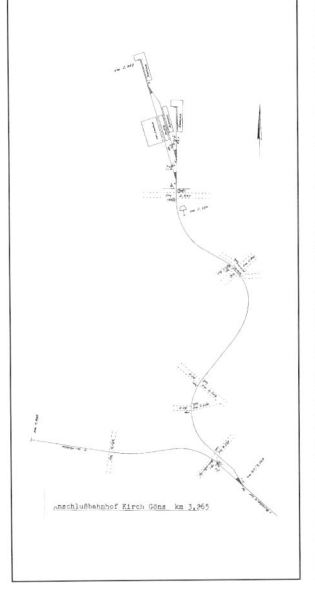

Mit ihrem Panzerzug in der Ayers-Kaserne angekommen ist Lok 832 als Schiebelok am 11. November 1995

Gleisplan Anschlussgleis zum Militärlager (links)

zwischen 1937 und 1956 von der Schuhfabrik Büddecker und Laux genutzt. Von 1956 bis 1967 produzierte die Firma Straub in den Fabrikhallen Schulmobiliar.

Nach Querung der ehemaligen Bundesstraße 3 (heute K 256, km 3,155) zweigt bei km 3,265 das Anschlussgleis zum Lager Kirch Göns ab. Das Anschlussgleis ist 2,899 Kilometer lang und führt in ständiger Steigung zum Militärla-

Mächtig anstrengen muss sich V 32 mit ihrem schweren Zug zwischen Pohlgöns und dem Militärlager

Streckenbeschreibung

Blick von der Verladerampe des Bahnhofs Ebersgöns, auf der früher die Feldbahn aus den Kalkwerken Wetzelsberg und Heinrichsberg endete

Butzbacher Zeitung

ger, in welchem es mehrere Ladestellen und Rampen für die Be- und Entladung vom Panzern gibt.

Die BLE-Strecke nach Oberkleen wendet sich nach links, unterquert die heutige B3 und verläuft zunächst durch Felder auf Ebersgöns zu. Am Waldrand befindet sich die ehemalige Landesgrenze zwischen Oberhessen und Preußen. Kurz vor dieser Stelle endet heute das Gleis, welches nach Stilllegung des Abschnitts nach Oberkleen noch dem Abstellen von Wagen für den Panzertransport diente und heute gesperrt ist.

Nachdem der Wald passiert ist, kommt der

Kalkbruch Wetzelsberg, Ebersgöns

In der Gemarkung Ebersgöns wurde schon vor langer Zeit mit dem Kalkabbau begonnen. Am Wetzelsberg gab es einen gemeindeeigenen Kalksteinbruch, in dem jeder Einwohner Kalk gewinnen und für den Eigenbedarf verwenden konnte. Reste von Kalkbrennöfen, die mit Holzkohle betrieben wurden, zeugen noch heute von dieser Zeit.

Später verpachtete die Gemeinde das Kalkbruchgelände am Wetzelsberg an die Firma Westermann, welche noch heute im benachbarten Niederkleen einen großen Kalkbruch betreibt. Der Abtransport des Materials geschah mittels einer Feldbahnanlage, welche neben gemeindeeigenen Wegen entlang bis zu einem zentralen Knotenpunkt führte, wo die Bremsbergbahn des Kalkwerkes Heinrichsberg mit der Gleisanlage des Kalkwerkes Wetzelsberg zusammentraf. Hier gab es auch eine Rampe, wo Kalksteine aus der Feldbahn in Anhänger der Bauern und in Lastkraftwagen umgeladen werden konnten. Das Gleis führte von dort in leichtem Gefälle weiter zur Verladerampe am Bahnhof Ebersgöns.

Auf der Feldbahnstrecke vom Steinbruch Wetzelsberg bis zum Fuß der Bremsbergbahn Heinrichsberg wurde später Lokomotivbetrieb durchgeführt. Im Einsatz war eine offene Gmeinder-Diesellok. Von dieser Stelle aus liefen die beladenen Loren, zu kurzen Zügen zusammengekuppelt und mit einem Bremser besetzt, mit eigener Schwerkraft bis zur Verladerampe am Bahnhof Ebersgöns. Nach der Entladung wurden sie mit Pferden wieder bis zum Fuß des Heinrichsberg-Bremsberges gezogen und anschließend von der Diesellok übernommen, welche die Loren wieder zurück zum Steinbruch beförderte. In den fünfziger Jahren endete der Kalksteinabbau am Wetzelsberg.

Gmeinder-Diesellok des Kalkwerks Wetzelsberg

Gerold Reitz

Streckenbeschreibung

Ein mit V 85 bespannter Güterzug hat am 28. Mai 1965 den Bahnhof Ebersgöns erreicht

Kalkwerk Heinrichsberg, Ebersgöns

Im Jahre 1889 nahm der Butzbacher Kaufmann und Unternehmer Philipp Biehling auf dem Heinrichsberg zwischen Ebersgöns und Oberkleen einen Kalksteinbruch in Betrieb. Diesem Betrieb war eine Ringofenanlage angegliedert, um industriemäßig Kalk zu brennen und zu mahlen. Der Sackkalk wurde sowohl an die Bauindustrie als auch als Düngekalk und lose an die Landwirte verkauft. Der rohe Kalkstein wurde als Bau- und Straßenmaterial verwendet.

Nach dem Konkurs des Firmengründers Biehling wurde die Werksanlage ab 1897 von der Dampfziegelei Gebrüder Vogt in Butzbach und ab 1904 von der Kalkbrennerei Küchel in Butzbach gepachtet. Ab 1910 firmierte das Werk als Oberhessische Kalk- und Steinindustrie, welche neben dem Kalkwerk Ebersgöns auch ein Basaltwerk bei Trais-Münzenberg, einen Quarzitbruch bei Münzenberg und Sandgruben bei Gambach betrieben. 1928 lautete der Firmenname Gläsner & Küchel Co. und später Westermann & Co.

Im Kalkbruch fand der Abbau zuletzt auf zwei Ebenen statt. Über eine interessante Seilzuganlage wurde der Kalkstein in Muldenkippern aus dem Bruch auf das Niveau des Werkes gezogen. Reste dieser Anlagen, u. a. eine Feldbahnweiche sowie Brücken, sind auch heute noch zu erkennen. Vom Werk aus wurden die Spezial-Muldenkipper mit einer zweigleisigen Bremsberganlage zu einem Punkt abgelassen, wo sie auf die Feldbahn des Kalkwerkes Wetzelsberg trafen. Von dort aus wurden die Feldbahnloren beider Kalkbrüche auf einer gemeinsam genutzten Strecke zum Bahnhof Ebersgöns gefahren. Hier wurde das Material über eine Ladebrücke in die bereitstehenden Güterwagen verladen. In der Gegenrichtung wurde Stückkohle, mit der die Ringöfen des Kalkwerkes befeuert wurden, vom Bahnhof zum Werk transportiert, und zwar bis 1958 mit Pferden, danach mit Diesellok.

Im Jahre 1962 wurde das Kalkwerk Heinrichsberg stillgelegt. Auf dem Gelände siedelte sich die Kabel-Verwertungs-Gesellschaft mbH. an, welche die Kunststoffumhüllungen der Kabel abbrannte, so dass das reine Kupfer verwertet werden konnte. Wegen der starken Umweltbelastung musste die Firma nach einigen Jahren ihren Betrieb wieder einstellen.

Die Bremsbergbahn des Kalkwerks Heinrichsberg war recht einfach verlegt

Butzbach-Licher Eisenbahn

Streckenbeschreibung

Lok 146 rangiert mit ihrem Güterzug am 18. April 1966 in Oberkleen. Der mitgeführte BDi 25 diente als Güterzug-Begleitwagen

Der Wismarer Schienenbus lief auf einer seiner ersten Probefahrten nach Oberkleen und wurde dort mit dem Personal im Bild festgehalten

Bahnhof **Ebersgöns** (km 6,477) in Sicht. Er besaß ein gleiches Bahnhofsgebäude wie Pohlgöns und je ein Kreuzungs- und Ladegleis. Das Kreuzungsgleis wurde schon frühzeitig wieder abgebaut. Am Ladegleis befand sich eine Lade-

Am 28. Mai 1965 war Lok V 85 im Güterverkehr nach Oberkleen eingesetzt. Hier rangiert sie vor der mächtigen Kalkstein-Verladeanlage

Streckenbeschreibung

Hier geht der Blick genau in die entgegen gesetzte Richtung

brücke, auf der das Feldbahngleis des nahe gelegenen Kalkwerkes Heinrichsberg endete. Vom Bahnhof ist heute nichts mehr zu sehen, das Bahnhofsgebäude wurde 1973 abgebrochen und das Bahngelände 1973/74 teilweise zum Bau der Umgehungsstraße (K 363) verwendet.

Hoch am Hang lief die Bahnstrecke auf **Oberkleen** (km 8,010) zu. Der Endbahnhof lag am Hang südlich des Ortes. Eine lange heute noch vorhandene, jedoch weitgehend zugewachsene Freitreppe führte zum Bahnsteig, auf dem sich eine kleine Wellblechbude mit Dienst- und Warteraum befand. Der Bahnhof hatte umfangreiche Gleisanlagen. Mehrere Anschlussgleise führten zum Stein- und Schotterwerk mit großem Verladebunker und zur Lenz'schen Plattenfabrik, später Pulverfabrik, danach Eisenwarenfabrik Bilgery und heute Getränkelager. Im Gestrüpp und unter hohen Bäumen sind die Gleise und Anlagen noch vorhanden. Die kleine Wellblechbude in diesem Endbahnhof passte so gar nicht zu den übrigen repräsentativen Bahnhofsgebäuden der BLE, ein sicheres Indiz dafür, dass der Weiterbau der Strecke fest vorgesehen war.

Nochmals Lok V 85 in Oberkleen. Wie bei allen anderen Endbahnhöfen der BLE genügte auch hier eine schmucklose Wellblechbude als Bahnhofsgebäude

Butzbach-Licher Eisenbahn

Streckenbeschreibung

Kalksteinwerk Oberkleen

Gleichzeitig mit dem Bau der Strecke nach Oberkleen errichtete die Firma Lenz & Co. dort eine Fabrik zur Herstellung von Marmorsteinplatten. Die Firma Lenz & Co. zahlte der Gemeinde Oberkleen jährlich 1.000 Mark Pacht für das Steinbruchgelände, in dem die Kalksteine gebrochen, dann mit Hilfe einer Bremsbergbahn zu dem neben der Fabrik errichteten Kalkschachtofen geschafft und dort gebrannt wurden. Eine Hebebühne, durch eine Dampfmaschine bewegt, hob die gebrannten Kalksteine in die oberen Räume der Fabrik, wo sie zusammen mit rohem Kalkstein gemahlen wurden. Aus diesem Kalkmehl, das mit verschiedenen Farben vermischt wurde, presste man unter hohem Druck marmorierte Steinplatten, trocknete und härtete sie nach einem neu patentierten Verfahren und schliff sie anschließend.

Nach der Erweiterung der Fabrikgebäude wurde 1915 eine Pulverfabrik mit in Belgien erbeuteten Maschinen errichtet. Um den Druck und die Qualität des Pulvers zu testen, hatte man oberhalb des Fabrikgeländes im Steinbruch einen Bunker errichtet, der mit Sand ausgefüllt war. In etwa 100 Meter Entfernung vor dem Bunker stand ein auf einem Betonsockel verschraubtes Geschütz, um durch Schießübungen die Qualität des Pulvers feststellen zu können. Nach dem verloren gegangenen Weltkrieg wurden die Maschinen in Oberkleen wieder demontiert und nach Belgien zurückgebracht.

Nach dem Ersten Weltkrieg wechselte das Fabrikgelände mehrmals seinen Besitzer, bis es 1933 von den Gebrüdern Bilgery erworben wurde, welche die Produktion von Gartenschirmständern aus Biberach/Riß nach Oberkleen verlagerten. Während des Zweiten Weltkrieges waren in den Fabrikhallen verschiedene Firmen ausgelagert, unter anderem ein Zweigwerk der Schiffbaufabrik Berninghaus und eine Abteilung der Firma Röchling, die Geschütze fertigte. 1950 zog das Butzbacher Lochblech- und Stanzwerk in die Hallen ein, verlagerte seine Produktion aber 1957 wieder zurück nach Butzbach. Ein Jahr später dienten große Teile der Werkshallen der Bundesvorratsstelle als Getreidedepot für 16.000 Zentner Weizen. Schließlich wurde auch dieses Lager aufgelöst und die großen Fabrikhallen zum Abstellen von fabrikneuen Personenwagen und später zur Lagerung von Altreifen vermietet, während der Besitzer Adolf Bilgery in den übrigen Fabrikhallen die Fabrikation von Eisenwaren aufnahm. Heute ist dort ein Getränkelager untergebracht.

Auch der Kalksteinbruch Oberkleen wechselte öfter den Pächter: Oberhessische Kalk- und Steinindustrie, Gläsner & Küchel Co, Butzbach, Karl Glaum (ca. 1938 - 1960), Firma Schneider Gießen. Die Kalksteine wurden an die Zellstoffwerke in Mannheim und Aschaffenburg sowie an die Farbwerke Hoechst für deren Zellstoffherstellung geliefert, fanden aber auch in der Zuckerindustrie Verwendung. Darüber hinaus war das Gestein auch für die Baustoffindustrie von Bedeutung. Mitte der siebziger Jahre wurde der Bruch stillgelegt, als der Grundwasserspiegel erreicht war.

Slg. Josef Köhler (2)

Streckenbeschreibung

2.4 Griedel - Bad Nauheim Nord

Die Strecke nach Bad Nauheim beginnt im Bahnhof Griedel. Hier gibt es das ziemlich einmalige Kuriosum, dass der Zug in Richtung Bad Nauheim nicht direkt aus dem Bahnhof ausfahren kann, sondern erst etwa 250 Meter in eine Spitzkehre zurück drücken muss, um dann vorwärts weiterzufahren. Nach dem Gleisumbau in Griedel im Zuge der Erneuerung der Strecke Richtung Münzenberg kann man seit 1971 direkt von Bad Nauheim nach Münzenberg fahren. Aus Richtung Butzbach ist aber weiterhin Kopfmachen erforderlich.

In der Ortsmitte von Griedel bei der Christ'schen Mühle war zur Bahneröffnung der Haltepunkt **Griedel Mitte** (km 0,29) eingerichtet, der jedoch schon nach wenigen Jahren aufgegeben wurde.

Zwischen dem alten Ortskern und dem Neubaugebiet auf dem Galgenberg führt die Strecke nun entlang der Wetter, zunächst durch Wiesen, Weiden und Felder, dann durch Feuchtgebiet an der Rain-Mühle vorbei, wo die Wetter auf einer Stahlfachwerk-Brücke gequert wird. Bald kommt Rockenberg in Sicht mit dem Marienschloss (heute Jugend-Strafanstalt) und einem markanten Kirchturm. Bei km 2,974 wird die Landstraße L 3134 von Butzbach gequert, unmittelbar dahinter ist der Bahnhof **Rockenberg** (km 3,03) erreicht. Er hatte früher erhebliche Bedeutung, und das große Bahnhofsgebäude war hier sicher nicht fehl am Platze. Früher gab es eine bedeutende Kofferfabrik, die für reichlich Stückgut sorgte, ferner Quarzitsteinbrüche, die bei der Betriebseröffnung bereits ca. 4.000 Wagen bestellt hatten. Der neben dem Güterschuppen errichtete Anbau diente der landwirtschaftlichen Genossenschaft Wolff als Lager. So war dann auch der Gleisplan recht umfangreich:

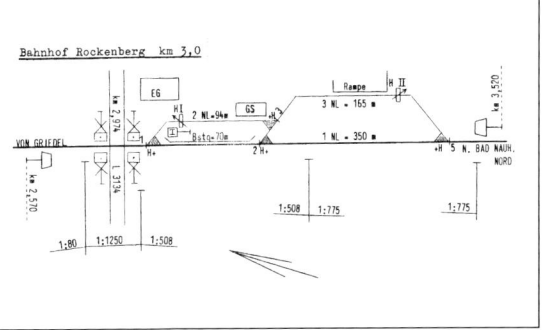

Zeichnung des Güterschuppens und Gleisplan Rockenberg

Einfahrsignal des Bahnhofs Griedel aus Richtung Rockenberg

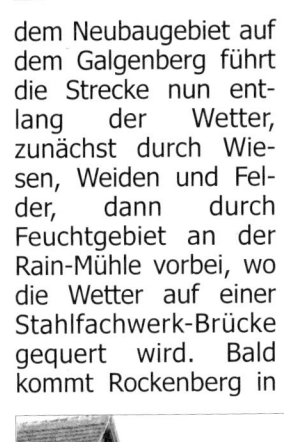

Am 28. Mai 1965 konnte der Fotograf V 85 in Rockenberg auf den Film bannen

Den Personenverkehr zwischen Griedel und Bad Nauheim Nord bewältigte am 13. September 1974 der VT 65, hier bei der Ausfahrt aus Rockenberg

Streckenbeschreibung

15. Juli 1990 warten die beiden Dieselloks V 116 und V 126 in Rockenberg auf ihren nächsten Einsatz

Bemerkenswert war das Einfahrsignal des Bahnhof Griedel aus Richtung Butzbach. Dieses verfügte bereits über eine elektrische Beleuchtung

Der letzte Dampfzug mit Lok 204 ist bei Rockenberg am 2. Oktober 1971 unterwegs

Streckenbeschreibung

16. Oktober 1991 ist V 126 mit ihrem beladenen Rübenzug im schönsten Herbstlicht zwischen Griedel und Rockenberg unterwegs

Am 5. November 1988 schleppt die selbe Diesellokomotive ihren schweren Rübenzug die Steigung am Steinfurther Berg hinauf

Andreas Christopher (2)

Butzbach-Licher Eisenbahn

Streckenbeschreibung

lang gezogene Gleisanlagen, Kreuzungs- und Ladegleis, große Steinverladerampe, zuletzt für die Zuckerrübenverladung genutzt. Ein Gleis wurde in den siebziger Jahren zurückgebaut. Das Bahnhofsgebäude ist 1975 verkauft worden und dient als Wohnhaus.

Weiter durch Felder führt die Strecke im Wettertal entlang und erreicht bald **Oppershofen** (km 4,43). Hier gab es ein kleines, einstöckiges Bahnhofsgebäude mit Dienst- und Warte- und Güterraum, welches heute, mehrfach umgebaut, noch steht und sich in Privatbesitz befindet. Ein Kreuzungs- und Ladegleis vervollständigte die Anlagen. Neben dem Bahnhof befindet sich das Sägewerk mit Zimmereigeschäft A. und J. Bell. Die weitere Streckenführung ist recht romantisch. Die Strecke passiert die Nonnen-Mühle, deren alte Gebäude heute sehr gern als Fotomotiv dienen.

Die moderne Rübenverladeanlage am Bahnhof Rockenberg am 1. Dezember 1990

Rockenberg: Siedlung um eine Burg aus dem Mittelalter, später Domäne des Grafen von Bellersheim. In der Nähe das Marienschloss, früher Kloster, ab 1804 Landeszuchthaus und seit 1939 Jugendstrafanstalt.

In einem weiten Bogen wird der Steinfurther Friedhof passiert und der alte Ortskern umfahren. Kurz vor der Landstraße nach Bad Nauheim befindet sich der Bahnhof **Steinfurth** (km 7,12). Neben einem verhältnismäßig kleinen, einstöckigen Bahnhofsgebäude befand sich gegenüber dem Güterschuppen noch ein kleines Wohnhaus. Dieses Wohnhaus wurde 1976 verkauft. Das Bahnhofsgebäude wurde in den achtziger Jahren ebenfalls veräußert und zum Wohnhaus umgebaut. Recht groß war der heute noch vorhandene Wellblech-Güterschuppen. Von hier aus wurden einst tausende von Stückgutsendungen mit Rosen in alle Welt verschickt. Steinfurth ist das bedeutendste deutsche Rosen-Anbaugebiet, zahlreiche bekannte Zuchtbetriebe haben hier ihren Sitz, und viele der umliegenden Felder sind im Sommer mit blühenden Rosen bepflanzt.

VT 65 macht am 13. September 1974 Halt im Bahnhof Oppershofen

Gleisplan des Bahnhofs Oppershofen

Unterwegs am Steinfurther Berg ist VT 65 am 19. April 1975

Unmittelbar nach der Kreuzung der Landstraße L 3134 nach Bad Nauheim in km 7,182 beginnt die Strecke stark anzusteigen, die Bahnlinie verlässt das Wettertal. Zunächst noch durch

Streckenbeschreibung

Am 29. August 1972 waren keine Fahrgäste zu sehen, als VT 65 im Bahnhof Steinfurth einen Halt einlegte

Steinfurth: Seit 1972 Stadtteil von Bad Nauheim. Größtes geschlossenes Rosenanbaugebiet Deutschlands, ungefähr 30 Prozent der deutschen Rosenproduktion stammt aus dieser Region. Schon 1912 fand die erste Rosenausstellung in Steinfurth statt. Ende der vierziger Jahre wurde das Rosenfest, so wie es heute gefeiert wird, aus der Taufe gehoben. Seit 1970 findet es im zweijährigen Turnus statt, 2004 zum 39. Mal, und zieht dann jeweils 50.000 Besucher an, davon allein 40.000 beim Rosenkorso am Sonntagnachmittag.

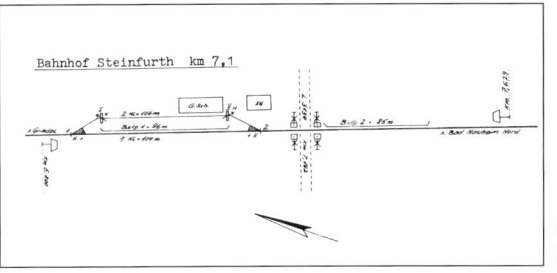

Gleisplan Bahnhof Steinfurth

Felder, dann durch ein kleines Wäldchen wird der Wisselsheimer Berg bezwungen. Das Gut Löwenthal sieht man vom Zug aus im Tal liegen,

V 126 mit Rübenzug bei Oppershofen am 3. November 1990

Butzbach-Licher Eisenbahn

Streckenbeschreibung

Ein GTW 2/6 der Hellertalbahn wurde am 16. Juli 2000 beim Rosenfest in Steinfurth eingesetzt, um die Besucher zwischen Butzbach und Steinfurth zu befördern. Hier ist der Triebwagen in Rockenberg zu sehen

kurz darauf ist der Brechpunkt bei 169,97 m.ü.NN erreicht. Von Steinfurth aus hat der Zug bei 1,6 Kilometer Streckenlänge 46,6 Meter an Höhe gewonnen. An dieser Stelle wird die neue Bad Nauheimer Umgehungsstraße B3 gemeinsam mit einem Feldweg auf einer modernen Betonbrücke gequert.

Nun geht es in leichtem Gefälle bergab, zur rechten Seite befindet sich ein Gewerbegebiet und links wurden die Waldorfschule und ein Kindergarten gebaut. Schließlich kommt die Main-Weser-Bahn in Sicht. Einige hundert Meter pa-

Rübenzug zwischen Oppershofen und Steinfurth in Höhe der Nonnenmühle, 1. Dezember 1990

Andreas Christopher (2)

Streckenbeschreibung

Andreas Christopher

Die Rübenkampagne neigt sich dem Ende zu: V 126 ist mit ihrer süßen Fracht am 25. November 1989 am Steinfurter Berg unterwegs

rallel dazu führt die Strecke, bis **Bad Nauheim Nord** (km 11,0) erreicht ist. Das Bahngelände der BLE liegt, von der Stadt aus betrachtet, jenseits des DB-Bahnhofs. Vom Bahnsteig der BLE aus, auf dem sich ein kleines Bahnhofsgebäude mit offenem Warte- und geschlossenem Dienstraum befindet (heute genutzt von den Eisenbahnfreunden Wetterau), führt ein langer Fußgängertunnel unter den Gleisen hindurch und endet neben dem DB-Bahnhof. Anfang 1999 wurde die Bahnsteigunterführung im DB-Bahnhof im Zusammenhang mit der Anlage eines

Helmut Roggenkamp

V 116 und V 126 befördern ihren Sonderzug zum Rosenfest am 28. Juli 1982 durch die Rosenfelder bei Steinfurth

Butzbach-Licher Eisenbahn

Streckenbeschreibung

V 126 passiert am 17. November 1981 das damals noch nicht restaurierte Bahnhofsgebäude in Bad Nauheim Nord

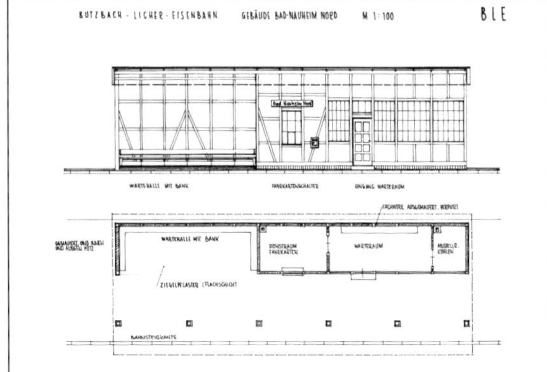

Andreas Christopher

Detailzeichnung des Bahnhofsgebäudes

Am 22. Mai 1956 präsentierte sich noch ein Dampfzug am Bahnhof Bad Nauheim Nord

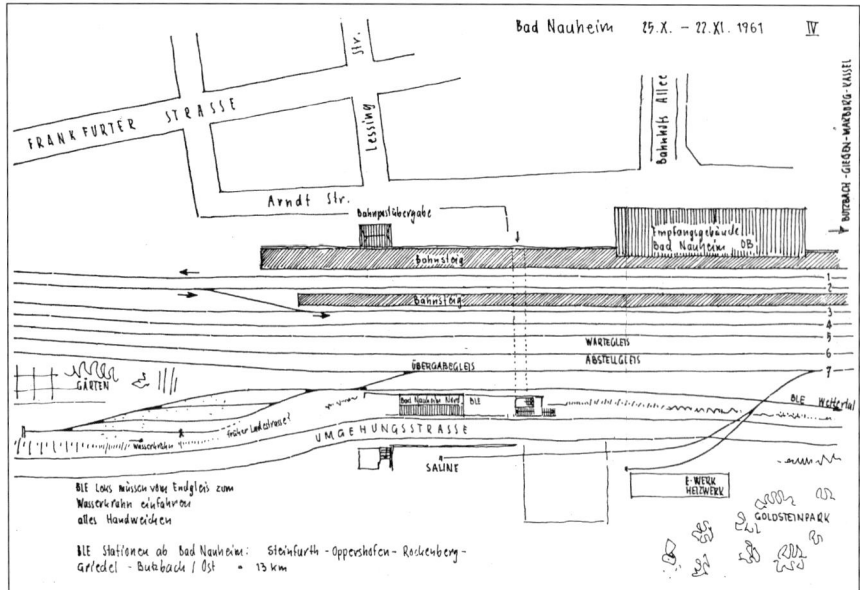

Gerd Wolff

Auf der Übersichtszeichnung sind die Anlagen der BLE (unten) gut erkennbar

Albert Schrader

P&R-Platzes verlängert und bis in Höhe des Nordbahnhofs durchgebrochen, so dass ein bequemer Übergang direkt zu den DB-Bahnsteigen möglich ist. Übergangsreisende hatten somit früher einen erheblich längeren Fußweg zwischen Privat- und Staatsbahn zurückzulegen als heute die Fahrgäste der Museumszüge.

Dem Personenbahnhof vorgelagert war früher eine kleine Abstellgruppe mit zwei Gleisen, auf der sich heute der erwähnte P&R-Platz befindet. Der Parkplatz wird heute mittels Rillengleis durchquert. Früher vorhandene Anschlußgleise

> **Bad Nauheim:** Gründet sich auf eine keltische Siedlung aus dem 4. Jahrhundert vor Christus. Schon damals wurde hier Salz gewonnen. Bad Nauheim erhielt 1854 Stadtrechte. 1816 wurde die erste Heilquelle erbohrt, seit 1858 ist Bad Nauheim Herzheilbad. Salzgewerbe, Salinen und Gradierbauten bestimmten lange das Gesicht der Stadt. Die Salzproduktion endete 1959. Bekannte, zwischen 1910 und 1912 gebaute Bade- und Trinkkuranlage im Jugendstil.

zum Heizwerk des Staatsbades Bad Nauheim und zur Saline hatten nichts mit der BLE zu tun, sondern wurden von der Staatsbahn bedient und kreuzten das Streckengleis der BLE lediglich. Hinter dem Personenbahnsteig befand und befindet sich noch eine umfangreiche Gleisanlage mit Übergabe-, Übernahme- und Umsetzgleis. Das Kohlensäurewerk Lindner hatte hier eine Ladestelle, wo die Kesselwagen entladen werden konnten und das Gas über eine Rohrleitung zum Werk gelangte. Die Anlagen sind heute von den Eisenbahnfreunden Wetterau gepachtet, die auf dem Gelände eine große dreigleisige Fahrzeughalle errichtet haben. Die Gleisanlagen werden heute rechtlich als Anschlussbahn betrieben. Ansonsten gab es in Bad Nauheim Nord zwar eine Wasserstation mit Wasserkran, aber nie einen Lokschuppen.

Streckenbeschreibung

Am 4. Juli 1967 gab es in Bad Nauheim noch eine Bahnhofs-Köf (Köf 4656), die auch den Wagenaustausch mit der BLE besorgte

2.5 Wetteraunetz

Die Butzbach-Licher Eisenbahn bewältigt den gesamten Reisezugverkehr auf den Bahnlinien Friedberg - Friedrichsdorf, Friedberg - Beienheim - Wölfersheim-Södel, Beienheim - Nidda, Gießen - Gelnhausen und Friedberg - Hanau. Zwischen Nidda und Friedberg fährt die DB noch zwei bis Frankfurt durchlaufende lokbespannte RE-Zugpaare und zwischen Gießen und Gelnhausen sowie Friedberg und Hanau aus Umlaufgründen noch vereinzelte Züge mit Triebwagen. Dafür fährt die BLE, ebenfalls aus Umlaufgründen, auf der Main-Weser-Bahn neben einem von Nidda bis Frankfurt durchlaufenden RE-Zugpaar auch einen von Hanau bis Bad Nauheim durchlaufenden Zug sowie ein Zugpaar Friedberg - Gießen.

Die Strecken weisen einen sehr unterschiedlichen Charakter auf. Da sie nicht zu den eigentlichen Strecken der BLE gehören, sondern von ihr nur befahren werden, werden sie hier in der Streckenbeschreibung auch nur in aller Kürze beschrieben.

Die 69,73 Kilometer lange Strecke **Gießen - Gelnhausen** wurde bereits zwischen 1869 und 1870 durch die Oberhessische Eisenbahn-

Kreuzung zweier GTW 2/6 im Bahnhof Lich. Das Stellwerk hinten links ist uns schon auf Seite 60 begegnet

Butzbach-Licher Eisenbahn 89

Streckenbeschreibung

GTW 2/6 nach Friedberg am 24. September 1999 in Nidda

Gesellschaft in mehreren Abschnitten in Betrieb genommen. Ein Weiterbau durch den Spessart in Richtung Würzburg war vorgesehen, wurde aber nie realisiert. Somit hat die Bahnlinie nie überregionale Bedeutung erlangt. Am 8. August 1876 ging sie in das Eigentum der Preußisch-Hessischen Staatseisenbahnen über. An der Bahnlinie liegen die für die Wetterau wichtigen Kleinstädte Lich, Hungen, Nidda und Büdingen. Außer Lieblos (hier Lichtsignale) verfügen alle Bahnhöfe heute noch über Formsignale und sind örtlich besetzt. Allerdings sind die Modernisie-

Drei DWA-Schienenbusse als Regionalbahn nach Friedberg am 27. Mai 1999 in Rosbach v.d.H. Die Haltestelle wurde inzwischen übrigens wieder zum Kreuzungsbahnhof ausgebaut

Streckenbeschreibung

Am 31. März 2003, wenige Tage vor der Stillegung der Strecke Wölfersheim - Hungen, war ein GTW 2/6 vor den Höhenzügen des Vogelsberges bei Obbornhofen-Bellersheim unterwegs

rung der Strecke und der Bau eines zentralen DR-Stellwerks in Vorbereitung. Interessant ist die Betriebsstelle Pfahlgraben, in der auch heute noch Zugkreuzungen stattfinden, die aber nie im Personenverkehr bedient wurde.

Die zweigleisige Hauptbahn **Friedberg - Hanau** ging in zwei Abschnitten 1879/81 in Betrieb und dient hauptsächlich als Güterumgehungsbahn für Frankfurt. Auch heute noch werden zahlreiche Güterzüge in der Relation Ruhr - Sieg - Wetzlar - Würzburg über diese Strecke geleitet. Der Reisezugverkehr hat jedoch nie

VT 107 + 109 kreuzen am 6. März 2001 im romantisch gelegenen Bahnhof Mittel-Gründau, der nur zeitweise mit einem Fahrdienstleiter besetzt ist

Andreas Christopher (4)

Butzbach-Licher Eisenbahn 91

Streckenbeschreibung

Aktien-Zuckerfabrik Wetterau, Friedberg/Hess.

Die Aktien-Zuckerfabrik wurde 1882 gegründet und sollte ursprünglich in Echzell, inmitten der fruchtbaren Wetterau, errichtet werden. Aus verschiedenen Gründen, u. a. wegen der günstigen Verkehrslage, wurde dann aber Friedberg als Standort gewählt. Die Rübenanbaufläche im Einzugsgebiet der Aktien-Zuckerfabrik Wetterau lag in der Gründungszeit 1887/88 nur bei etwa 1000 Hektar und der Hektarertrag bei knapp 250 Doppeltonnen. Bis 1949 war die Anbaufläche auf etwa 2000 Hektar angewachsen. Danach setzte eine starke Ausweitung dieser Fläche ein, sie lag 1980 bei etwa 7700 Hektar und der Ertrag bei ca. 460 Doppeltonnen pro Hektar.

Im August 1980 wurde erstmals von einer engeren Zusammenarbeit mit der Südzucker AG gesprochen. Schneller als zunächst angenommen wurde der ganze Betrieb bereits 1981 an die Südzucker verkauft, die die gesamte Rübenverarbeitung aus dem Rhein-Main-Gebiet in Groß Gerau konzentriert hat. Die Kampagne 1981/82 war nach fast hundert Jahren die letzte der Zuckerfabrik Friedberg.

Während der folgenden zehn Jahre konnten die Landwirte die Rübensendungen noch weiter auf der Straße in Friedberg anliefern, ohne mit Frachtkosten belastet zu werden. Die Rüben wurden hier in Güterwagen verladen und zusammen mit den Rüben der teilweise noch weiterhin bedienten umliegenden Verladebahnhöfe in zwei täglichen Ganzzügen nach Groß Gerau gefahren. Diese neue Rübenverladeanlage kostete rund eine Million DM. Ende 1991 war auch damit Schluß. Seitdem werden sämtliche Rüben mit Lastkraftwagen auf der Straße nach Groß Gerau transportiert.

Auf der Werksbahn der Aktien-Zuckerfabrik Wetterau herrschte stets ab Oktober bis zum Jahresende Hochbetrieb. Täglich trafen bis zu 100 Güterwagen mit Zuckerrüben aus der Wetterau ein und mußten von den werkseigenen Lokomotiven bewegt werden. Der Dampfbetrieb auf der Werksbahn wurde endgültig 1969 mit dem Kauf der großen Diesellok der Bauart V36 aufgegeben.

Die Werkslokomotiven der Zuckerfabrik Wetterau am 17. November 1981: Lok 1' (oben) und Lok 2 (unten)

Lokliste:

```
  Bn2t   Krauss 3631/97      (LV)
1 Bn2t   Hohenz 3699/18      neu an Duisburger Kupferhütte, Hochfeld/ Aktien-Zuckerfbr. Wetterau,
                             ++ 1972
1'C-dh   BMAG 11458/42       Typ WR360C40, 360 PS, 40 t, neu an Wifo, Berlin/ Brit. Rheinarmee/
                             1969 an Aktien-Zuckerfbr. Wetterau/ 1990 an Eisenbahnfreunde
                             Wetterau, Bad Nauheim, 02iE
2 B-dm   Deutz 56411/56      Typ A4L517 R, 55 PS, 14 t, 1990 an Eisenbahnfreunde Wetterau, Bad
           Nauheim, 1994 an B. van Engelen, Mainische Feldbahnen, Schwerte
```

Andreas Christopher (2)

Streckenbeschreibung

überregionale Bedeutung gehabt. Technisch interessant ist das Assenheimer Viadukt, eine große und markante Stahlkonstruktion über das Niddatal.

Die Nebenbahnen **Friedberg - Beienheim - Hungen** und **Beienheim - Nidda** müssen als Einheit gesehen werden. Sie wurden 1897 in Betrieb genommen, um die ländlich geprägten Gemeinden in der Wetterau zu erschließen. Nach 1935 begann, vermutlich aus militärstrategischen Gründen, ein zweigleisiger Ausbau der Verbindung Frankfurt - Bad Homburg - Friedberg - Hungen - Mücke - Alsfeld - Bad Hersfeld, um die stark befahrenen Hauptbahnen Frankfurt - Gießen - Kassel und Frankfurt - Hanau - Fulda - Bebra zu entlasten. Aufgrund des Kriegsausbruchs konnte dieses Projekt jedoch nur teilweise verwirklicht werden: Zwischen Friedberg und Wölfersheim-Södel soll bis etwa 1950 im zweigleisigen Betrieb gefahren worden sein, bis Inheiden waren die Erdarbeiten für den Unterbau fertig gestellt. Dabei wurde die Usabrücke bei Friedberg, zuvor eine Eisenkonstruktion, als neunbogige Betonbrücke mit Sandsteinverkleidung neu errichtet. Infolge eines Braunkohlentagebaus musste 1968 die Strecke zwischen Berstadt-Wohnbach und Inheiden verlegt werden und verlief seitdem weitab von der Bebauung der Orte Obbornhofen und Bellersheim. Die abseitige Lage der Orte nördlich Wölfersheims führte zur Einstellung des Personenverkehrs zwischen Wölfersheim-Södel und Hungen am 4. April 2003.

Die Bahnlinie **Friedrichsdorf - Friedberg** entstand 1901 als Querverbindung und Netzverknüpfung zwischen den Bahnstrecken Frankfurt - Gießen und Frankfurt - Bad Homburg. Nach

VT 126 beim Halt in Büdingen (Obh.) am 16. März 2001

Ein GTW 2/6 zwischen Büdingen und Mittelgründau am 6. März 2001

Streckenbeschreibung

der Inbetriebnahme hatte sie erhebliche Bedeutung für den Verkehr aus Richtung Berlin und Norddeutschland zu den Kurorten am Taunusrand. Insbesondere Bad Homburg v.d. Höhe und Wiesbaden waren zu dieser Zeit höchst mondäne und beliebte Kurstädte. Die Strecke wurde bis in die fünfziger Jahre zweigleisig betrieben. In den Jahren 2001/02 wurde sie grundlegend modernisiert und in Friedberg Süd ein neuer Haltepunkt eingerichtet. Dabei wurde die Kreuzungsmöglichkeit von Rodheim nach Rosbach verlegt.

Abgabe von Eisenbahninfrastruktur der Butzbach - Licher Eisenbahn AG - BLE

Abgabeverfahren nach "§ 11 AEG" an Dritte

Strecke der Butzbach-Licher Eisenbahn AG

Abschnitt: a.) Butzbach/Griedel-Bad Nauheim/Nord
 b.) Butzbach/Ost (ab km 2,2 Butzbach/Griedel)-Münzenberg

Strecke: Eingleisige, nicht elektrifizierte Nebenbahn

Länge: a.) 10,6 km
 b.) 6,9 km

Land: Hessen

Kreis: Wetteraukreis

Streckennutzung in 2002:
Strecke a.) kein planmäßiger Güter- und Personenverkehr, sondern ausschließlich Sonderfahrten
Strecke b.) geringer Güterverkehr (ca. 2.600 to / ca. 55 Wagen)

Zulässige Höchstgeschwindigkeit: 40 km/h (einige Abschnitte dürfen nur mit einer Höchstgeschwindigkeit von 20 km/h befahren werden.)

Streckenklasse: C 2

Radsatzlast: 20,0 to

Meterlast: 6,4 to

Jährliche Einnahmen aus Trassennutzung:
Strecke a.) ca. 3.000,00 Euro
Strecke b.) ca. 4.500,00 Euro

Jährliche Kosten für die Vorhaltung der Strecke:
ca. 400.000,00 Euro in den nächsten 5 Jahren (ca. 80.000,00 Euro jährlich), um den vorhandenen Zustand auf niedrigem Niveau zu sichern. Danach sind umfangreiche Investitionen in Brücken- und sonstige Ingenieurbauwerke notwendig, deren Volumen mit ca. 900.000,00 Euro geschätzt wird.

Betriebswirtschaftliche Bewertung:
Nachdem im Jahre 1973 auf dem Streckenabschnitt a.) der fahrplanmäßige Personenverkehr und danach auch der Güterverkehr wegen zurückgegangener Verkehrsnachfrage eingestellt wurde und auf dem Abschnitt b) in 2002 nur noch unbedeutender Güterverkehr abgewickelt wurde, stehen den jährlichen Betriebs- und Vorhaltungskosten nur noch geringe Einnahmen aus einem gelegentlichen Museumsbahnbetrieb gegenüber.

Der Weiterbetrieb und die Vorhaltung der Strecken für den öffentlichen Verkehr ist daher auch im Hinblick auf die zu erwartenden hohen Investitionen unwirtschaftlich und der BLE nicht länger zumutbar.

Interessenten, die als Eisenbahninfrastrukturunternehmen die Strecke ohne zeitliche Unterbrechung übernehmen und für den öffentlichen Verkehr in eigener Verantwortung weiter betreiben wollen, können bis spätestens 02.05.2003 ein Angebot bei folgender Adresse anfordern:

Butzbach-Licher Eisenbahn AG - BLE
Mannheimer Straße 15
60329 Frankfurt am Main

17.01.2003

Wortlaut der Ausschreibung für die Streckenabschnitte Butzbach/Griedel - Bad Nauheim Nord und Griedel - Münzenberg aus dem Jahr 2003

3. Personen- und Güterverkehr

3.1 Personenverkehr

Für die Strecke Butzbach - Lich weist der Fahrplan im Eröffnungsjahr, gültig ab 1. Mai 1904, fünf Zugpaare aus, die Fahrzeit betrug eine Stunde. Die Personenzüge führten von Anfang an drei Klassen, erkennbar an unterschiedlicher Lackierung der Wagen. Die 4. Klasse wurde 1928 abgeschafft.

Ziemlich genau sechs Jahre später war das gesamte Netz in Betrieb. Übergang zur Staatsbahn bestand an vier Stellen: Butzbach Staatsbahn (später Butzbach West) aus und in Richtung Gießen, Friedberg und Frankfurt. Bad Nauheim Nord ebenfalls Richtung Gießen, Friedberg und Frankfurt. Lich Süd in und aus Richtung Gießen sowie Hungen und Nidda. Grünberg Süd in Richtung Gießen und Fulda. Diese vier Anschlüsse brachten immer Probleme bei der Fahrplangestaltung, Wartezeiten waren nicht zu vermeiden.

Im Fahrplan ab 1. Mai 1914 wies die Strecke Butzbach - Lich - Grünberg drei durchgehende Zugpaare aus, weiterhin je ein Zugpaar Butzbach - Lich, Lich - Grünberg sowie werktags Butzbach Ost - Münzenberg. Die Strecke Bad Nauheim - Griedel - Oberkleen wurde durchgehend betrieben und mit vier Zugpaaren befahren.

Die Beförderungsleistungen stiegen von der Eröffnung (1908 = 209.222 beförderte Personen) bis zum Ersten Weltkrieg kaum an. Erst ab Mitte der zwanziger Jahre waren sie beachtlich (1928 = 599.693 Personen).

Fahrplan aus dem Jahr 1914

Während der Zeit der Wirtschaftskrise war ein enormer Abfall im Personenverkehr zu verzeichnen (1935 = 173.612 Personen), dann ging es wieder langsam bergauf (1938 = 221.712 Personen).

Zu dieser Zeit war der Abschnitt Lich - Grünberg schon weitgehend verkraftet; nur noch ein werktägliches Zugpaar verkehrte im Sommerfahrplan 1939 hier. Zwischen Butzbach und Lich verkehrten werktags zwei und sonn-

Fahrkarte von Lich Süd nach Butzbach West vom 8. März 1961

Lok 142 rangiert in Hof und Dorf Güll am 23. September 1967

Butzbach-Licher Eisenbahn 95

Personen- und Güterverkehr

Lok 42 der Kleinbahn AG Frankfurt - Königstein war im Jahr 1959 leihweise für einige Monate bei der BLE im Einsatz

tags drei Zugpaare sowie bis zu drei Busse, außerdem ein Zugpaar werktags außer Samstag von Butzbach nach Gambach. Zwischen Bad Nauheim, Griedel und Oberkleen fuhren drei Paare und an bestimmten Tagen ein weiteres Zugpaar. Nach Kriegsbeginn wurde der Omnibusverkehr im Herbst 1939 eingestellt.

Einen Tiefpunkt im Fahrplan markierte das Jahr 1946. Sämtliche Kraftwagenfahrten waren entfallen. Ab 11. Februar 1946 fuhren zwischen Butzbach, Lich und Grünberg zwei, zwischen Lich und Ettingshausen werktags ein weiteres Zugpaar. Auch zwischen Bad Nauheim und Butzbach Ost gab es zwei tägliche Zugpaare, während zwischen Butzbach Ost und Oberkleen nur ein werktägliches Zugpaar verzeichnet war. Im ersten Nachkriegsjahr konnte man zufrieden sein, wenn ein Zug fuhr, da die Kohlen- und Materialknappheit zu Einschränkungen zwangen.

Bereits kurz darauf mußten wieder enorme Leistungen erbracht werden, "Hamsterer" und Flüchtlinge stürmten tagtäglich die Züge, 1948 waren es 1,24 Millionen Reisende, 1950 immerhin noch 1,04 Millionen Fahrgäste.

Der Fahrplan 1951 wies zwischen Butzbach und Lich wieder fünf Zugpaare aus, zusätzlich ein Zugpaar an Schultagen Butzbach - Münzenberg. Zwischen Lich und Grünberg verkehrten vier Zugpaare, meist im Durchlauf von Butzbach, davon eins nur bis Queckborn. Zwei Zugpaare Butzbach - Grünberg und der Schülerzug nach Münzenberg wurden als Triebwagen gefahren. Auch zwischen Bad

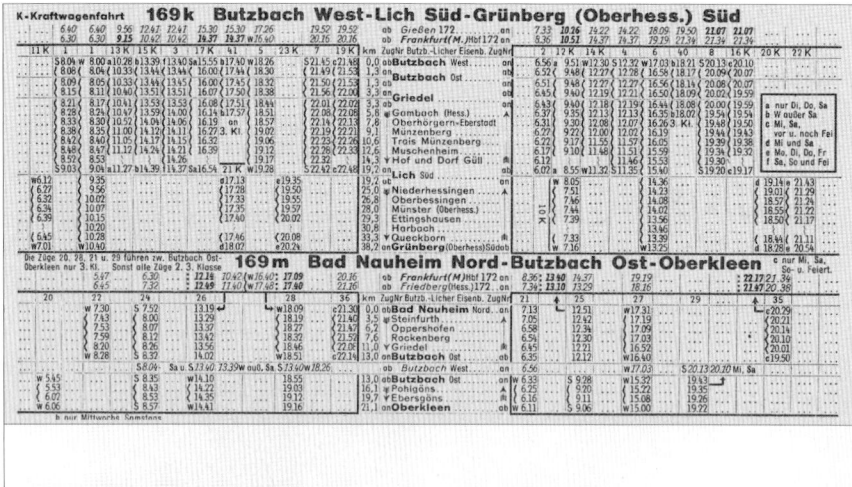

Fahrplan Sommer 1934

Lich Süd am 15. April 1959: Lok 142 hat den Personenzug nach Butzbach West bereitgestellt und wird gleich an den Bahnsteig vorziehen

Johannes Kroitzsch (2)

96   DREHSCHEIBE

Personen- und Güterverkehr

Nauheim und Butzbach weist der Fahrplan fünf Zugpaare aus, zwischen Butzbach und Oberkleen zwei Zugpaare, die nun sämtlich in Butzbach gebrochen wurden.

Bei dem Triebwagen handelte es sich um einen Wismarer Schienenbus, der von der Eisenbahn Bremen - Thedinghausen gemietet war und ab 30. September 1949 eingesetzt wurde. Er war bis zum 1. Februar 1960 fahrplanmäßig im Einsatz, diente bis 1966 als Reservefahrzeug und wurde 1969 abgegeben.

Danach gingen die Fahrgastzahlen im Schienenverkehr langsam aber stetig zurück, parallel wuchsen die Beförderungsleistungen im Kraftomnibusverkehr, der ab 1949 wieder aufgenommen worden war. Die Stilllegung der Grünberger Strecke im Jahre 1953 machte sich kaum in den Beförderungsleistungen bemerkbar.

Bei Grünberg entstand diese Aufnahme des Wismarer Schienenbusses

Fahrplan Sommer 1950

Im Mai 1965 ist VT 65 zwischen Butzbach Nord und Butzbach Ost unterwegs. Die Fahrten für Mitarbeiter der Pintsch-Bamag fanden bis zur Einstellung des Personenverkehrs statt und wurden als nicht öffentlicher Verkehr im Kursbuch nicht erwähnt

Butzbach-Licher Eisenbahn

Personen- und Güterverkehr

Ein mit Lok 146 bespannter Güterzug wartet am 5. Januar 1970 im Bahnhof Griedel auf Ausfahrt. Der Personenwagen lief in den Zügen als Güterzugbegleitwagen mit

Inzwischen war 1952 ein Esslinger Triebwagen in Dienst gestellt worden, der hauptsächlich zwischen Butzbach und Bad Nauheim eingesetzt wurde und bis zur Einstellung des Personenverkehrs im Einsatz blieb.

Im Winterfahrplan 1959/60 verkehrten zwischen Butzbach und Lich noch fünf Zugpaare, davon drei lokbespannt. Zwischen Butzbach und Bad Nauheim wies der Fahrplan acht Zugpaare aus, davon eins lokbespannt. Der Triebwagenumlauf mit seinen zahlreichen Fahrten auf beiden Strecken (werktags 18 Züge) war derart raffiniert konstruiert, dass man mit einem Fahrzeug auskommen konnte. Dagegen wurden für die (werktags acht) Personenzüge umlaufmäßig drei Lokomotiven benötigt.

Die Stilllegung der Stammstrecke zwi-

Fahrplan Winter 1959/60. Noch verkehren Personenzüge nach Lich

VT 65 in Butzbach Ost an Heiligabend 1969

Kurt Burlein (2)

Personen- und Güterverkehr

schen Butzbach und Lich zum 27. Mai 1961 machte sich bei den Beförderungszahlen stark bemerkbar. In den fünfziger Jahren war hier der Personenverkehr noch durchaus umfangreich. Die in Butzbach beginnenden Abendzüge zählten fünf gut besetzte Wagen, die sich allerdings spätestens in Münzenberg weitgehend leerten. Grund für die Einstellung waren vor allem Oberbaumängel. Zwischen 1960 und 1962 ging der Personenverkehr der BLE daher von 752.600 auf 402.900 Reisende pro Jahr zurück.

Ab Juni 1961 wurde nur noch Personenverkehr zwischen Butzbach Ost und Bad Nauheim Nord angeboten. Im Jahre 1963 verkehrten werktags fünf Zugpaare als Triebwagen über die gesamte Strecke, zusätzlich ein Zugpaar Bad Nauheim Nord - Rockenberg sowie ein lokbespannter Zug in einer Richtung von Griedel nach Bad Nauheim Nord.

Bis 1970 hatte sich am Fahrplan nur wenig geändert, nur dass der lokbespannte Zug abends auch wieder nach Griedel zurück fuhr und im Fahrplan den Vermerk "verkehrt auf jederzeitigen Widerruf" trug. Es handelte sich um die Rückleistung des Güterzuges. Im Jahre 1970 wurden noch 331.194 Reisende auf der Schiene befördert.

Im Jahre 1970 sah die Struktur des Personenverkehrs auf der Schiene folgendermaßen aus: 78,9% der Fahrgäste wurden im Schüler- und Berufsverkehr befördert, 10,3% nahmen sonstige Ermäßigungen in Anspruch, und 10,8% der Fahrgäste reisten zum Normaltarif.

Im Herbst 1974 wurde der Fahrplan eingeschränkt, es fuhren nur noch drei Zugpaare und nur noch 155.570 Reisende wurden 1974 befördert. Zum 31. Mai 1975 wurde der Reiseverkehr auf der Schiene eingestellt.

Das endgültige Ende des Personenverkehrs auf BLE-Gleisen war das nicht. Alle

VT 65 hat am 29. August 1972 in Steinfurth einen Zwischenhalt eingelegt

Fahrplan Sommer 1974. Dem großen Busangebot stehen nurmehr wenige Züge gegenüber

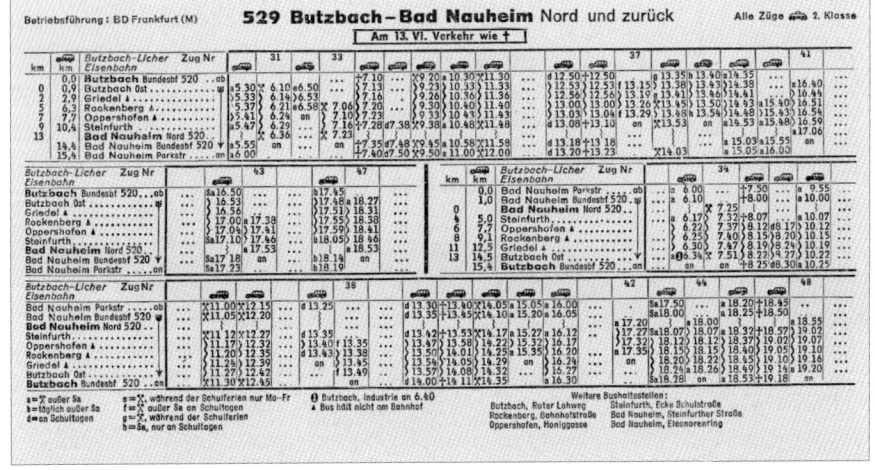

204 mit Personenzug am Steinfurther Berg am 2. Oktober 1971

Butzbach-Licher Eisenbahn

Personen- und Güterverkehr

Sonderzug mit VT 104 + VS 203 der Kleinbahn Frankfurt-Königstein bei Rockenberg am 14. Oktober 1973

zwei Jahre wird Mitte Juli in Steinfurth das "Rosenfest" gefeiert. Es handelt sich um eines der bedeutendsten Volksfeste in Hessen. Um den Besucheransturm zu bewältigen, gibt es am Sonntag nachmittags, dem Höhepunkt der Feiern mit dem Rosenkorso, bei dem jeweils etwa 40.000 Besucher erwartet werden, einen Pendelverkehr zwischen Bad Nauheim Nord und Steinfurth mit planmäßig 16 Zugpaaren im 20-Minuten-Takt. Seit 1998 werden im Halbstundentakt auch Pendelzüge zwischen Butzbach Ost

Triebfahrzeuge und Zuggarnituren beim Steinfurther Rosenfest
(erste Zeile: Bad Nauheim Nord - Steinfurth, zweite Zeile: Butzbach - Steinfurth)

1968:	204, VT65 + DB25, Bi26, Bi27
1970:	V85, VT65 + BD25, Bi26, Bi27
1972:	
1974:	V85, VT65 + zwei DB-Vorkriegs-Schnellzugwagen
1976:	V85, TWE-V123 + drei DB-Silberlinge
1978:	V85, V116 + vier DB-Umbauwagen B3yg
1980:	V116, V126 + drei DB-Silberlinge + zwei EFW-Museumswagen
1982:	V116, V126 + EFW-Museumszug
1984:	V126, KN-V166 + EFW-Museumszug
1986:	V116, DB-260531 + EFW-Museumszug
1988:	V116, V126 + EFW-Museumszug
1990:	V116, V126 + EFW-Museumszug
1992:	V116, V126 + EFW-Museumszug
1994:	V831, V832 + EFW-Museumszug
1996:	FKE-VT71, VT72
1998:	V13, V32 + EFW-Museumszug
	VT504 004
2000:	VT110
	HTB-VT118
2002:	VT109
	VT110

bzw. Rockenberg und Steinfurth angeboten. Dieser Verkehr, der inzwischen von den Eisenbahnfreunden Wetterau organisiert wird, hat sich bis heute auf der Schiene gehalten.

Ein Pendant zum Steinfurther Rosenfest bestand mit dem Grünberger Gallusmarkt. Nur an diesem einen Tag im Jahr war der Personenverkehr auf dem Grünberger Streckenast wirklich ausgelastet. Neben den Planzügen ver-

Pendelzug zum Rosenfest am 20. Juli 1986: V116 und DB-260 531

Andreas Christopher (2)

Personen- und Güterverkehr

kehrte dann mit gewaltiger Rauchentwicklung stets noch ein schwerer Sonderzug, der Grünberg gegen 10:40 Uhr erreichte und aus allen verfügbaren Wagen bestand. Nur dann befanden sich im Grünberger Bahnhof gleichzeitig zwei Lokomotiven.

Zu erwähnen sind auch die Museumszüge der Eisenbahnfreunde Wetterau, die seit 1980 in den Sommermonaten zwischen Bad Nauheim Nord und Münzenberg verkehren. Hierüber wird in einem eigenen Kapitel berichtet.

Der gleiche Zug wie auf dem vorigen Bild auf der Strecke, aber von der anderen Seite aus fotografiert: 261 531 am 20. Juli 1986 am Steinfurther Berg

3.2 Güterverkehr

Beim Güterverkehr der BLE gab es mehrere Schwerpunkte: Land- und Forstwirtschaft, Stein- und Sandindustrie, Militärverkehr sowie Gleisanschlussbedienung in Butzbach Nord. Diese Sparten, die nur zeitweise gleichzeitig bestanden, sorgten dafür, dass die Beförderungsleistungen im Laufe der Jahre erheblich schwankten.

Besonders die Landwirtschaft hatte erheblichen Anteil am Güteraufkommen. Große Teile der Strecken der BLE führten durch Gebiete, die intensiv landwirtschaftlich genutzt wurden und werden. Düngemittel und Zuckerrübenschnitzel kamen im Empfang, Holz, Getreide, Saatkartoffeln und Zuckerrüben im Versand auf. Wagenladungsverkehr insbesondere für die Landwirtschaft fand auf jedem Bahnhof statt, dafür stand jeweils ein beidseitig angebundenes Ladegleis mit einer einfachen Ladestraße zur Verfügung. Vergessen werden sollte auch nicht der Vieh-Verkehr. Wanderschäfer mit Herde kamen per Waggon, und auch die Rückfahrt erfolgte auf gleiche Weise in V-Wagen, das sind doppelstöckige, gedeckte Güterwagen. Typisch für die BLE waren die kleinen einzeln stehenden Güterschuppen in Fachwerkbauweise, die nicht unmittelbar am Gleis standen und sich in mehreren Exemplaren bis heute erhalten haben (z.B. Münster/Obh.).

Am 14. Juli 1968 ging es mit Dampf zum Rosenfest: Lok 204 und VT 65

1996 waren FKE-Triebwagen beim Rosenfest zu Gast: VT 71 und VT 72 in Bad Nauheim Nord am 14. Juli 1996

Personen- und Güterverkehr

Zum Rosenfest in Steinfurth waren die unterschiedlichsten Personenzüge eingesetzt

Andreas Christopher (oben, unten), Ulrich Erle (mitte)

V 116 und V 126, am 15. Juli 1990

V 116 und V 126 am 19. Juli 1992

V 831 und V 832 am 17. Juli 1994

Personen- und Güterverkehr

GTW 2/6 der
Hellertalbahn am
16. Juli 2000

504 004 am 19. Juli
1998 (großes Bild)

V 166 und V 126
am 15. Juli 1984

Andreas Christopher (oben, gr. Bild), Helmut Roggenkamp (unten)

Butzbach-Licher Eisenbahn

Personen- und Güterverkehr

Lok 146 macht im Mai 1967 in Butzbach Ost gewaltig Dampf

Das Hofgut Güll betrieb eine Brennerei und unterhielt eine 600 mm Feldbahnstrecke zum Bahnhof. Auch spielte der Rübenanbau im Hofgut eine große Rolle. In Butzbach Ost hat die Landesprodukten-Handelsgesellschaft (LHG) nach dem Zweiten Weltkrieg ein großes Lagerhaus mit Anschlussgleis errichtet und brachte zeitweise Getreidesendungen zum Versand. Die Landwirtschaft wanderte aber schon in den sechziger Jahren von der Schiene ab.

Was blieb, waren die Zuckerrüben, deren Anbau seit etwa 1882 in der Wetterau verstärkt betrieben wurde. In Friedberg entstand die Aktien-Zuckerfabrik Wetterau, die rund hundert Jahre, bis 1981, in Betrieb blieb. Nach dem Krieg wurde der Rübenanbau noch ausgeweitet und der Hektarertrag stieg, was sich durch zunehmende Beförderungsleistungen bemerkbar machte. An vielen Bahnhöfen, insbesondere an der Licher und Bad Nauheimer Strecke, wurden während der Rübenkampagne von September bis Dezember große Mengen Rüben für die Zuckerfabrik in Friedberg verladen. Rückleistungen von dort waren Melasse-Trockenschnitzel (Rübenschnitzel) in Säcken, die in geschlossenen Güterwagen befördert wurden und als Viehfutter Verwendung fanden. Im Jahre 1978 wurden auf der BLE z.B. insgesamt 20.726 Tonnen Rüben befördert, die sich auf folgende Bahnhöfe verteilten: Griedel (2.313 t), Gambach (2.956 t), Ober Hörgern-Eberstadt (2.510 t), Münzenberg (6.242 t), Trais-Münzenberg (3.241 t), Oppershofen (840 t), Rockenberg (2.195 t) und Pohlgöns (429 t).

Militärverkehr bei der BLE: V 85 und 204 mit Panzerzug bei Butzbach Nord im Mai 1971

Kurt Burlein (2)

Personen- und Güterverkehr

V 85 vor Leerzug auf der Brücke über die B 3 am 20. März 1968

Das Hofgut Güll hat nach der Stilllegung der Strecke Trais Münzenberg - Hof und Dorf Güll die Zuckerrübenverladung ab Münzenberg vorgenommen. Die geernteten Rüben wurden zunächst auf dem Lagerplatz seitlich der Rampe gelagert und, sobald eine größere Menge angefallen war, verladen. Im Jahre 1978 waren es immerhin 2.000 t. In den Folgejahren steigerte das Hofgut die Verlademengen noch, wobei die Lagerung und Verladung in Münzenberg bis zur Einstellung der Rübentransporte auf der BLE beibehalten wurden.

Als die Zuckerfabrik in Friedberg 1982 aufgegeben wurde, mußten längere Anfuhrwege zur Zuckerfabrik Groß Gerau in Kauf genommen werden. Dies führte einerseits noch zur Steigerung der Rübentransporte auf der Schiene, da die Landwirte nun nicht mehr die Möglichkeit hatten, die süße Fracht selbst per Traktor in das nahe gelegene Friedberg zu bringen, um somit Kosten zu sparen. Andererseits führte das auch zu einer Konzentration der Verladung auf die Bahnhöfe Münzenberg und Rockenberg, wo die Verladegemeinschaften im Jahre 1985 große, leistungsfähige Rübenverladeanlagen errichtet hatten. Als Entgegenkommen der BLE, praktisch "unter der Hand", wurden aber auch weiterhin noch in Pohlgöns an der Laderampe Rüben verladen, um dem dortigen Landwirt die Fahrt nach Rockenberg zu ersparen. Der Wegfall der Verla-

Bei Trais-Münzenberg ist am 23. Oktober 1982 die V 126 mit einem aus E-Wagen bestehenden, beladenen Rübenzug unterwegs

Butzbach-Licher Eisenbahn

Personen- und Güterverkehr

Zwischen Gambach und Griedel ist V 32 mit einem E-Wagenzug am 7. Oktober 1989 unterwegs. Der hintere Zugteil ist bereits mit Rüben beladen, während der vordere Teil aus Leerwagen besteht, die für Rockenberg bestimmt sind.

dung in Trais-Münzenberg war Anlass, den Abschnitt Trais-Münzenberg - Münzenberg 1985 aufzugeben. Im Jahre 1989 wurden insgesamt 32.339 Tonnen Rüben befördert: Münzenberg (15.337 t), Rockenberg (16.240 t) und Pohlgöns (762 t). Im Jahre 1990 waren es insgesamt 33.872 Tonnen, die sich auf Münzenberg (17.867 t), Rockenberg (15.341 t) und Pohlgöns (664 t) verteilten. Im Jahr darauf setzte ein Rückgang ein, hervorgerufen durch die kräftige Tariferhöhung für Zuckerrüben, mit der die DB deutlich machte, dass sie sich von der Beförderung von Zuckerrüben trennen wollte.

Im Geschäftsbericht der BLE heißt es dazu:

Holzzug bei Oberhörgern am 1. April 1997. Zuglok ist wie auf dem oberen Foto die V 32. Inzwischen hat die Lok jedoch eine neue Lackierung erhalten, die ihr sehr gut steht

Andreas Christopher (2)

Personen- und Güterverkehr

Zuletzt reichten die kleinen Jung-Stangenloks für den verbliebenen Güterverkehr aus. Am 28. Mai 1998 befördert V13 ihren Güterzug auf dem Streckenabschnitt zwischen Butzbach Ost und Griedel

"Im Eisenbahnbetriebszweig muss für 1991 mit deutlichen Ertragsrückgängen im Zuckerrübenladungsverkehr gerechnet werden, da die DB die diesbezüglichen Tarife innerhalb der nächsten drei Jahre in mehreren Schritten überproportional anheben wird. Für das Geschäftsjahr 1991 ist eine lineare Erhöhung von 15% angekündigt. Die Zuckerindustrie wird als Konsequenz dieser Preismaßnahme zukünftig mehr die kostengünstigere Feldrandabholung per LKW bevorzugen."

1991 wurden noch 29.046 Tonnen Rüben auf der BLE befördert, die in Münzenberg (12.858 t), Rockenberg (15.079 t) und Pohlgöns (1.109 t) angeliefert wurden. Das Jahr 1991 war das letzte, in dem auf dem Netz der BLE Rüben auf der Schiene befördert wurden. Am 12.

In Butzbach Ost steht Lok 204 am 2. Oktober 1971 mit ihren Güterwagen zur Abfahrt bereit

Butzbach-Licher Eisenbahn

Personen- und Güterverkehr

Ein sehr langer Rübenzug wird bei Griedel am 23. Oktober 1982 von den beiden Henschel-Stangenloks V 116 und V 126 bespannt. Auch zwei F-Wagen aus Gambach sind in den Zugverband eingestellt

Rübenverladung in Oberhörgern im November 1983

Butzbach war für die BLE der Übergabebahnhof zur DB. Am 5. November 1988 war es ein leerer Rübenzug, der von V 126 im Bahnhof rangiert wurde

Dezember 1991 verkehrte der letzte Rübenzug. Die Verladegemeinschaften in Münzenberg und Rockenberg beschafften 1992 große Lastkraftwagen, mit denen jetzt der Transport nach Groß Gerau auf der Straße abgewickelt wird.

Unter die Rubrik Land- und Forstwirtschaft fallen auch die Holztransporte, die für die BLE erst ab 1993 an Bedeutung gewannen. Nach dem Ende der Rübentransporte hatte sich die Holzfirma Heller in Münzenberg niedergelassen und sorgte ab Januar 1993 zumindest teilweise für einen Ausgleich der weggefallenen Frachtmengen. Die Firma konzentrierte hier bald ihre gesamten Aktivitäten, zeitweise waren nicht nur die Gleise im Bahnhof Münzenberg, sondern auch in Griedel und Rockenberg mit Holzwagen zugestellt. Das Holz wurde per Bahn nach Münzenberg gefahren, hier entrindet, auf einheitliche Länge geschnitten und wieder mit der Bahn abgefahren, hauptsächlich nach Italien. Das war für die BLE ein recht einträgliches Geschäft, es dauerte allerdings nur rund fünf Jahre, dann sorgte der Sturm "Lothar" dafür, dass die Firma 1999 ihre Aktivitäten nach Baden-Württemberg verlagerte. In Münzenberg blieb zwar ein Holzlager erhalten, das Aufkommen beträgt seitdem aber nur noch etwa 50 Wagen pro Jahr.

Ein klassisches Empfangsgut der früheren Zeit waren feste Brennstoffe wie Steinkohlen und Briketts. Diese verschwanden später fast restlos aus der Beförderungsliste. An ihre Stelle trat Mineralöl, das aber fast ausschließlich auf der Straße befördert wurde.

Ein wichtiges Standbein im Güterverkehr der BLE war jahrzehntelang die Steinindustrie. Bereits beim Bau der Stammstrecke Butzbach - Lich stieß man in der Gemarkung Münzenberg auf größere Quarzitvorkommen, für die sich die Firma Scheidhauer & Gießing, Duisburg, interessierte. Die Firma stellte bereits im Jahre 1904 einen Antrag auf die Errichtung einer Feuerfestfabrik in Münzenberg, der aber abgelehnt wurde. Das hätte der BLE mit Sicherheit hohe Transporteinnahmen im Güterverkehr gebracht. Das Werk wurde dann schließlich 1906 in Mainzlar im Lumdatal errichtet, wo es ebenfalls Quarzit-

Personen- und Güterverkehr

**Holzzug mit V 32
bei Oberhörgern
29. März 1993**

vorkommen gab. Das dortige Werk existiert mit seinem Gleisanschluss noch heute.

Entgegen dem Gutachten von Bergrat Chelius (siehe Kapitel 1) setzte auf der Stammstrecke der Steinverkehr in größerem Umfang erst Jahre später ein. Vermutlich erst in den dreißiger Jahren wurde in Gambach mit der Basaltverladung begonnen. Hierzu war am Nebengleis eine hohe Laderampe errichtet worden, von der aus die Steine vom LKW direkt in die Güterwagen verladen wurden. In den siebziger Jahren stellte das Basaltwerk Buss die Schotterverladung ein. Inzwischen war 1958 ebenfalls in Gambach von den Quarzwerken Frechen ein Quarzsandwerk errichtet worden, das mit einem 600 Meter langen Anschlussgleis angeschlossen wurde. Dieses Werk war über viele Jahre ein treuer Kunde der BLE mit regelmäßigem hohem Aufkommen. Durch die teilweise Ausbeutung der Vorkommen und Änderung der Logistik ging das Aufkommen gegen Ende 1991 fast auf Null zurück. Mitte der neunziger Jahre gewannen die Quarzsandtransporte für die BLE wieder an Bedeutung, indem besondere Sande zum Mischen mit den örtlichen Vorkommen zugefahren wurden. Auch weil sich die DB

**Trais-Münzenberg
am 10. November
1984: ein schwerer
Rübenzug ist mit
V 126 bespannt
unterwegs**

Butzbach-Licher Eisenbahn 109

Personen- und Güterverkehr

Die Fa. Butzbacher Weichenbau war und ist ein wichtiger Kunde der BLE. Hier rangiert V 32 am 23. September 1993 einige Leerwagen aus einer Werkshalle

V17 der BLE trifft am 26. März 1999 in Butzbach auf eine Lok der Baureihe 363 von DB Cargo

Am 10. Mai 1996 sah es in Griedel bei der Kohlenhandlung Gilbert noch so aus wie 40 Jahre zuvor bei vielen ländlichen Kohlenhändlern. Lok V13 stellt einen Kohlenwagen zu

gelangten vom höher gelegenen Bruch in Feldbahnloren über einen Bremsberg zu einem großen Brechwerk mit Bunker, aus dem über Auslaufschuten die darunter stehenden Güterwagen beladen wurden. Daneben bestand eine Plattenfabrik, die den im Steinbruch abgebauten Kalkstein verarbeitete. Die Firma Lenz & Co. baute sie während des ersten Weltkrieges in eine aus dem Einzelwagenladungsverkehr zurückzog, endete die Anschlussbedienung 2001/02 endgültig.

An der Strecke Lich - Grünberg gab es mehrere Steinbrüche. Von zwei Brüchen ausgehend führten Lorenbahnen zu den Bahnhöfen Ettingshausen und Queckborn. Zwischen Oberbessingen und Münster existierte ein großer Bauxitabbau und Basalt-Steinbruch mit Anschlussgleis. Der Steinbruch in Queckborn wurde 1933 aufgegeben und das Ladegleis abgebaut, in Münster wurde der Basaltbruch bereits 1929 aufgegeben und später wohl nochmals in Betrieb genommen. Endgültig endete die Steinverladung in Ettingshausen und Münster Anfang der fünfziger Jahre. Die Grünberger Strecke lebte vom Steinverkehr. Als dieser weggefallen war, bedeutete das 1953 auch das Ende für diese Strecke.

Auch für den Bau der Strecke nach Oberkleen gaben die dortigen Kalksteinwerke den Anstoß. Die Firma Lenz & Co. hatte in Oberkleen das Gelände oberhalb des Bahnhofs von der Gemeinde gepachtet und dort einen leistungsfähigen Steinbruch eingerichtet. Die Kalksteine Pulverfabrik um. Es war dies der erste Hochbauauftrag der Firma Lenz & Co., welche sich ab 1915 neben dem Eisenbahnbau auch als normales Bauunternehmen betätigte. Als 1967/68 die Stein- und Schotterwerke Oberkleen ihre Produktion zurückführen und auf die Straße verlegten, bedeutete das 1969 das Ende der Oberkleener Strecke. Mitte der achtziger Jahre wurde das Werk ganz aufgegeben. Heute sind dort nur noch Reste des Bruches und der Verladeanlagen auszumachen. Im Bahnhof Ebersgöns wurden ebenso Steine verladen, dort befand sich eine große Laderampe mit Ladebrücke. Das zwischen Ebersgöns und Oberkleen gelegene Kalkwerk Heinrichsberg transportierte sein Material mit einer Feldbahn hierher. Die Steinverladung in Ebersgöns endete mit der Werksstillegung im Jahre 1962.

Auch vom Bahnhof Rockenberg wurde bis Ende der sechziger Jahre Quarzsand abgefahren, die lange Laderampe zeugt noch heute davon.

Der Militärverkehr spielte auf der BLE bis in die jüngste Zeit eine besondere Rolle. Als der Güterverkehr Anfang der dreißiger Jahre stark eingebrochen war, kam der Bau von zwei großen Militäranlagen an den Strecken gerade recht. Bei Harbach wurde 1935 der Fliegerhorst Ettingshausen angelegt, der jedoch nur kurze Zeit

Personen- und Güterverkehr

bestand und 1940 nach Frankreich verlegt wurde. An einem Sonntag Ende August 1940 wurde durch fortlaufende Pendelfahrten nach Grünberg der Flugplatz abgeräumt und in Grünberg ein langer Militärzug zusammengestellt. Das Anschlussgleis blieb vorerst liegen und wurde im Herbst 1944 noch einmal kurzzeitig benutzt, als die Anlage wieder in Betrieb genommen wurde. Nach dem Krieg hatte der Flugplatz keine Bedeutung mehr, das Anschlussgleis ist 1948 entfernt worden. Die BLE durfte das Gleismaterial für die Erneuerung ihrer Strecken verwenden, wobei das Material u. a. bei Griedel und Rockenberg eingebaut wurde. Heute spielt der Flugplatz für die Sportfliegerei wieder eine Rolle, die Bauten zeigen deutlich den Baustil der dreißiger Jahre.

Im Arnsburger Wald zwischen Lich und Hof und Dorf Güll wurden im Oktober 1939 an zwei Stellen Meldeköpfe mit Fernschreib- und Fernsprechanschlüssen eingerichtet. Hier konnten auf freier Strecke Züge abgestellt werden, und zwar der "Führerzug" und der "Ministerzug". Im Januar 1940 wurden die Anlagen auch benutzt, es waren in Lich sowie an den beiden Stellungen im Wald Züge von drei Kompanien abgestellt. An einer der Stellen, und zwar am Waldeingang Arnsburg Richtung Lich, sind im Juli und August 1944 eine Weiche und Nebengleise verlegt worden. Hier stand ab September ein Zug mit drei oder vier Wagen, die zum Zug gehörige Lokomotive war ständig unter Dampf. Bei dem Zug soll es sich um die Leitstelle Logistik der Westgruppe des deutschen Heeres gehandelt haben. In der Nacht vom 23. auf den 24. März 1945 wurde der Zug abgezogen. Er scheint mit der Ardennenoffensive im Winter 1944/45 in Verbindung gestanden zu haben.

Bei Kirch Göns entstand ab 1936 ein Feldflugplatz (Einsatzflughafen), der ohne feste Rollbahn als Gutshof getarnt war. Während des Baus war bei den Erdbewegungsarbeiten eine Feldbahnanlage eingesetzt. In seiner ursprünglichen Zweckbestimmung war der Flugplatz für die Flugzeuge der Fernaufklärung ausgelegt, davon zeugen sowohl die Länge der Start- und Landebahn, als auch die Anzahl der Unter-

Beim Wiederaufbau der Strecke von Grävenwiesbach nach Brandoberndorf kam V17 am 6. Oktober 1999 mit ihrem Arbeitszug auf den Gleisen der Taunusbahn zum Einsatz

Eine besondere Fracht hat V32 zwischen Rosbach und Friedberg am Haken. Am 23. April 1996 wird die ehemalige Werkslok der Taunus Quarzit-Werke Saalburg, eine Kö I, auf einem Tiefladewagen in Richtung Nürnberg abtransportiert

Butzbach-Licher Eisenbahn

Personen- und Güterverkehr

kunftsbaracken. Im August 1939 zogen die ersten Reservisten ein. Anfang November 1939 wurde die 4. (F)/11 Fernaufklärerstaffel nach Kirch Göns verlegt, die wichtige Daten für den späteren Westfeldzug lieferte. Im Mai 1940 wurde die Staffel wieder abgezogen und im Herbst 1940 weitere Reservisten nach Kirch Göns verlegt. Seit 1942 diente das Gelände zusätzlich als Produktionsstätte für die Vereinigten Deutschen Metallwerke (VDM) in Frankfurt, es fand aber weiterhin Flugbetrieb statt.

Einsatz auf DB-Gleisen: ein besonderer Ausblick bietet sich dem Lokführer, als er am 20. August 1998 auf dem Friedberger Viadukt mit der DB 141 231 zusammentrifft

Nach dem Krieg wurde das Gelände ab 1954 wieder militärisch genutzt, als amerikanische Truppenteile einzogen. Das Gelände wurde für die Aufnahme einer Panzereinheit umgebaut. Die Panzerwartung und -stationierung wurde auf dem ehemaligen Flugplatzgelände in Kirch Göns betrieben, welches sich nun "Ayers-Kaserne" nannte. Das Camp war bis 1996 der Hauptkunde der BLE, je nach Übungszeiten und Truppenbewegungen schwankten die Verkehrsleistungen jedoch erheblich. Wurden 1990 rund 70.000 Tonnen transportiert, waren es 1994 nur 5.100 Tonnen. Im August 1997 ist der Standort Kirch Göns von der US-Armee aufgegeben worden. In den Jahren 1998 und 1999 gab es noch Munitionstransporte für die Bundeswehr, die hier per Bahn angelieferte Munition in Lastkraftwagen umlud und weiter in ein Depot im Wald bei Wehrheim transportierte. Zwischen 2000 und 2003 war das Anschlussgleis Kirch Göns ohne Aufkommen, wurde von der BLE aber weiter unterhalten. Im Jahre 2003 begann die Spedition Bork auf dem Kasernengelände mit der Planung eines Logistikzentrums, wobei nach Inbetriebnahme ein Teil des Verkehrs über die Schiene abgewickelt werden soll.

Ein weiteres wichtiges Standbein im Güterverkehr der BLE war und ist das Industriegebiet Butzbach Nord mit seinen zahlreichen Firmen und Gleisanschlüssen. Erster Betrieb dort war die 1910 gegründete Lokomotivfabrik Gebr. Freitag, die dort größere Werkshallen errichtete und Staats- und Privatbahnlokomotiven reparierte.

Im Jahre 1921 kam die Meguin AG hinzu, die ihren Sitz aus dem Saarland nach Butzbach verlagerte. Das später unter Meguin-Bamag und seit den Zweiten Weltkrieg als Pintsch Bamag firmierende Werk stellte Lochbleche, Kräne, Antriebsanlagen und Weichen her und hatte für die BLE große Bedeutung. Im Jahre 1970 ging das Unternehmen in Konkurs.

Der Verkehrsverlust wurde aufgefangen durch die Gründung der Butzbacher Weichenbau GmbH (BWG), welche große Teile der Werksanlagen übernahm und Weichen fertigt. Die BWG ist heute der einzige verbliebene regelmäßige Güterkunde der BLE mit hohem, aber schwankendem Aufkommen. Während die Pintsch Bamag bzw. Vorgängerfirmen über eigene Werkslokomotiven verfügten, erledigt die BLE den umfangreichen Rangierdienst für die BWG.

Nach Ende des Zweiten Weltkrieges beschlagnahmte die US-Armee einen Teil der Werksanlagen der Pintsch Bamag und reparierte hier Panzer. Das Gelände nutzte später die Firma Faun, die in Butzbach zeitweise Spezial-Lkw (Muldenkipper für Steinbruchbetriebe o. ä.) herstellte und auf

Während am 5. Juli 1993 Lok V 116 den Bahnhof Saalburg der Taunusbahn nach einem Arbeitszugeinsatz in Richtung Friedrichsdorf verlässt, bedient V 32 das Anschlussgleis der Taunus-Quarzit-Werke

Personen- und Güterverkehr

V32 fährt mit ihrem Güterzug am 1. April 1997 in den Bahnhof Friedberg ein

dem Werksareal auch ein Testgelände errichtete. Die Verfrachtungen von Faun waren stets recht bescheiden. Große Mulden rollten über die Straße ab, kleinere liefen gelegentlich über das Anschlussgleis. Im Jahre 1981 war das Aufkommen der Faun Werke für die BLE ohne große Bedeutung. Teile von Faun nutzte später Orenstein & Koppel, Werk Butzbach. Verfrachtungen von dieser Firma gab es so gut wie nicht.

Weitere Gleisanschlüsse gab es zwischen der Main-Weser-Bahn und dem Industriegebiet Nord: Kohlenlager Kost, Baustoffe Gerhardt und Schrottverwertung Dr. Wulffen. Die beiden letztgenannten Firmen existieren noch heute, bringen jedoch kein Aufkommen mehr auf die Schiene. Bei der Schrottverwertung wurden im Laufe der Jahre auch zahlreiche Fahrzeuge der BLE verschrottet.

Ein weiterer treuer Güterkunde war die Brennstoffhandlung Gilbert in Griedel, die noch immer an der Ladestraße ein Kohlenlager unterhält und bis in die jüngste Zeit, wenn auch mit abnehmender Tendenz, Kohlenlieferungen über die Schiene erhielt.

Anfang der achtziger Jahre verteilte sich das Aufkommen auf die Gleisanschlussnehmer wie folgt: Quarzsandwerk Gambach (täglich je drei Wagen im Empfang und Versand); Kohlenhandlung Gilbert, Griedel (45-50 Wagen pro Jahr); LHG-Lager Butzbach Ost (25) Kohlenlager Kost, Butzbach (150); Schrottverwertung Dr. Wulffen (170); Gerhard Baustoffe (5); Lochblech- und Stanzwerke (2 Stückgutwagen pro Woche); Butzbacher Weichenbau (250 Wagen im Versand und 90 Wagen im Empfang); Faune-Werke (10) und Bamag Verfahrenstechnik (5).

Ab Mitte der achtziger Jahre beschränkte sich das Güteraufkommen überwiegend auf die vier Bahnkunden Ayers-Kaserne Kirch Göns, Butzbacher Weichenbau, Sandwerk Gambach und Südzucker (Rübenverkehr). Die Beförderungsleistungen bewegten sich zwischen 160 und 200.000 Tonnen pro Jahr, der Deckungsgrad beim Eisenbahnbetrieb lag zwischen 77 und 85%. Die Strecke nach Pohlgöns mit der Ayers-Kaserne und dem Butzbacher Weichenbau brachte zwei Drittel der gesamten Betriebs- und Verkehrsleistungen und drei Viertel der Umsatzerlöse, der Münzenberger Ast 30% der Verkehrslei-

Im anstrengenden Bauzugdienst traf der Fotograf V 126 am 23. August 1992 in Wilhelmsdorf an. Am anderen Zugende half V 116

Andreas Christopher (2)

Butzbach-Licher Eisenbahn 113

Personen- und Güterverkehr

Während V 13 eine kurze Pause einlegt, ist V 32 mit einem langen Munitionszug in Butzbach eingetroffen.

stungen und 23% der Umsatzerlöse. Die Bad Nauheimer Strecke war für den Güterverkehr bedeutungslos geworden und brachte nur noch 3% der Verkehrsleistungen und 2% der Umsatzerlöse. Seit Anfang der neunziger Jahre kommen hier überhaupt keine Wagenladungen mehr auf. Im Jahre 1999 gab es gar nur noch zwei Güterkunden, nämlich Butzbacher Weichenbau und Sandwerk Gambach sowie in geringem Umfang die Holzfirma Heller in Münzenberg. Die Beförderungsleistungen waren auf 73.000 Tonnen zurückgegangen.

Zu erwähnen ist auch der Stückgutverkehr, der für einige Bahnhöfe der BLE zeitweise eine erhebliche Rolle spielte. Sämtliche Bahnhöfe der BLE waren für den Stückgutverkehr zugelassen. Alle ein- und ausgehenden Sendungen wurden in Butzbach Ost umgeladen. Der zunehmende Stückgutverkehr machte es 1940 erforderlich, eine 10 x 5 Meter Laderampe vom Gleis 1 zum Güterboden zu errichten und den Güterboden in massiver Bauweise umzubauen. Der Außenputz wurde seinerzeit mit grüner Tarnfarbe versehen. Für die BLE-Strecken wurde ein besonderer Stückgutwagen gebildet. Die Agenturen wurden durch den Güterzug bedient und eventuelle Versandsendungen diesem mitgegeben.

Insbesondere auf der Strecke nach Bad Nauheim hatte der Stückgutverkehr Bedeutung für die Kofferfabrik in Rockenberg und den Rosenversand in Steinfurth. Auf beiden Bahnhöfen waren große Güterschuppen errichtet worden, die heute noch existieren und von vergangenen Zeiten zeugen. Auf den anderen Bahnhöfen

Wegen Fahrzeugmangels musste am 26. August 2003 sogar die V 36 der Eisenbahnfreunde Wetterau im Güterzugdienst aushelfen, hier beim Rangierdienst vor dem DB-Stellwerk in Butzbach

genügten kleine, einzeln stehende Güterschuppen in Fachwerkbauweise, die nicht unmittelbar am Gleis standen. Diese Gebäude waren typisch für die BLE.

Im Jahre 1970 wurde der Stückgutverkehr im Bereich der BLE auf Haus-Haus-Zustellung ab Bahnhof Butzbach Ost umgestellt. Für die Zustellung und Abholung wurde ein eigener LKW eingesetzt. Die Agenturen wurden, mit Ausnahme der noch im Personenverkehr betriebenen Bad Nauheimer Strecke, geschlossen. Mit der Aufgabe des restlichen Personenverkehrs im Jahre 1975 auch auf dieser Strecke wurden auch hier die Agenten von den Bahnhöfen zurückgezogen.

Im Jahre 1976 erweiterte die BLE die Haus-Haus-Zustellung um den Stadtbereich Butzbach, nachdem die DB den Stückgutverkehr hier aufgegeben hatte. Der Güterschuppen in Butzbach Ost wurde deshalb vergrößert. Der Stückgutverkehr aus Steinfurth (Rosenversand) musste jedoch im gleichen Jahr an den Stückgutbahnhof Friedberg (Hessen) abgegeben werden. Bis 1984 war ein stetiger Rückgang um 30% zu verzeichnen, danach bewegten sich die Leistungen um 2.000 Tonnen pro Jahr. Zum Jahresende 1991 wurde die Stück- und Expressgutabfertigung aufgegeben.

Ebenfalls ab Anfang 1976 übernahm die BLE den Rangierdienst in Butzbach DB. Hierdurch trat die BLE auch mit den Güterkunden der DB in Geschäftsbeziehung: Landmaschinenfabrik Tröster, Buss-SMS, Raiffeisen-Landhandel. Diese Kunden sind aber inzwischen von der Schiene abgewandert.

4. Fahrzeuge

Die Texte und Listen zu den Fahrzeugen wurden von Klaus-Peter Quill durchgesehen und umfangreich ergänzt. Es können sich Differenzen zu früher gemachten Angaben in anderen Veröffentlichungen ergeben. Die hier genannten Angaben stellen den neuesten Kenntnisstand dar und sind gültig.

4.1 Dampflokomotiven

Als die Strecke Butzbach - Lich am 28. März 1904 feierlich eröffnet wurde, geschah das mit geliehenen Lokomotiven! Die Maschinen, die Lenz & Co. für die Butzbach-Licher Eisenbahn bei der Maschinen-Bauanstalt Breslau bestellt hatte, waren noch nicht fertig gestellt. Der Verkehr ist also vermutlich mit den Lokomotiven aufgenommen worden, die bereits beim Streckenbau eingesetzt worden waren. Dem Vernehmen nach waren dies zweiachsige Maschinen mit den Betriebsnummern 1b und 2b. Um welche Maschinen es sich genau handelte, konnte nicht mehr festgestellt werden.

Die beiden bestellten Maschinen trafen erst am 6. Oktober 1904, über ein halbes Jahr nach der Bahneröffnung, in Butzbach ein. Es handelte sich um dreiachsige Naßdampf-Tenderlokomotiven ähnlich der preußischen T3, wie sie damals von vielen Klein- und Privatbahnen beschafft wurden. Die Loks waren von Breslau unter den Fabriknummern 226 und 227 ausgeliefert worden und erhielten bei der Butzbach-Licher Eisenbahn die Betriebsnummern 1c und 2c. Lenz & Co. hatte damals gleich eine Serie von fünf Maschinen bestellt; die Loks mit den Fabriknummern 223 bis 225 wurden an die ebenfalls von Lenz gebaute Kleinbahn Gostyn - Gostkowo geliefert.

Im Jahre 1932 wurden die Maschinen umgezeichnet und erhielten nun die Betriebsnummern 21 und 22. Lok 21 blieb in Butzbach bis 1952 im Einsatz und wurde ein Jahr später verschrottet; Lok 22 wurde im Oktober 1955 abgestellt und im Dezember 1959 verschrottet.

Fabrikschild von Lok 24, aufgenommen 1959

Ein halbes Jahr später lieferte die Maschinen-Bauanstalt Breslau eine weitere typengleiche Maschine an die Butzbach-Licher Eisenbahn, die am 22. Februar 1905 in Butzbach eintraf. Die Lok mit der Fabriknummer 292 erhielt in Butzbach die Betriebsnummer 3c, wurde später in 23 umgezeichnet und war bis zum 3. April 1958 im Einsatz. Im Dezember 1959 kam sie zur Verschrottung. Auch sie war keine Einzelbestellung von Lenz, sondern es wurden mit den Fabriknummern 293 bis 295 noch drei weitere gleiche Loks an die Bunzlauer Kleinbahn geliefert.

Lok 24 vor einem Personenzug

Für die Streckenerweiterungen der Jahre 1909/10 wurden in Butzbach weitere Lokomotiven benötigt. Lenz entnahm einer Bestellung des Jahres 1907 von Vulcan zwei Lokomotiven und reihte sie mit den Betriebsnummern 4c und 5c bei der BbLE ein. Baugleiche Lokomotiven liefen auch auf anderen Lenz-Bahnen, z.B. der Frankensteiner Kleinbahn, der Neustadt-Gogoliner Eisenbahn, der Ratzeburger Kleinbahn, der Bunzlauer Kleinbahn oder der Liegnitz-Rawitscher

Fabrikschild von Lok 22

Lok 22 auf der Strecke bei Grünberg im Jahre 1949

Fahrzeuge

Lok 21 in Grünberg Süd

Lok 23 in Grünberg Süd

Lok 146 steht am 23. September 1967 in Butzbach Ost

Eisenbahn. Lok 4c mit der Vulkan-Fabriknummer 2324 traf am 29. Januar 1908, Lok 5c (FNr. 2321) am 6. Februar 1909 in Butzbach ein. 1925 wurden beide Maschinen durch neu erworbene ELNA-Loks arbeitslos. Lok 4c gelangte als Werkslok an die Adler-Werke in Frankfurt, Lok 5c ging im gleichen Jahr an die Kleinbahn Küstrin-Hammer.

Die nächste Lok, ebenfalls eine der preußischen T3 sehr ähnliche Lok, war von Orenstein & Koppel unter der Fabriknummer 3610 hergestellt worden und traf am 2. November 1909 in Butzbach ein. Die Maschine erhielt die Betriebsnummer 6c und wurde 1932 in 24 umgezeichnet. Vom 8. August 1920 bis zum 15. Februar 1922 war sie an die Halle-Hettstedter Eisenbahn vermietet, danach war die Lok bis zum 11. August 1959 wieder in Butzbach eingesetzt und wurde im Februar 1961 als letzte der dreiachsigen Maschinen verschrottet.

Mitte der dreißiger Jahre wurden die dreiachsigen Lokomotiven durch Einbau einer Druckluft-Bremseinrichtung (statt der bisher verwendeten Grünberger Gewichtsbremse) modernisiert, eine Einrichtung, welche die 1925 gelieferten ELNA-Lokomotiven bereits bei der Ablieferung besaßen. So erhielten die Loks 21 (1935), 22 (1938), 23 (1937) und 24 (1936) die Druckluftbremsanlage eingebaut.

Bis Mitte der zwanziger Jahre kam man in Butzbach mit den dreiachsigen Maschinen aus, dann erschien eine neue Lok-Generation auf den Gleisen der BbLE, welche das Bild dieser Privatbahn in den nächsten 50 Jahren prägen sollte. Nachdem die Deutsche Reichsbahn ihre Maschinen inzwischen nach einheitlichen Baugrundsätzen fertigen ließ, sollten auch auf den deutschen Klein- und Privatbahnen diese Vorteile insbesondere bei der Ersatzteilhaltung genutzt werden. Der "Engere Lokomotiv-Normen-Ausschuß" (ELNA) konstruierte sechs verschiedene Dampflok-Typen mit den Achsfolgen C, 1'C und D unter einheitlichen Baugrundsätzen. Lenz war an der Entwicklung der ELNA-Lokomotiven maßgeblich beteiligt.

Im September und November 1925 trafen die ersten ELNA-Loks bei der Butzbach-Licher Eisenbahn ein. Lenz ließ vier ELNA 2 in Heißdampfausführung bei Krauss & Comp. in München bauen; zwei davon, mit den Fabriknummern 8336 und 8338, kamen mit den Betriebsnummern 141 und 142 zur BbLE, die anderen beiden (FNr. 8337 und 8339) zur Eisenbahn Mühlhausen-Ebeleben.

Wilfried Biedenkopf (2)

In Butzbach wurden die neuen Maschinen erst mal ausführlichen Testfahrten unterzogen, denn es handelte sich mit Ausnahme dreier Loks, die bereits 1924 an die Liegnitz-Rawitscher Eisenbahn geliefert wurden, um die ersten ELNA 2 Loks innerhalb des Lenz-Konzerns. Das Ergebnis war, dass die "Neuen" zwar besser als die vorhandenen Cn2t waren, jedoch keine überragenden Leistungen zeigten. Dieser Zustand änderte sich erst, als später ein Kesselumbau zu Gunsten einer Leistungssteigerung vorgenommen wurde, indem die Rost- und die Heizflächen vergrößert wurden. Die ELNA-Loks waren die letzten von der Butzbach-Licher Eisenbahn fabrikneu bezogenen Dampflokomotiven.

Lok 141 war dann bis zum 6. August 1964 von Butzbach aus im Einsatz und wurde im Dezember 1965 verschrottet. Lok 142 fuhr in Butzbach bis zum 18. Oktober 1967, Anfang

Richard Schatz

Fahrzeuge

1963 war sie sogar kurzzeitig nach Königstein verliehen, im Juli 1970 begann ihre Zerlegung.

Mit diesen sechs Loks kam die BLE bis in den Krieg hinein aus, doch wurden in den dreißiger und vierziger Jahren durch Bauzüge für den Autobahnbau und den Militärverkehr zu den Gleisanschlüssen Ettingshausen und Pohlgöns die Lokomotiven stark beansprucht. Und unmittelbar nach Kriegsende war wegen des herrschenden Materialmangels die Ersatzteilbeschaffung sehr schwierig. Ende 1945 standen drei Loks zur Hauptuntersuchung an. In der Zeit von 1946 bis 1949 wurden insgesamt sechs Lokomotiven von der DR und anderen Kleinbahnen zur Behebung des Fahrzeugmangels angemietet. Auch danach wurden viele Loks von anderen Kleinbahnen angemietet und zum Teil von der BLE später gekauft. So tauchten nach dem Krieg Loks der OSE, FK, KS, RStE, MB, RRE und der KN auf.

Ab 15. Januar 1952 war auch Lok 172 der Bunzlauer Kleinbahn, eine ELNA 3 in Heißdampfausführung (Dh2t, Henschel 21210/28), erworben wurde. Zum 16. Mai 1962 wurde sie untersuchungspflichtig abgestellt und im März 1965 verschrottet.

Etwa zu diesem Zeitpunkt war es mit dem planmäßigen, täglichen Einsatz von Dampflokomotiven vorbei, denn die Einstellung des Personenverkehrs auf der Strecke Butzbach - Lich und die Beschaffung einer Diesellok im Jahre 1961 reduzierte den Bedarf. Aber auch die nächsten zehn Jahre sah man häufig Rauch über den BLE-Gleisen aufsteigen, denn bei Ausfall der Diesellok oder beim Führen von Militärzügen nach Kirch Göns führte kein Weg am Dampfbetrieb vorbei. Immerhin wurden noch 1970 als Reserve und im Militärverkehr durchschnittlich täglich 62 Dampflok-Kilometer zurückgelegt.

Ersatz für Lok 172 kam in Form der Lok 1151 der Kleinbahn Kiel-Segeberg. Die ELNA 5 in Heißdampfausführung (1'Ch2t, Henschel 21272/29) war ursprünglich für die Farge-Vegesacker Eisenbahn gebaut worden und ab 1. Dezember 1962 in Butzbach im Einsatz. Zum 1. Januar 1964 wurde die Lok von der BLE gekauft und war danach bis zum 7. August 1966 im Einsatz. Im Juni 1969 erfolgte die Verschrottung.

Auch die Lok 146 war ein Gelegenheitskauf, es war eine ELNA 2 (Henschel 24932/41). Bevor von der BLE angemietet. Die Maschine erhielt zunächst eine Hauptuntersuchung und war anschließend ab 6. März 1952 von Butzbach aus im Einsatz. Sie erwies sich bei der BLE als gut brauchbar und war durchschnittlich an 240 Tagen im Jahr in Betrieb, so dass das Mietverhältnis gelöst und die Maschine schließlich am 31. März 1958 von der BLE

Lok 142 im Mai 1965 vor dem Lokschuppen in Butzbach Ost

Lok 172 in Grünberg Süd

Auf einem Werksfoto präsentiert sich Lok 141 beim Hersteller Krauss

Butzbach-Licher Eisenbahn 117

Fahrzeuge

Am 7. Mai 1966 entstand die Aufnahme von Lok 1151 in Butzbach Ost

Gerhard Moll

Lok 204 am 20. Oktober 1971 und Fabrikschild der Maschine

Andreas Christopher, Kurt Burlein (links)

sie in Butzbach zum Einsatz kam, hatte sie bereits ein bewegtes Leben hinter sich. Bestellt war sie eigentlich für die Nauendorf-Gerlebogker Eisenbahn in Löbejün, Lenz & Co. stationierte die Maschine dann aber auf der schlesischen Kleinbahn Jauer-Malsch, wo sie die Betriebsnummer 142 JM erhielt. Die näher rückende Ostfront führte zu einer Evakuierung in den Westen, so dass die Lok 1945 zur Kleinbahn Kiel-Segeberg gelangte. Von 1947 bis 1959 war die Maschine bei der Kleinbahn Kiel-Segeberg von Bornhöved aus eingesetzt, danach ein Jahr lang bei der Kleinbahn Kiel-Schönberg in Betrieb. Im Mai 1960 wurde die 142 JM an die Reinheim-Reichelsheimer Eisenbahn überstellt, wo sie bald in "146 RRE" umgezeichnet wurde, da es eine Lok 142 ja innerhalb des DEG-Nummernplans bereits in Butzbach gab. Die RRE kaufte die Lok 1960 von der Kleinbahn Jauer-Malsch über deren Nachfolge-Treuhandgesellschaft. 1963/64 weilte die Lok in Butzbach, wo sie in der Werkstatt der BLE eine Hauptuntersuchung erhielt. Nachdem die RRE ihren Betrieb einstellte, wurde die Lok von der BLE erworben, wo sie am 24. Dezember 1964 eintraf. In Butzbach erfreute sich die Lok allgemeiner Beliebtheit und war hier bis zum Juli 1970 häufig im Einsatz zu sehen. Als die Stilllegung der Maschine absehbar wurde, erwarb die Deutsche Gesellschaft für Eisenbahngeschichte e.V. die Lok und überführte sie am 11. Juli 1970 in das Eisenbahnmuseum nach Bochum-Dahl-

Technische Daten der Dampflokomotiven der BLE

Betr.-Nr. alt neu	1, 2, 3	4+5	6					
Betr.-Nr. neu	21-23		24	141, 142	146	172	204	1151
Type	T3	Lenz b	T3	ELNA 2H	ELNA 2H	ELNA 3H		ELNA 5H
Achsfolge	Cn2t	Cn2t	Cn2t	1'Ch2t	1'Ch2t	Dh2t	Eh2t	1'Ch2t
Hersteller	Breslau	Vulcan	O&K	Krauss	Henschel	Henschel	Krauss	Henschel
Zylinder-Durchmesser	350	350	350	430	430	480	500	450
Kolbenhub	550	550	550	550	550	550	550	550
Treibraddurchmesser	1150	1080	1100	1200	1200	1100	1100	1200
Laufraddurchmesser	---	---	---	800	800	---	---	800
Bauart Steuerung	Allan	Allan	Allan	Heusinger	Heusinger	Heusinger	Heusinger	Heusinger
Kesseldruck	12	12	12	12	12	12	13	12
Anzahl Heizrohre	132			72	72	88	57	88
Anzahl Rauchrohre				15	15	18	84	18
Rohrlänge	3200			3500	3500	3500	4000	3500
Rostfläche	1,35	1,35	1,3	1,4/1,66	1,4	1,66	2	1,65
Heizfläche	59,97	60,5	59,79	58,4/70,3	58,57	70,43	111,7	70,4
Überhitzerfläche	---	---	---	21,6/25,7	21,43	25,71	45,8	25,9
Radstand Treibachsen	3000	3000	3000	3000	3000	4300	5400	3000
Gesamter Achsstand	3000	3000	3000	5300	5200	4300	5400	5300
Länge über Puffer	8610		8610		9800	9860	11300	10010
Leergewicht	25,5		25,5	37,2/42,0	37,9	38,0	49,0	43,8
Reibungsgewicht	26,0			37,0/42,0	35,5		63,0	42,0
Dienstgewicht	33,1	32,0	33,1	47,0/54,0	47,5	48,0	63,0	55,5
Wasser		4		5	5	5	6	6
Kohle		1,38		1,2	1,2	1,2	2	1,6
Leistung Psi					610		975	
Vmax	40		40	65	50		45	

Fahrzeuge

hausen. Im Jahre 1974 erhielt die Maschine eine Hauptuntersuchung und war danach eine Zeitlang in einem siegerländer Stahlwerk als Werkslok eingesetzt. Danach kam die Maschine wieder nach Bochum-Dahlhausen und wird betriebsfähig erhalten; vor dem Rhein-Ruhr-Museumszug kommt sie regelmäßig zum Einsatz.

Am 13. Oktober

Butzbacher Zeitung

Lok 204 endete unter dem Schneidbrenner bei der Metallgroßhandlung Dr. Wulffen in Butzbach: am 27. Juli 1972 ist die Zerlegung schon weit vorangeschritten

Dampflokomotiven der Butzbach-Licher-Eisenbahn

Betr.-Nr	Achsf.	Hersteller	Einsatz von - bis	Bemerkung	Fußn.
1c, 1932 => 21	Cn2t	Breslau 226/1904	06.10.1904-__.__.1952	++ __.__.1953	
2c, 1932 => 22	Cn2t	Breslau 227/1904	06.10.1904-__.10.1955	++ 21.12.1959	
3c, 1932 => 23	Cn2t	Breslau 292/1905	22.02.1905-03.04.1958	++ 21.12.1959	
4c	Cn2t	Vulcan 2324/1907	29.01.1908-12.11.1925		a)
5c	Cn2t	Vulcan 2321/1907	06.02.1909-23.09.1925		b)
6c, 1932 => 24	Cn2t	O&K 3610/1909	02.11.1909-11.08.1959	++ 10.02.1961	c)
141	1Ch2t	Krauss 8336/1925	09.11.1925-06.08.1964	++ 08.12.1965	
142	1Ch2t	Krauss 8338/1925	07.09.1925-18.10.1967	++ 15.07.1970	
172	Dh2t	Hen 21210/1928	15.01.1952-16.05.1962	++ 25.03.1965	d)
1151	1Ch2t	Hen 21272/1929	01.12.1962-07.08.1966	++ 09.06.1969	e)
146	1Ch2t	Hen 24932/1941	24.12.1964-11.07.1970		f)
204	Eh2t	Krauss 8367/1926	13.10.1967-10.11.1971	++ 26.06.1972	g)

a) 12.11.1925 an Adler-Werke, Frankfurt/Main
b) 23.09.1925 an Kleinbahn Küstrin - Hammer
c) 1921/22 an HHE vermietet
d) neu an BK/ 1945 an BSE/ 1950 an NHS/ 04.1950 an KN/ 15.01.1952 an BLE [leihweise, 31.03.1958 gekauft]
e) neu an FVE/ 1949 an KSE/ 01.12.1962 an BLE [leihweise, 01.01.1964 gekauft]
f) neu an JM (142), nach 1945 bei KS/ 21.05.1960 an RRE (146)/ 24.12.1964 an BLE/ 11.07.1970 an DGEG
g) neu an KN/ 13.10.1967 an BLE

1967 kam mit Lok 204 die letzte Dampflokomotive zur BLE, und zwar von der Kleinbahn Kassel-Naumburg. Es handelte sich um eine fünffach gekuppelte Heißdampfmaschine, die zwar keinem ELNA-Typ entsprach, aber an die ELNA-Konstruktion stark angelehnt war. Die BLE hatte bereits gute Erfahrung mit dieser Type gemacht, denn von 1958 bis 1962 war mit der Lok 201 KN bereits eine typengleiche Maschine als Leihlok von Butzbach aus im Einsatz gewesen. Die KN hatte zwischen 1925 und 1941 insgesamt sechs dieser Loks in Dienst gestellt, die sich auf der steigungsreichen Strecke nach Naumburg gut bewährten. Ab Herbst 1967 war die Lok 204 in Butzbach stationiert, wegen des schlechten Oberbaus kam sie aber so gut wie nicht auf der Stammstrecke nach Hof und Dorf Güll zum Einsatz. Bei Ausfall der Diesellok mußten in der Regel zwei Dampfloks angeheizt werden: Eine der ELNA-Loks für den Güterzug nach Hof und Dorf Güll und die 204 für den Güterzug und das lokbespannte Zugpaar nach Bad Nauheim Nord.

Johannes Kroitzsch

Häufig war die leistungsstarke Maschine mit Vorspann durch eine der ELNA-Loks auch mit Militärzügen nach Kirch Göns zu sehen. Vor ihrer Abstellung wegen ablaufender Fristen zum 10. November 1971 kam die Lok am 2. Oktober 1971 nochmals vor einem Sonderzug für Eisenbahnfreunde zum Einsatz. Dies wurde, auch wegen des herrlichen Herbstwetters, ein würdiger Abschied vom Dampfbetrieb bei der BLE. Im

Leihlok 145 der MB im Jahr 1960

Butzbach-Licher Eisenbahn

Fahrzeuge

Lok 42 der Frankfurt-Königsteiner Eisenbahn am 6. August 1960 in Butzbach Ost

Eine schöne Typenaufnahme von Lok 201 der Kassel-Naumburger Eisenbahn, aufgenommen am 20. Februar 1961 in Butzbach Ost

Lok 3 der Frankfurt-Königsteiner Eisenbahn in Grünberg Süd

Juni 1972 wurde die Lok 204 in Butzbach verschrottet.

Während die Butzbach-Licher Eisenbahn unter der Betriebsführung von Lenz & Co. bis 1945 mit den eigenen Lokomotiven anscheinend gut auskam und kaum etwas über Leihlokomotiven bekannt wurde, war die Situation nach dem Zweiten Weltkrieg anders. Unmittelbar nach Kriegsende standen allein drei der Dampfloks zur Hauptuntersuchung an. Und bei der Deutschen Eisenbahn-Gesellschaft als neuer Betriebsführerin war es üblich, dass deren Bahnen nur über den dringend notwendigen Fahrzeugbestand verfügten und bei besonderen Situationen, wie zum Beispiel Verkehrsspitzen oder Ersatz für in HU befindliche Maschinen Leihlokomotiven angemietet wurden. Die DEG besaß dafür sogar eigene Lokomotiven, andere wurden von Konzernbahnen beschafft und von dort ausgeliehen. Insbesondere die Teutoburger Wald-Eisenbahn war solch ein Betrieb, der über ausreichend Fahrzeuge verfügte und von dem aus häufig Lokomotiven an andere Bahnen verliehen wurden.

Auf die Leihlokomotiven wird im folgenden textlich nicht näher eingegangen. Um welche Maschinen es sich handelte und wie lange sie in Butzbach waren, geht aus der Tabelle hervor.

Andererseits waren auch zeitweise Lokomotiven der BLE an andere Bahnen verliehen. So war beispielsweise Lok 142 vom 24. Februar bis 8. März 1963 bei der Kleinbahn Frankfurt-Königstein im Einsatz.

4.2 Diesellokomotiven

Das Diesellok-Zeitalter begann bei der BLE erst relativ spät: 1961 tauchte die erste Diesellok auf den Gleisen im Wettertal auf, nachdem man schon mehr als zehn Jahre lang mit Dieseltriebwagen recht gute Erfahrungen gemacht hatte.

Im Juni 1961 wurde von Henschel zum Preis von 450.467 DM eine fabrikneue 850 PS leistende Diesellok aus dem Henschel-Standard-Typenprogramm beschafft. Die Typenbezeichnung lautete DH 850 D, die Fabriknummer war 30310/61. Am 5. Oktober 1961, gerade rechtzeitig zum einsetzenden Rübenverkehr, konnte die Lok in Butzbach in Betrieb genommen werden.

Da der Personenverkehr nach Lich bereits eingestellt war, brauchte die Lok nicht mehr mit einem Dampfkessel für die Zugheizung ausgerüstet zu werden. Die wenigen bei der BLE für den Einsatz auf der Strecke nach Bad Nauheim ver-

Leihlokomotiven (Dampf) der Butzbach-Licher-Eisenbahn

Eigentümer	BetrNr	Achsf.	Hersteller	Einsatz von - bis	Bemerkung	Fußn.
OSE	1032	Cn2t	Hano 9451/1920	11.11.1946-15.09.1949	++ 18.08.1954	a)
TWE	31	Cn2t	Bors 5560/1905	09.08.1947-09.11.1948		b)
HPKE	21	Cn2t	Jung 240/1896	04.02.1948-14.01.1949		
DR	89 7417	Cn2t	Jung 554/1902	07.06.1948-01.11.1948		
DR	91 343	1Cn2t	Hohenz 1514/1902	09.12.1948-14.06.1949		
FK	3 – 43	C1n2t	Hen 5773/1901	27.10.1948-05.01.1952 29.06.1953-15.08.1953		
RStE	151	1Ch2t	Hen 20980/1927	24.07.1956-25.10.1956		
KN	201	Eh2t	Krauss 8342/1925	01.04.1958-01.01.1962	++ 02.1965	c)
FK	42	C1n2t	Bors 5012/1901	01.09.1959-31.12.1959	++ 07.1961	d)
MB	145	1Ch2t	Hohenz 4678/1929	__.11.1960-__.06.1961		
FK	262	1D1h2t	Hen 25263/1954	06.08.1961-09.08.1961		

a) neu an OSE, 1944 bei BSE verblieben/ 11.11.1946 an BLE [leihweise], dort verschrottet
b) neu an TWE/ an FK [leihweise]/ 09.08.1947 an BLE [leihweise]/ 09.11.1948 an TWE/ an BG
c) in Butzbach verschrottet
d) weiter leihweise an Pintsch-Bamag, Butzbach und als Werkslok bis Juni 1961 im Einsatz, anschließend in Butzbach verschrottet

Fahrzeuge

Technische Daten der Diesellokomotiven der BLE

Betr.-Nr. neu	BLE V85	BLE V116	BLE V126	BLE V32	BLE V13, V17	HLB 831, 832	TWE V65	TWE V121	TWE V123
Type	DH 850	DH 1200	DH 1200	V 100PA	R 42 C	DE 1002	650D	1000 D	1200 D
Achsfolge	D-dh	D-dh	D-dh	BB-dh	C-dh	BoBo-de	D-dh	D-dh	D-dh
Leistung (PS)	850	1100	1200	1350	440	1523	600	1000	1200
Gewicht (t)	62	72	64	72	45	88	56		64
Vmax (km/h)	60	60	70	79	55	70	80	83	87
Raddurchmesser (mm)	1250						1250	1250	1250
Länge über Puffer	11,05	12000	12000	12610	9285	13000	11360	11360	11360
Achsstand (mm)	6000	6000	6000	8200	3400	8800	6300	6300	6300
Achsst. im Drehgestell	---	---	---	2200	---	2100	---	---	---

bliebenen Personenwagen waren mit Webasto-Heizungen ausgestattet. Ansonsten war die Lok überwiegend im Güterverkehr eingesetzt.

Die Maschine blieb bis 1971 in Bezug auf ihre Traktionsart eine Einzelgängerin, denn bis dahin waren bei ihrem Ausfall oder bei Verkehrsspitzen Dampflokomotiven vorhanden. Erst seit 1967 erbrachte der Dieselbetrieb größere Kilometerleistungen als der Dampfbetrieb. Als 1971 die letzte Dampflok der BLE abgestellt worden war, wurde in den folgenden Jahren als Reserve stets eine Diesellokomotive von anderen DEG-Bahnen angemietet. Dies blieb so bis 1977, erst dann wurde von der BLE eine zweite eigene Diesellokomotive beschafft.

Es handelte sich um Lok V116 (Henschel 29802/62) der Kleinbahn Kassel-Naumburg, die in Kassel durch eine größere Diesellok ersetzt worden war und daher abgegeben werden konnte, Mitte 1977 kam sie nach Butzbach. Zunächst wurde dort in der Werkstatt eine Hauptuntersuchung durchgeführt, ab 16. Januar 1978 war die Maschine von Butzbach aus im Planeinsatz.

Mit dieser Lok war man bei der BLE sehr zufrieden, sie übernahm den Plandienst, während die V85 nur noch in Reserve stand. Als die Kleinbahn Kassel-Naumburg mit der V126 (Henschel 30332/62) auch noch ihre zweite nahezu baugleiche Lok abstellte und zum Verkauf anbot, griff man daher in Butzbach wieder zu und kaufte die Lok im Oktober 1978. Am 14. November 1978 wurde die Maschine zwecks Reparaturaufnahme von Naumburg zur Firma Henschel in Kassel überführt. Nach der Festlegung des Reparaturumfangs und teilweiser Aufarbeitung bei Henschel wurde die Lok am 16. Mai 1979 nach Butzbach überführt, wo die Restarbeiten erledigt wurden. Der Motor wurde bei der MTU in Duisburg generalüberholt und die Zugheizanlage ausgebaut. Das fehlende Gewicht wurde durch 4270 kg Lochputzschrott ersetzt. Nach einer Hauptuntersuchung war die Lok am 19. Februar 1980 betriebsbereit und wurde auf der BLE eingesetzt. Die V85 wurde daraufhin nach Italien verkauft.

13. September 1974 entstand die Aufnahme der V 85. Diese Maschine war die erste Diesellokomotive der BLE

Die vierachsigen Starrahmen-Stangenloks V116 und V126 waren interessante Einzelstücke, die nur von der Kleinbahn Kassel-Naumburg beschafft worden sind und in Butzbach ihren zweiten Lebensabschnitt verbrachten. Meist einzeln, vor schweren Rüben- oder Militärzügen aber auch häufig gemeinsam, bestimmten sie für viele Jahre das Bild bei der BLE. Als die BLE zum 1. Juni 1993 die Bedienung des Knotenpunktbereiches Friedberg im Güterverkehr übernahm, gelangten die

V 126 am 8. März 1980. Die Henschel-Loks V 116 und V 126 kamen von der Kassel-Naumburger Eisenbahn und bildeten lange Jahre das Rückgrat der Zugförderung

Fahrzeuge

Am 19.03.2003 kam es in Butzbach Ost zum Zusammentreffen der Jung-Dieselloks V 17 und V 13 (rechts) mit dem VT 104

Foto: Andreas Christopher

Hersfelder Loks 831 und 832 vertreten. Lok 831 wurde ab 1996 von der Hessischen Landesbahn weiter verliehen (u. a. an die Ruhrkohle AG), während die 832 im Jahre 1995 an die Siegener Kreisbahn verkauft wurde. Im Gegenzug kam dafür von Siegen eine alte Jung-Stangenlok - die V13 (Jung 13408/61) - nach Butzbach. Da die Auftragsfahrten für die DB 1996 endeten, reichte hier die kleine und langsame Jung-Maschine für Reservezwecke vollkommen aus.

Maschinen planmäßig bis Friedrichsdorf und Grävenwiesbach. Nach mehr als 30 Dienstjahren begann ihr Stern langsam zu sinken, denn mit der Stilllegung der Hersfelder Kreisbahn waren 1993 deren drei MaK-Lokomotiven frei geworden, die nun auf der BLE - teilweise als Leihloks - zum Einsatz kamen und die Henschel-Loks ablösten.

Von den drei Hersfelder Loks - eine ältere V100PA und zwei moderne DE1002 - wurde die erstere (V32, MaK 1000245/65) zunächst ab März 1993 von der BLE gemietet und dann 1995 gekauft. Die beiden anderen Maschinen blieben im Eigentum der Hessischen Landesbahn und waren für einige Zeit als Leihlokomotiven in Butzbach. Auch die V 32 war bereits einige Jahre zuvor, im Herbst 1989, schon einmal kurzzeitig in Butzbach als Leihlok im Einsatz gewesen.

Die V32 wurde nun die Butzbacher Stammlokomotive, während die V116 und V126 mit Erreichen der Untersuchungsfristen abgestellt und ausgemustert wurden. Während V126 im Jahre 1994 verschrottet wurde, konnte V116 sechs Jahre später nach Italien verkauft werden.

Die V32 wurde nun von Butzbach aus täglich eingesetzt und bei Ausfall von den ehemals

Im August 1999 musste die V32 mit Motorschaden abgestellt werden, dafür wurde eine zweite Maschine aus Siegen (V17, Jung 13286/61) von der BLE gekauft. Kurzzeitig war sogar eine dritte typengleiche Lok, die Siegener V11, leihweise in Butzbach. Die V32 wurde im Jahre 2000 über einen Händler in das Saarland verkauft, am 26. April 2000 verließ sie Butzbach, um bei Gmeinder in Mosbach/Baden eine Hauptuntersuchung zu erhalten. Sie wird heute auf den Grubenanschlußbahnen der Saarbergwerke eingesetzt.

Die V116 konnte nach Italien verkauft werden und entging damit der Verschrottung. Im Juli 2000 wartet die Lok teilzerlegt auf einem Flachwagen auf ihren Transport über die Alpen

Foto: Butzbacher Zeitung

Diesellokomotiven der Butzbach-Licher-Eisenbahn

Betr.-Nr	Achsf.	Hersteller	Einsatz von - bis	Bemerkung	Fußn.
V 85	D-dh	Hen 30310/1961	05.10.1961-01.06.1980	DH850, 850 PS	a)
V 116	D-dh	Hen 29802/1962	01.03.1977-03.04.1993	DH1100, 1100 PS	b)
V 126	D-dh	Hen 30332/1962	19.02.1980-14.09.1993	DG1200, 1200 PS	c)
V 32	BB-dh	MaK 1000245/1965	19.03.1993- .08.1999	G1300BB, 1300 PS	d)
V 13	C-dh	Jung 13406/1961	23.02.1996-	R42C, 440 PS	e)
V 17	C-dh	Jung 13286/1961	04.02.1999-	R42C, 440 PS	f)

a) neu an BLE/ 1980 an Glaser [Händler], München/ ACT, Reggio Emilia/Itailen (850-006), 02vh

b) neu an KN/ 1977 an BLE/ 07/2000 üb. Railimpex [Händler], Mannheim und IPE an Gleisbau SILF, Bari/Italien (T 1849), 00iE

c) neu an KN/ 01.10.1978 an BLE/ ++ 1994

d) neu an KHH/ 1993 zunächst leihw., ab 1995 Eigentum BLE/ 04/2000 üb. Railimpex [Händler], Mannheim an Unisped Spedition und Transport-GmbH, St. Ingbert/Saarland (40)

e) neu an SK/ 02/1996 zunächst leihweise, ab 05/1996 Eigentum BLE

f) neu an SK/ 1999 an BLE

Leihlokomotiven (Diesel) der Butzbach-Licher-Eisenbahn

Eigentümer	BetrNr	Achsf.	Hersteller	Einsatz von - bis	Bemerkung	Fußn.
TWE	V 65	D-dh	MaK 600139/1958	26.06.1968-21.08.1968	600D, 600 PS	a)
DB	279 002	D-dh	Hen 30308/1961	14.07.1971-10.11.1971	DH850, 850 PS	b)
TWE	V 121	D-dh	MaK 1000018/1960	11.11.1971-21.12.1971 05.05.1973-18.07.1975	1000D, 1200 PS	c)
TWE	V 81	D-dh	MaK 800092/1958	22.12.1971-04.05.1973	800D, 800 PS	d)
TWE	V 123	D-dh	MaK 1000152/1962	19.07.1975-24.01.1978	1200D, 1200 PS	
KN	V 166	CC-dh	Deutz 56955/1959	.06.1984-18.07.1984	DG1600CCM	e)
HEG	831	BB-dh	MaK 1000831/1988	02.08.1993- .05.1996	DE1002, 1500 PS	f)
HEG	832	BB-dh	MaK 1000832/1988	.1994-22.02.1996	DE1002, 1500 PS	g)
SK	V 12	C-dh	Jung 13117/1960	.2000- .10.2001	R42C, 440 PS	

a) neu an Ahaus-Enscheder Eisenbahn (D05)/ 1967 an Teutoburger Wald-Eisenbahn (V65)/ 12.1984 an Kleinbahn Kaldenkirchen-Brüggen (V65)/ 1985 an Britische Rheinarmee, Bracht (V65), 92vh/ Britische Rheinarmee, Rheindahlen (V65), 96vh/ 1998 üb. VEBEG an Schreck-Mieves, Niederl. Frechen, 03iE als Bauzuglok in Troisdorf

b) neu an Söhrebahn, Kassel/ 1970 an DB (279002)/ 1971 über Glaser, München an ACT, Reggio Emilia/Italien

c) neu an Hildesheim-Peiner Kreiseisenbahn (V121)/ 1962 an Teutoburger Wald-Eisenbahn (V121)/ 1978 an Wanne-Bochum-Herner Eisenbahn

d) neu an Kleinbahn Kiel-Segeberg (V81)/ 1962 an Hildesheim-Peiner Kreiseisenbahn (V81)/ 1964 an Teutoburger Wald-Eisenbahn (V81)/ 1978 an Rinteln-Stadthagener Eisenbahn (V81)/ 1985 über Vorholt & Schega nach Italien

e) neu an Köln-Frechen-Benzelrather Eisenbahn (V 82)/ 1970 an Kassel-Naumburger Eisenbahn (V 166), 1985 Modernisierung bei Henschel (DG 202)

f) neu an Hersfelder Eisenbahn GmbH

g) neu an Hersfelder Eisenbahn GmbH/ 1996 an Siegener Kreisbahn (41)

Leihlok V 123 der Teutoburger Wald-Eisenbahn in Bad Nauheim Nord am 18. Juli 1976

Heute besteht der Butzbacher Lokbestand aus den beiden betagten Jung-Loks V13 und V17, wobei nur V13 noch betriebsfähig ist. Für den geringen Güterverkehr reicht diese Lok aus.

Wie bereits berichtet, war nach dem Ende der Dampflokära für viele Jahre stets eine Leihlok von anderen DEG-Bahnen in Butzbach stationiert. Das war von 1971 bis 1977, danach hatte die BLE eine zweite eigene Reservelok bis 1994 (Abstellung V116 und V126). Ab 1994 wurde kurzzeitig wieder auf die ehemals Hersfelder Loks 831 und 832 als Reserve zurückgegriffen, heute rentiert sich für den geringen Verkehr die Reservelok nicht mehr. Wenn V13 ausfällt, muss tageweise eine DB-Lok angemietet werden. Im Sommer 2003 war auch für mehrere Wochen die Lok 2 der Eisenbahnfreunde Wetterau von Butzbach aus im Rangierdienst eingesetzt.

In der neuen roten Farbgebung präsentiert sich V 32 am 19. September 1996 in Butzbach

4.3 Triebwagen

Im Jahre 1949 mietete die BLE zur Rationalisierung des Personenverkehrs und zum Freisetzen von Dampflokomotiven für den Güterverkehr den Leichttriebwagen T 2 der Eisenbahn Bremen - Thedinghausen (BTh) an. Über diesen nachfolgend etwas mehr:

Der T 2 der BTh wurde 1936 unter der Fabriknummer 20 268 von der Waggonfabrik Wismar, die der Eisenbahn-Verkehrsmittel AG angehörte, gebaut. Es handelt sich um einen so genannten Wismarer Schienen-Omnibus mit Motorvorbauten an beiden Enden. Das Gesamtgewicht beträgt 6,6 Tonnen, die Länge über Puffer 11 610 mm, der Achsstand 4 400 mm, der Raddurchmesser 900 mm, die Höchstgeschwindigkeit ist 60 km/h.

V 831 und V 832 waren bislang die modernsten auf der BLE eingesetzten Diesellokomotiven und gehörten zum Bestand der Hersfelder Eisenbahn

Fahrzeuge

Aus dem Jahr 1968 stammt das Foto des Wismarer Schienenbusses T 2. Mit diesem Fahrzeug konnte der Personenverkehr erstmals stark rationalisiert werden

Zeichnung des Wismarer Triebwagen BTh 2

Damit der Triebwagen möglichst billig wurde, griff man beim Wismarer Schienenbus so weit wie möglich auf Serienprodukte in der Lkw-Industrie zurück und ordnete auf jeder Frontseite einen Ford-Motor an. Es läuft immer nur der jeweils vorn liegende Motor, um umständliche Getriebe und Schaltvorrichtungen zu sparen.

Untergestell und Wagenkasten bestehen aus einer geschweißten Profileisen-Gitterkonstruktion. Die festen Achsen laufen in Rollenlagern, wobei Radreifen gegen Radkörper durch Gummiringe abgefedert sind. Die Seitenwände bestehen aus gekupfertem Stahlblech, das Dach aus Sperrholz. Auch der innere einheitliche Raum ist mit Sperrholz verkleidet. Einstiege bestehen beiderseitig durch Türen an den Enden. Die Sitzbänke sind federgepolstert. Der Wagen hat 40 Sitzplätze, dazu kommen 12 Klappsitze in den Einstiegsräumen und 18 Stehplätze. Vier Fenster können heruntergekurbelt werden. Das Fahrzeug kostete 1936 fabrikneu 30.100 RM.

Angetrieben wurde der Wagen ursprünglich von zwei 45 PS Ford-BB-Motoren, die 1949 für den Einsatz in Butzbach durch zwei Ford-V8-Motoren von je 95 PS bei 3500 U/min ausgetauscht wurden. Um den rationellen Einmannbetrieb durchführen zu können, wurde eine Totmann-Einrichtung eingebaut. Der Wagen fährt nur bei Niederdrücken eines Knopfes am Handgashebel. Er ist nur für Alleinfahrt gebaut und demzufolge nicht mit Kupplungen versehen.

Der T 2 absolvierte am 21. September 1936 die Probefahrt Bremen-Neustadt - Thedinghausen und zurück und stand seit dem 7. Oktober 1936 im regelmäßigen Betrieb bei der BTh. Der Wagen wurde vom 15. September 1949 an von der BLE angemietet. Er legte von diesem Datum bis zum 1. Februar 1960 zusammen 241 879 Kilometer zurück. Danach stand er als Reservefahrzeug bis zum 3. Mai 1966 im Dienst und wurde dann in Butzbach untersuchungspflichtig abgestellt. Der Wagen war nie Eigentum der BLE, sondern

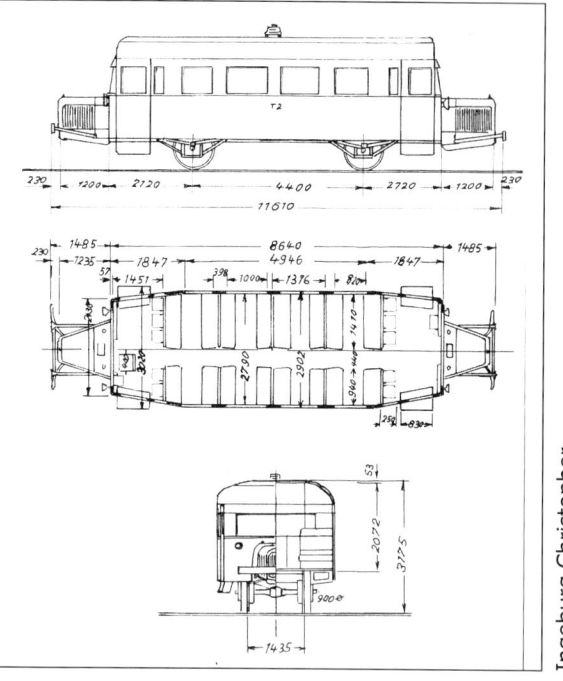

Technische Daten der Triebwagen der BLE

Betr.-Nr. neu	BTh BTh 2	BLE VT 65	DWA 504 001-005	HLB 101-130	HLB 116-118
Type	DH 850	Essl	LVT/S	GTW 2/6	GTW 2/6
Achsfolge	A-1	1A-A1	1-A	2'Bo'2	2'Bo'2
Leistung (PS)	95	2x145	360	612	612
Gewicht (t)	6,6	31,2	23	52,91	52,91
Vmax (km/h)	62	85	100	120	120
Treibraddurchmesser (mm)	900	940	760	860	860
Laufraddurchmesser (mm)	---	940	---	680	680
Länge über Puffer	11610	23530	16540	38660	38660
Achsstand (mm)	4400	18300	9000	31724	31724
Achsst. im Drehgestell	---	2500	---	2000	2000
Sitzplätze	52	102	53	94	11+76
Stehplätze	18	60	13	111	111

Fahrzeuge

Triebwagen der Butzbach-Licher-Eisenbahn

Betr.-Nr	Achsf.	Hersteller	Einsatz von - bis	Bemerkung	Fußn.
VT 65	A1-1A	Essl 23606/1953	__.__.1953-10.06.1975	2x145 PS	a)

a) 10.06.1975 an TWE (VT 65)/ 22.08.1980 an SWEG (VB 237)/ 29.05.1994 an AVG (476), 01.04.1999 an DEV (TA 4)/ 2001 an Bahnbedarf Bad Orb (TA 4)

gehörte bis 1968 der Eisenbahn Bremen - Thedinghausen, die ihn dann an die DGEG verkaufte. Er wird heute als betriebsfähiges Museumsstück im Eisenbahn-Museum Bochum-Dahlhausen vorgehalten.

Wegen des öfteren Ausfalls bei Befahren der anhaltenden Steigungen zwischen Lich und Güll sowie Queckborn und Grünberg, dem die relativ schwachen Motoren nicht gewachsen waren, konnte der T 2 BTh betrieblich nicht so recht befriedigen. Trotzdem war er ein Kosten sparender Ersatz für die früher erforderlichen schwach besetzten Dampfzüge.

Im Jahre 1951 interessierte sich die BLE für zwei vierachsige Dieseltriebwagen, die von der Krefelder Eisenbahn zum Verkauf angeboten wurden. Man wurde handelseinig, die BLE

Helmut Roggenkamp

Auch am 26. Juni 1982 war der ehemalige VT 65 der BLE noch in rot-beige lackiert. Zu diesem Zeitpunkt war er bei der SWEG im Einsatz und konnte in Menzingen angetroffen werden

Leih-Dieseltriebwagen der Butzbach-Licher-Eisenbahn

Eigentümer	BetrNr.	Achsf.	Hersteller/FNr. a)	Einsatz von – bis	Bemerkung	Fußn.
BTh	VT 2	AA	Wismar 20268/1936	15.09.1949-03.05.1966		b)
RStE	VT 61	1A-A1	Essl 23494/1952	10.07.1952-18.07.1952		c)
FKE	VT 51	B'2'2'	Düwag 91343+44/1995	__.05.1998-__.06.1998		
DWA	504 001	A1	DWA 504 001/1998	__.05.1998-__.05.1999		
DWA	504 002	A1	DWA 504 002/1998	__.05.1998-__.05.1999		
DWA	504 003	A1	DWA 504 003/1998	__.06.1998-__.05.1999		
DWA	504 004	A1	DWA 504 004/1998	__.06.1998-__.05.1999		
DWA	504 005	A1	DWA 504 005/1998	__.06.1998-__.05.1999		
HLB	101-103	→	→	→	KNE	
HLB	104	2'B'2'	DWA 509 104/1999	__.05.1999-	FNr. VS 509 001A/B	
HLB	105	2'B'2'	DWA 509 105/1999	__.05.1999-	FNr. VS 509 002A/B	
HLB	106	2'B'2'	DWA 509 106/1999	__.05.1999-	FNr. VS 509 003A/B	
HLB	107	2'B'2'	DWA 509 107/1999	__.05.1999-	FNr. VS 509 004A/B	
HLB	108	→	→	→	FKE	
HLB	109	2'B'2'	DWA 509 109/1998	__.05.1999-	FNr. VS 509 006A/B	
HLB	110	2'B'2'	DWA 509 110/1998	__.05.1999-	FNr. VS 509 007A/B	
HLB	111	2'B'2'	DWA 509 111/1998	__.05.1999-	FNr. VS 509 008A/B	
HLB	112	2'B'2'	DWA 509 112/1998	__.05.1999-	FNr. VS 509 009A/B	
HLB	113	2'B'2'	DWA 508 113/1999	__.05.1999-	FNr. VS 508 004A/B	
HLB	114	2'B'2'	DWA 508 114/1999	__.05.1999-	FNr. VS 508 005A/B	
HLB	115	2'B'2'	DWA 508 115/1999	__.05.1999-	FNr. VS 508 006A/B	d)
HLB	116-118	→	→	→	HTB	
HLB	119	2'B'2'	DWA 526 119/2000	__.12.2000-	FNr. VS 526 001A/B	
HLB	120	2'B'2'	DWA 526 120/2000	__.12.2000-	FNr. VS 526 002A/B	
HLB	121	2'B'2'	DWA 526 121/2000	__.12.2000-	FNr. VS 526 003A/B	
HLB	122	2'B'2'	DWA 526 122/2000	__.12.2000-	FNr. VS 526 004A/B	
HLB	123	2'B'2'	DWA 526 123/2000	__.12.2000-	FNr. VS 526 005A/B	
HLB	124	2'B'2'	DWA 526 124/2000	__.12.2000-	FNr. VS 526 006A/B	
HLB	125	2'B'2'	DWA 526 125/2000	__.12.2000-	FNr. VS 526 007A/B	
HLB	126	2'B'2'	DWA 526 126/2001	__.01.2001-	FNr. VS 526 008A/B	
HLB	127	2'B'2'	DWA 526 127/2001	__.01.2001-	FNr. VS 526 009A/B	
HLB	128	2'B'2'	DWA 526 128/2001	__.01.2001-	FNr. VS 526 010A/B	
HLB	129	2'B'2'	DWA 526 129/2001	__.01.2001-	FNr. VS 526 011A/B	
HLB	130	2'B'2'	DWA 526 130/2001	__.01.2001-	FNr. VS 526 012A/B	

a) bei den GTW 2/6 gelten die angegebenen Fabriknummern für den Maschinenmittelwagen; die Fabriknummern des vorderen (A) und hinteren (B) Steuerwagens sind in der Spalte „Bemerkungen" angegeben
b) neu an BTh/ 20.09.1949 an BLE [leihweise]/ 22.03.1968 an DGEG, 03.05.1969 überführt
c) angemietet für Probe- und Lastfahrten
d) getauft auf den Namen „Wetterau"

Fahrzeuge

In seiner überaus eleganten rot-beigen Farbgebung war VT 65 im März 1967 vor dem Lokschuppen in Butzbach Ost anzutreffen

SKL 501 am 21. Oktober 1985 in Münzenberg. Das praktische Fahrzeug konnte zu allen Arbeiten an der Strecke herangezogen werden

Noch mit ihrer DB-Nummer 279 002 rangiert die ehemalige Diesellok der Söhrebahn am 21. Juli 1971 in Butzbach. Die Henschel-Lok war nahezu baugleich mit der V 85 der BLE, verfügte jedoch über einen Heizkessel unter dem rechten Vorbau, den V 85 nicht besaß

Kurt Burlein (oben, unten), Andreas Christopher (mitte)

Fahrzeuge

Kurt Burlein (3)

V 85 am 23. Februar 1970 in Butzbach Ost. Der Antrieb der Lok über eine Blindwelle in Fahrzeugmitte und Kuppelstangen zu den vier Achsen ist gut zu erkennen. Diese Antriebart ist charakteristisch für die erste Generation der Nachkriegs-Dieselloks. Interessant ist auch der Vergleich zur 279 002 auf dem Bild links unten

Am 2. Oktober 1972 war die Draisine zusammen mit einem Flachwagen in Butzbach Ost abgestellt

Diese Farbaufnahme zeigt Bi 27 am 2. Juli 1971 in Butzbach. Die Plattformwagen der BLE waren grün lackiert. Hinter dem Wagen ist VB 121 erkennbar

Butzbach-Licher Eisenbahn

Fahrzeuge

VB 121 besaß wie der VT 65 rot-beigen Lack. Am 2. Oktober 1971 steht der Beiwagen in Butzbach Ost

schloss mit der Krefelder Eisenbahn einen Kaufvertrag über die zwei Fahrzeuge (T3 und T4) ab und leistete eine Anzahlung. Die Wagen wurden jedoch nicht nach Butzbach, sondern an die Kleinbahn Leer-Aurich-Wittmund veräußert. Der sich daraus ergebende Rechtsstreit schloss mit einem gerichtlichen Vergleich ab, bei dem der BLE 15.000 DM zugesprochen wurden.

Inzwischen hatte die BLE 1951 mit dem Bau eines Triebwagenschuppens begonnen. Nach dem Probeeinsatz eines vierachsigen Esslinger Triebwagens der Rinteln-Stadthagener Eisenbahn im Jahre 1952 entschloss sich die BLE, ein gleiches Fahrzeug zu bestellen. Die Finanzierung geschah zu Lasten des Erneuerungsfonds als Ersatz für die ausgemusterte Lok 21, Pw 53 und Bi 47. Im Jahre 1953 wurde der Esslinger Triebwagen (VT 65, Essl. 23606/53) geliefert und blieb bis zur Einstellung des Personenverkehrs im Mai 1975 auf der BLE im Einsatz. Danach gelangte er zur Teutoburger Wald-Eisenbahn, 1980 weiter an die Südwestdeutsche Eisenbahn-Gesellschaft, wo er nach 1983 zum Beiwagen (VB237) umgebaut wurde. Von dort wurde er an den Deutschen Eisenbahn-Verein verkauft, der ihn mustergültig aufarbeitete und sporadisch zwischen Eystrup und Bruchhausen-Vilsen im Sonderverkehr einsetzte. Seit 2001 befindet sich das Fahrzeug im Eigentum des Bahnbedarfs Bad Orb und steht betriebsfähig in Gießen. Ein Ankauf durch die Eisenbahnfreunde Wetterau ist vorgesehen.

Für viele Jahre gab es nun keinen Bedarf mehr für Dieseltriebwagen bei der BLE. Dies

Aus dem Haltepunkt Bleichenbach (Strecke Gießen - Gelnhausen) fährt VT 107 am 6. März 2001 aus

Fahrzeuge

Am 16. September 1998 erhalten zwei LVT/S Ausfahrt aus dem Bahnhof Rodheim (Strecke Friedrichsdorf - Friedberg)

änderte sich, als die BLE ab 2000 mit der Durchführung von Verkehrsleistungen auf den Bahnstrecken im Raum Friedberg beauftragt wurde. Für den Betrieb auf der Strecke Friedberg - Friedrichsdorf wurden zunächst von der DWA fünf LVT/S zur Verfügung gestellt, da die von der Hessischen Landesbahn bestellten GTW 2/6 noch nicht fertig gestellt waren.

Ab Mai 1999, mit der Übernahme des Verkehrs auf den Strecken von Friedberg nach Hungen und Nidda, standen die ersten GTW 2/6 zur Verfügung. Diese Fahrzeuge befinden sich im Eigentum der Hessischen Landesbahn und werden von der BLE gemietet. Mittlerweile sind 23 Fahrzeuge vorhanden, die in den neuen Werkstattgebäuden in Butzbach Ost gewartet werden, umlaufplanmäßig aber in der Regel in Friedberg oder Nidda übernachten und nur alle paar Tage nach Butzbach kommen. Auch an die Kassel-Naumburger Eisenbahn (VT 101-103), die Frankfurt-Königsteiner Eisenbahn (VT 108) und die Hellertalbahn (VT 116-118) hat die HLB typengleiche Fahrzeuge vermietet. Insbesondere der FKE-Triebwagen, aber auch die anderen Fahrzeuge, kommen teilweise in der Wetterau zum Einsatz.

Die Serien unterscheiden sich voneinander wie folgt: VT 101-103 2. Klasse mit Toilette, VT 104-115 2. Klasse ohne Toilette, VT 116-118 1. und 2. Klasse mit Toilette, VT 119-130 2. Klasse mit Toilette. In die VT 104-115 sollen nachträglich noch Toiletten eingebaut werden.

Anfangs gab es mit den neuen GTW 2/6 gravierende technische Probleme, die zu häufigen Ausfällen führten. In der mittig angeordneten Antriebseinheit waren viele Bauteile zu schwach dimensioniert. Durch die dauernden Schwingungen rissen Schraubenverbindungen oder Schweißnähte ab. Die Lüftungsanlage war besonders im Hochsommer oft überfordert. Mittlerweile wurden die meisten Mängel in der eigenen Werkstatt und teilweise auch vom Hersteller behoben. Die Fahrzeuge laufen jetzt einigermaßen zufrieden stellend. Allerdings wird die Hessische Landesbahn bei Fahrzeug-Neubeschaffungen keine GTW 2/6 mehr beschaffen, sondern auf den LINT setzen.

4.4 Personen- und Gepäckwagen

An Personenwagen besaß die BLE ursprünglich nur Wagen mit Mittelgang und offenen Plattformen, die durchweg zweiachsig waren. Erst nach dem Zweiten Weltkrieg kamen Dreiachser hinzu. Anfangs verfügte die Butzbach-Licher Eisenbahn über drei Wagenklassen. Ab 1928 wurden nur noch zwei Klassen und ab 1956 nur noch eine Klasse angeboten. Die Fahrzeuge wurden zunächst nach dem Zeitpunkt ihrer Beschaffung fortlaufend nummeriert. Im Jahre 1914 wurden die Fahrzeuge umgezeichnet und erhielten je

O-Wagen 201 in Lich Süd am 25. April 1959. Der Wagen verfügt über ein Bremserhaus (links)

Fahrzeuge

Personen- und Gepäckwagen der Butzbach-Licher-Eisenbahn

1. Nr	2. Nr	Gattung	Herst.	Bj.	Pl.	LüP (mm)	Gew. (t)	Rad-St.	Bemerkung
1	1	BCDi	Beuchelt	1903	51	12,52	14,4	6,0	Seitengang, WC, 01.11.03 neu, 01.10.28 Umb. in BCi, 03.06.56 Umz. in Bi, 06.12.1961 an FK (Bi 22), ++ 28.02.1967 in Königstein
2	2	BCDi	Beuchelt	1903	51	12,52	15,2	6,0	Seitengang, WC, 01.11.03 neu, 01.10.28 Umb. in BCi, 03.06.56 Umz. in Bi, 06.12.1961 an FK (Bi 23), ++ 28.02.1967 in Königstein
3	23	CDi	Beuchelt	1903	44	10,80	12,70	6,0	Mittelgang, WC, 01.11.03 neu, 01.10.28 Umb. in Ci, 03.06.56 Umz. in Bi, + 15.12.1964, ++ 30.12.1967 bei Fa. Dr. Wulffen, Butzbach
4	24	CDi	Beuchelt	1903	50	10,80	12,67	6,0	Mittelgang, WC, 06.12.23 Umb. in Ci, 1955 Neuaufbau, 03.06.56 Umz. in Bi, 06.12.1961 an FK (Bi 24), ++ 28.02.1967 in Königstein
5	41	Di	Beuchelt	1903	40	9,21	10,56	5,0	Mittelgang, 04.11.03 neu, 01.10.28 Umz. in Ci, 03.06.56 Umz. in Bi, + 30.09.1958, ++ 09.1959
6	42	Di	Beuchelt	1903	40	9,21	10,60	5,0	Mittelgang, 04.11.03 neu, 01.10.28 Umz. in Ci, 03.06.56 Umz. in Bi, + 09.09.1965, ++ 30.12.1967 bei Fa. Dr. Wulffen, Butzbach
7	43	Di	Beuchelt	1903	40	9,21	10,48	5,0	Mittelgang, 04.11.03 neu, 01.10.28 Umz. in Ci, 03.06.56 Umz. in Bi, + 01.04.1958, ++ 05.1962
8	51	PwPost	Beuchelt	1903		9,80	10,77	5,0	5 to Lademasse, WC, 04.11.03 neu, zuletzt als Pwi genutzt, + 20.05.1962, ++ 21.06.1962
9	52	PwPost	Görlitz	1908		9,80	10,53	5,0	5 to Lademasse, WC, 29.12.08 neu, zuletzt als Pwi genutzt, 01.01.1972 an DGEG Neustadt, 2002 an Privat, Reutlingen-Ohmenhausen (Gartenhütte)
10	21	Ci	Görlitz	1909		9,80	10,39	5,0	Aussichtswagen, Mittelgang, 06.07.09 neu, 03.06.56 Umz. in Bi, 06.12.1961 an FK (Bi 21), ++ 17.01.1967 in Königstein
11	44	Di	Görlitz	1909	40	9,21		5,0	Mittelgang, 27.07.09 neu, 01.10.28 Umz. in Ci, 1937 an Mecklenburgische Bäderbahn (Ci 24)
12	3	BCi	Uerdingen	1909	60	12,23	12,6	6,0	Seitengang, WC, 15.06.09 neu, bei BbLE bis 01.10.28 als CDi in Betrieb, 1937 an Mecklenburgische Bäderbahn (BCi 23)
13	4	BCi	Uerdingen	1909	60	12,23	12,6	6,0	Seitengang, WC, 23.11.09 neu, bei BbLE als CDi in Betrieb, 01.10.28 Umz. in Ci, 1946 Neuaufbau, 03.06.56 Umz. in Bi, 06.12.1961 an FK (Bi 25), ++ 17.01.1967 Königstein
14	46	Di	Görlitz	1909	40	9,25	10,37	5,0	Mittelgang, 01.09.09 neu, 01.10.28 Umz. in Ci, 03.06.56 Umz. in Bi, + 18.10.1963, ++ 09.09.1967 bei Fa. Dr. Wulffen, Butzbach
15	53	PwPost	Görlitz	1909		9,80	10,37	5,0	5 to Lademasse, WC, 15.09.09 neu, zuletzt als Pwi genutzt, + 1954, ++ 17.08.1954 bei Fa. Karl Born, Butzbach
16	45	Di	Görlitz	1909	50	9,21		5,0	Mittelgang, 15.09.09 neu, 01.10.28 Umz. in Ci, 03.06.56 Umz. in Bi, 1958 abg, + 21.05.1962
17	22	Ci	Görlitz	1909	50	11,60	12,33	6,0	Aussichtswagen, Mittelgang, WC, 02.10.09 neu, 03.06.56 Umz. in Bi, Aufbau + 1958, Fahrgestell für VB 121 verwendet
18	47	Di	Görlitz	1910	46	9,21	10,32	5,0	Mittelgang, 22.04.10 neu, 01.10.28 Umz. in Ci, + 02.08.1952, ++ 17.08.1954 bei Fa. Karl Born, Butzbach
19	54	PwPost	Görlitz	1914		9,80	10,64	5,0	5 to Lademasse, WC, 10.09.14 neu, zuletzt als Pwi genutzt, 29.06.1967 an BSE (D 56), 1992 an DHEF, 03vh
20	48	Di	Thielem.	1884	50	10,90	11,25	5,0	Mittelgang, 22.10.24 ex DRG, Rbd Kassel, 10.02.25 in Dienst, 01.10.28 Umz. in Ci, zuletzt Schutzwagen beim Streckenabbau Lich - Grünberg, ++ 14.09.1956
50	10	C3i	v.d.Zypen	1914	51	12,85	19,90	7,5	Mittelgang, WC, 03.08.1949 ex DR, 38 837 Ffm (BC 3i pr. 10), 01.1950 in Dienst, 03.06.56 Umz. in B3i, + 08.08.1963, ++ 01.02.1966
51	11	C3i	Beuchelt	1916	51	12,85	20,00	7,5	Mittelgang, WC, 03.08.1949 ex DR, 38 729 Ffm (BC 3i pr. 10), 12.1951 in Dienst, 03.06.56 Umz. in B3i, + 09.08.1963, ++ 01.02.1966
12"	25	CPwi	MAN	1907	30	12,50	13,9	6,5	01.01.1951 ex FGE (Pmg 1), bis 17.10.51 an BThE verliehen, 1956 Neuaufbau mit Umz. in BDi 25, 28.10.1971 an MBS/Holland
	26	Bi	Beuchelt	1901	50	10,90	11,59	6,5	Mittelgang, 21.11.1952 von BSE (Bi 32) gemietet, 15.10.1956, 05.11.1956 Neuaufbau, 28.10.1971 an MBS/Holland
	27	Bi	Görlitz	1898	70	13,30	13,96	8,8	Mittelgang, 21.11.1952 von BSE (BCi 3) gemietet, 15.10.1956 gekauft, 23.06.1958 Neuaufbau, 28.10.1971 an MBS/Holland
	121	VB	Eigenbau	1958	50	11,60	12,33	6,0	Mittelgang, einseitige Übergangsbrücke, Neuaufbau auf Untergestell Bi 22, + 12.12.1974, ++ 26.02.1975

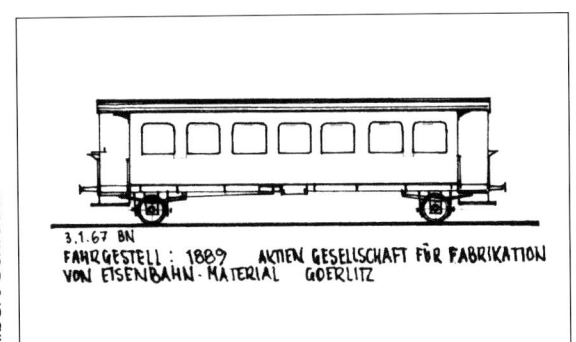

Fahrzeuge

Albert Schrader

nach Gattung neue Betriebsnummern. Die Firma Lenz & Co. hat mit ihrem neuen Betriebsnummernsystem für die Reisezugwagen genau bei der BbLE angefangen und in den folgenden Jahren diese Nummernsystematik bei allen ihren Bahnen angewendet.

Am 1. April 1909 waren vorhanden:
3 zweiachsige Post- und Gepäckwagen
4 zweiachsige Personenwg. II. und III. Klasse
4 zweiachsige Personenwagen III. Klasse
7 zweiachsige Personenwagen IV. Klasse

Slg. Klaus-Peter Quill

Kurt Burlein

Mitte der dreißiger Jahre begann analog zu den Lokomotiven auch der Einbau einer Druckluftbremseinrichtung in die Wagen. Aus den Geschäftsberichten geht hervor, dass im Jahre 1936 die Wagen 1, 2, 3, 4 und 21, im Jahre 1937 die Wagen 24 und 42, im Jahre 1938 die Personenwagen 23 und 46 sowie 1941 die Wagen 22 und 43 umgebaut wurden.

Im Jahre 1956 verfügte die Bahn noch über 13 Personenwagen, nämlich Bi 1, 2, 4, 21, 23, 24, 41, 42, 46, 48 sowie B3i 10, 11 und VB 121 (Umbau aus Bi 22). Weiter waren an Packwagen die Pwi 51, 52, 53 und 54 vorhanden. Die C3i der BLE wurden nach dem Kriege von der DR als Schadwagen übernommen und sind von der

Fritz Roth (2)

Werkstatt der BLE wieder hergerichtet worden. Die Bi 4, Bi 24, BD 25, Bi 26 und Bi 27 mit Ganzstahlwagenkästen entstanden nach dem Krieg in eigener Werkstatt aus Personenwagen mit Holzaufbauten. Die Bi Nr. 1, 2, 4, 21 und 24 sind 1961 an die Kleinbahn Frankfurt - Königstein abgegeben worden, sie sind jedoch bei einem schweren Eisenbahnunglück dort alle 1967 beschädigt und anschließend verschrottet worden.

Zeichnung des Bi 27. Mit 13,3 m war dies der längste Wagen im Bestand der BLE

Bi 45 abgestellt in Griedel. Zum Zeitpunkt der Aufnahme am 3. Mai 1965 war der Wagen schon fast drei Jahre ausgemustert

Die BD 25, Bi 26 und Bi 27 wurden an die holländische Stichting Museum Buurt Sporweg, Enschede, verkauft, wo sie auf der Museumsbahn Enschede - Nord-Haksbergen hinter der Lok 152 der Jülicher Kreisbahn zum Einsatz kamen - wahrlich eine DEG-Bahn im Ausland. D52 war zuletzt als Hilfsgerätewagen im Einsatz und ist 1972 an die DGEG verkauft worden. Er steht heute als Gartenhütte bei Reutlingen.

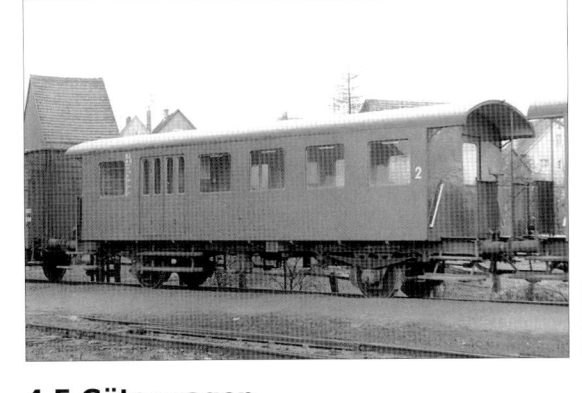

Werksaufnahme des BCi 12. Dieser Wagen wurde bereits 1937 an die Mecklenburgische Bäderbahn abgegeben

Die Aufnahme des BDi 25 entstand am 18. März 1968

4.5 Güterwagen

Die BLE beschaffte zwischen 1903 und 1909 insgesamt 15 gedeckte Güterwagen (Nr. 101-115) und 40 offene Güterwagen (Nr. 201-240). Ein großer Teil davon wurde später in den Staats-

Am 15. Januar 1962 waren Bi 21 und Bi 2 bei der Frankfurt-Königsteiner Eisenbahn in Königstein eingesetzt

Butzbach-Licher Eisenbahn

Fahrzeuge

Gedeckter Güterwagen 101", der als Ersatz für den als Reparationsleistung abgegebenen Wagen 101 eingereiht wurde

bahn-Güterwagenpark eingestellt. Durch den verlorenen Ersten Weltkrieg und die im Versailler Friedensvertrag bestimmten Reparationen verloren die Eisenbahnen des Deutschen Reiches ca. 280.000 Güterwagen, darunter auch sechs der BbLE. Die 1924 gegründete Deutsche Reichsbahn ersetzte der BbLE diese Fahrzeuge durch gleichwertige. Im August 1925 trafen in Butzbach Ost zunächst fünf Wagen ein, welche die Betriebsnummern 204, 205, 252, 253 und

Johannes Kroitzsch

Güterwagen der Butzbach-Licher-Eisenbahn

BNr.	Bauart	Herst.	Bauj	L.Gew	LüP	Gew.	Radst.	Bremse	Bemerkung
101	Glm	Görlitz	1903	15			4,5	ohne	16.04.03 neu, 07.12.21 > KPEV 15 060 Frankfurt, 1924 > DRG Stettin 22 938, + 30.09.1953
101"	Gw	?	1926	10,5	8,50	8,51	4,0	mit	22.02.1926 ex MKB 554, Umb. zum Gerätewagen, abg. 25.03.1965, + 13.05.1969
102	Glm	Görlitz	1903	15			4,5		01.11.03 neu, > KPEV 15 061 Frankfurt, 1924 > DRG Hannover 33 824, + 1953
103	Glm	Görlitz	1903	15			4,5		01.11.03 neu, > KPEV 15 062 Frankfurt, 1924 > DRG Hannover 33 652, + 1953
104	Glm	Görlitz	1903	15			4,5		01.11.03 neu, > KPEV 15 063 Frankfurt, 1924 > DRG Hannover 29 965, + 1953
105	Glm	Görlitz	1903	15			4,5		01.11.03 neu, > KPEV 15 064 Frankfurt, 1924 > DRG Hannover 34 339, + 1934
106	Glm	Görlitz	1904	15			4,5	mit	> KPEV 14 492 Frankfurt, 1020 aus dem Staatsbahnwagen-Verband ausgeschieden, > Gerätewagen 11 BbLE, ++ 1025
107	Glm	B & T	1908	15			4,5	mit	08.12.08 neu, 07.12.21 > KPEV 15 066 Frankfurt, 1924 > DRG Hannover 8 476, + 1928
108	Glm	Lindner	1909	15			4,5		> KPEV 15 065 Frankfurt, Reparation nach dem I. Weltkrieg
109	Glm	Lindner	1909	15			4,5		> KPEV 14 494 Frankfurt, Reparation nach dem I. Weltkrieg
110	Glm	B & T	1908	15			4,5	ohne	24.11.08 neu, 07.12.21 > KPEV 15 067 Frankfurt, 1924 > DRG Stettin 30 045, + 11.1958
111	Glm	B & T	1908	15			4,5	ohne	08.12.08 neu, 07.12.21 > KPEV 15 071 Frankfurt, 1924 > DRG Hannover 27 315, + 1958
112	Glm	Lindner	1909	15			4,5	mit	29.08.09 neu, 07.12.21 > KPEV 15 068 Frankfurt, 1924 > DRG Hannover 3 733, + 1959
113	Glm	Lindner	1909	15			4,5	mit	29.08.09 neu, 07.12.21 > KPEV 15 070 Frankfurt, Reparation nach dem I. Weltkrieg
114	Glm	Lindner	1909	15			4,5	ohne	14.08.09 neu, 07.12.21 > KPEV 14 491 Frankfurt, 1924 > DRG Stettin 23 394, + 08.1959
115	Glm	Lindner	1909	15			4,5	ohne	04.09.09 neu, 07.12.21 > KPEV 14 493 Frankfurt, 1924 > DRG Stettin 30 636, + 09.1959
201	Omk	Union	1904	15,0	8,50	8,37	4,0	mit	10.12.04 neu, abg. 04.10.1967, + 28.05.1969
202	Omk	Union	1904	15,0	8,50	8,38	4,0	mit	10.12.04 neu, + 28.05.1969
203	Omk	Union	1904	15,0	8,50	8,37	4,0	mit	10.12.04 neu, + 13.05.1969
204	Omk	Union	1904	15,0	8,50	8,37	4,0	ohne	10.12.04 neu, 10.08.1925 Umb. in O 251
204"	O	Union	1904	15,0	8,70	7,44	4,5	mit	07.08.1925 ex MKB, + 28.05.1973
205	Omk	Union	1904	15,0	8,50	8,37	4,0	ohne	10.12.04 neu, nach 27.04.11 > KPEV 50 464 Frankfurt, 1924 > DRG Frankfurt 540, + 12.1954
205"	O	Union	1904	15,0			4,5	mit	07.08.1925 ex MKB, Neuaufbau 1925, + 28.05.1973
206	Omk	Union	1904	15,0	8,50	8,37	4,0	ohne	10.12.04 neu, nach 29.04.11 > KPEV 50 465 Frankfurt, 1924 > DRG Würzburg 12 421, + 1937
206	O	Werdau	1905	10,0			6,0	mit	05.01.73 ex Marburger Kreisbahn 110
207	Omk	Union	1904	15,0	8,50	8,37	4,0	ohne	10.12.04 neu, nach 24.04.11 > KPEV 50 466 Frankfurt, 1924 > DRG Frankfurt 20 733, + 1954
208	Omk	Union	1904	15,0	8,50	8,37	4,0	ohne	10.12.04 neu, nach 22.04.11 > Staatsbahn, weiterer Verbleib noch nicht geklärt
209	Omk	B & T	1908	15,0			4,0	mit	26.05.08 neu, nach 19.05.14 > KPEV 50 467 Frankfurt, 1924 > DRG Frankfurt 13 489, + 1958
210	Omk	B & T	1908	15,0			4,0	mit	26.05.08 neu, vor 30.05.14 > KPEV 50 468 Frankfurt, 1924 > DRG Frankfurt 21 286, + 1958
211	Omk	B & T	1908	15,0			4,0	mit	26.05.08 neu, vor 30.05.14 > KPEV 50 469 Frankfurt,1924 > DRG Frankfurt 15 663, + 1958
212	Omk	B & T	1908	15,0			4,0	mit	26.05.08 neu, 09.07.1914 an HHE 288
213	Omk	B & T	1908	15,0			4,0	mit	15.06.08 neu, 09.07.1914 an HHE 289
214	Omk	B & T	1908	15,0			4,0	mit	15.06.08 neu, 09.07.1914 an HHE 290
215	Omk	Uerding	1908	15,0			4,0	ohne	14.03.08 neu, vor 29.08.11 > KPEV 50 482 Frankfurt, Reparation nach dem I. Weltkrieg
216	Omk	Uerding	1908	15,0			4,0	ohne	14.03.08 neu, vor 11.03.14 > KPEV 50 488 Frankfurt, > DRG Frankfurt 34 477, + 1958
217	Omk	Uerdingen	1908	15,0			4,0	ohne	14.03.08 neu, 09.07.1914 an HHE 291
218	Omk	Uerdingen	1908	15,0			4,0	ohne	14.03.08 neu, 09.07.1914 an HHE 292
219	Omk	Uerdingen	1908	15,0			4,0	ohne	14.03.08 neu, 09.07.1914 an HHE 293
220	Omk	Uerdingen	1908	15,0			4,0	ohne	14.03.08 neu, 09.07.1914 an HHE 294
221	Omk	Uerdingen	1908	15,0			4,0	ohne	14.03.08 neu, 09.07.1914 an HHE 295
222	Omk	Uerdingen	1908	15,0			4,0	ohne	14.03.08 neu, vor 05.03.11 > KPEV 50 484 Frankfurt, 1924 > DRG Würzburg 3181, + 10.1935
223	Omk	Uerdingen	1908	15,0			4,0	ohne	14.03.08 neu, vor 05.03.11 > KPEV 50 485 Frankfurt, 1924 > DRG Frankfurt 15 388, + 1958

Fahrzeuge

Güterwagen der Butzbach-Licher-Eisenbahn (Fortsetzung)

224	Omk	Uerdingen	1908	15,0			4,0	ohne	14.03.08 neu, vor 05.03.11 > KPEV 50 486 Frankfurt, 1924 > DRG Würzburg 318, + 04.1933
225	Omk	Uerdingen	1909	15,0			4,0	mit	28.05.09 neu, vor 25.05.12 > KPEV 50 487 Frankfurt, 1924 > DRG Frankfurt 36 791, + 1958
226	Omk	Uerdingen	1909	15,0			4,0	mit	28.05.09 neu, 09.07.1914 an HHE 296
227	Omk	Uerdingen	1909	15,0			4,0	mit	28.05.09 neu, 09.07.1914 an HHE 297
228	Omk	Uerdingen	1909	15,0			4,0	mit	28.05.09 neu, 09.07.1914 an HHE 298
229	Omk	Uerdingen	1909	15,0			4,0	ohne	28.05.09 neu, 09.07.1914 an HHE 299
230	Omk	Uerdingen	1909	15,0			4,0	ohne	28.05.09 neu, 09.07.1914 an HHE 300
231	Omk	Uerdingen	1909	15,0			4,0	ohne	28.05.09 neu, 09.07.1914 an HHE 301
232	Omk	Uerdingen	1909	15,0			4,0	ohne	28.05.09 neu, 09.07.1914 an HHE 302
233	Omk	Uerdingen	1909	15,0			4,0	ohne	28.05.09 neu, 09.07.1914 an HHE 303
234	Omk	Uerdingen	1909	15,0			4,0	ohne	28.05.09 neu, 09.07.1914 an HHE 304
235	Omk	HaWa	1909	15,0			4,0	mit	30.09.09 neu, vor 26.11.15 > KPEV 50 554 Frankfurt, 1924 > DRG Frankfurt 17 970, + 1959
236	Omk	HaWa	1909	15,0			4,0	mit	30.09.09 neu, vor 28.11.15 > KPEV 50 555 Frankfurt, 1924 > DRG Frankfurt 29 461, + 1959
237	Omk	HaWa	1909	15,0			4,0	ohne	30.09.09 neu, vor 23.01.16 > KPEV 50 556 Frankfurt, 1924 > DRG Frankfurt 28 247, + 1959
238	Omk	HaWa	1909	15,0			4,0	ohne	30.09.09 neu, vor 10.10.15 > KPEV 50 557 Frankfurt, 1924 > DRG Würzburg 13 668, + 1959
239	Omk	HaWa	1909	15,0			4,0	ohne	30.09.09 neu, vor 31.12.15 > KPEV 50 558 Frankfurt, Reparation nach dem I. Weltkrieg
240	Omk	HaWa	1909	15,0			4,0	ohne	30.09.09 neu, vor 31.12.15 > KPEV 50 559 Frankfurt, 1924 > DRG Frankfurt 6934, + 10.1934
251	Omk	Union	1904	15,0	8,50	7,8	4,0	ohne	10.08.25 Umb. aus Omk 204, + 30.05.1969
252	Ow	?	?	12,5			4,0	ohne	07.08.1925 ex MKB, ++ vor 1945
253	O	?	?	15,0			4,0	ohne	07.08.1925 ex MKB, ++ vor 1945
254	Ow	?	?	12,5	8,70	6,38	4,0	ohne	07.08.1925 ex MKB, ++ 30.05.1969 als X
501	Km	HaWa	1910	15,0			3,0	ohne	10.08.10 neu, vor 04.08.16 > KPEV 50 483 Frankfurt, 1924 > DRG Elberfeld 7487, + 1960
502	Km	HaWa	1910	15,0			3,0	ohne	10.08.10 neu, vor 04.08.16 > KPEV 50 489 Frankfurt, 1924 > DRG Elberfeld 9578, + 1960

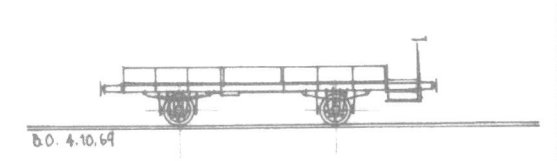

Ein Eigenbau dürfte diese Gleisbiegemaschine gewesen sein. Die Aufnahme entstand im Oktober 1962

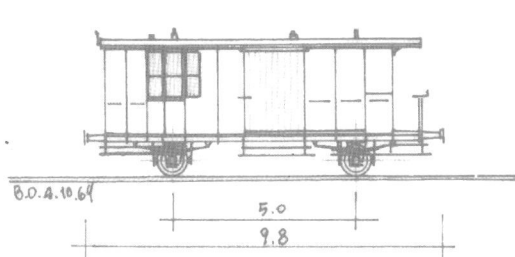

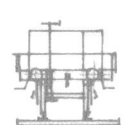

X-Wagen 203 mit Schotter beladen im April 1964 in Griedel

Foto des PWi 52 am 28. Mai 1965. Es ergibt sich ein guter Verleich zur Zeichnung links

Johannes Kroitzsch (2)

Gerd Wolff

Butzbach-Licher Eisenbahn

Fahrzeuge

Güterwagen der BbLE, direkt in den Staatsbahn-Wagenpark eingestellt

BNr.	Bauart	Herst.	Bauj	L.Gew	LüP	Gew.	Radst.	Bemerkung
50 372	Km	HaWa	1910	15,0			3,0	
50 373	Km	HaWa	1910	15,0			3,0	
50 470	Omk	Görlitz	1903	15,0			4,0	30.09.03 neu, 1924 > DRG Frankfurt 23 906, + 1953
50 471	Omk	Görlitz	1903	15,0			4,0	30.09.03 neu, 1924 > DRG Frankfurt 13 602, + 1953
50 472	Omk	Görlitz	1903	15,0			4,0	30.09.03 neu, 1924 > DRG Frankfurt 34 142, + 1953
50 473	Omk	Görlitz	1903	15,0			4,0	30.09.03 neu, 1924 > DRG Frankfurt 21 536, + 1953
50 474	Omk	Görlitz	1903	15,0			4,0	30.09.03 neu, Reparation nach dem I. Weltkrieg
50 475	Omk	Görlitz	1903	15,0			4,0	30.09.03 neu, 1924 > DRG Frankfurt 34 409, + 1953
50 476	Omk	Görlitz	1903	15,0			4,0	30.09.03 neu, 1924 > DRG Frankfurt 33 731, + 1953
50 477	Omk	Görlitz	1903	15,0			4,0	30.09.03 neu, 1924 > DRG Frankfurt 8392, + 03.1934
50 478	Omk	Görlitz	1903	15,0			4,0	30.09.03 neu, 1924 > DRG Frankfurt 39 614, + 07.1953
50 479	Omk	Görlitz	1903	15,0			4,0	30.09.03 neu, 1924 > DRG Frankfurt 17 375, + 1953
50 480	Omk	Görlitz	1903	15,0			4,0	30.09.03 neu, Verlust im I. Weltkrieg
50 481	Omk	Görlitz	1903	15,0			4,0	30.09.03 neu, 1924 > DRG Würzburg 15 289, + vor 1945
50 482	Omk	?	?	15,0			4,0	DRG – Ersatzfahrzeug (nur buchmäßig)

254 erhielten. Der sechste Wagen, ein gedeckter Güterwagen, traf am 22. Februar 1926 in Butzbach Ost ein und erhielt die Betriebsnummer 101. Dieser Wagen wurde fortan als Gerätewagen eingesetzt. Nach dem Zweiten Weltkrieg waren nur noch wenige Fahrzeuge vorhanden und wurden im Binnenverkehr eingesetzt.

4.6 Kleinfahrzeuge

Die Butzbach-Licher Eisenbahn beschaffte im Jahre 1935 ihre erste Motor-Draisine. Gebaut worden war sie von der Firma Dr. Alpers in Hamburg. Ein Einzylinder-Ilo-Motor von 5,2 PS Leistung trieb das zweisitzige Fahrzeug über ein mechanisches Viergang-Getriebe an. Das Fahrzeug war offen. Erst später wurden nach einem Unfall ein stabiles Dach und seitliche Türen eingebaut. Im Jahre 1965 wurde das Fahrzeug abgestellt und ausgemustert.

Ersatz fand sich in Form einer Draisine des Herstellers Beilhack, Rosenheim. Das Fahrzeug war 1949 für die Kleinbahn Kiel - Segeberg gebaut worden und kam 1965 nach Butzbach. Angetrieben wurde das Fahrzeug mittels eines 10 PS Ilo-Motors, der mit einem elektrischen Anlasser gestartet werden konnte. Im Jahre 1980 wurde das Fahrzeug an die Eisenbahnfreunde Wetterau abgegeben und bildete dort den Grundstock für eine inzwischen umfangreiche Draisinensammlung.

Zu diesem Zeitpunkt erwarb die BLE von der DB einen Schwerkleinwagen Typ Klv 01. Dieser erhielt bei der BLE eine umfassende Aufarbeitung und eine rote Lackierung. Im Jahre 1992 wurde das Fahrzeug an die Kassel-Naumburger Eisenbahn abgegeben.

Im März 1967 gelang die Aufnahme der BLE-Draisine in Griedel. Die rot-beige Lackierung entspricht der des VT 65.

Kurt Burlein

Kleinfahrzeuge der Butzbach-Licher-Eisenbahn

BNr.	Herst,	Bauj.	LGew	Radst	Typ	Bemerkungen
1	Alpers	1935				+ 20.10.1965
2	Beilhack	1949			Klv 04	Vmax 45 km/h, 20.10.1965 ex KSE KL 2, 1980 an EFW
3	Schmidt	1946				19.07.1971 ex BSE 3, ++ 1973 n. Brand
501	Robel	1958			Klv 01	1980 ex DB, Bhf. Friedberg, 1992 an KN
Bm 1	Görlitz	1903	2,0	1,27	Kurbel	04.05.03 neu, 05.09.23 Umb. Lang- und Querträger auf U-Eisen, + 30.05.1969
Bm 2	Görlitz	1908	2,0	1,27	Spindel	04.05.08 neu, 15.04.25 Umb. Lang- und Querträger auf U-Eisen, 29.06.1961 an KN
Bm 3	Beuchelt	1909	2,0	1,27	Spindel	01.06.09 neu, 15.04.25 Umb. Lang- und Querträger auf U-Eisen, 1969 Umz. in Nr. 1"
Bm 4	Beuchelt	1909	2,0	1,27	Spindel	01.06.09 neu, 25.04.25 Umb. Lang- und Querträger auf U-Eisen, 1969 Umz. in Nr. 2"

5. Omnibusbetrieb

Ein sehr wichtiger Betriebsteil der Butzbach-Licher Eisenbahn AG ist der Omnibusbetrieb, der sich in den letzten fünfzig Jahren stetig entwickelt hat und heute aus dem Verkehrsgebiet der BLE nicht mehr wegzudenken ist.

5.1 Geschichte und Strecken

Bereits im Jahre 1930 erhielt die Butzbach-Licher Eisenbahn, zunächst vorläufig und auf jederzeitigen Widerruf, eine Omnibus-Konzession für die Strecke Butzbach - Lich - Grünberg. Zum 15. Mai 1930 wurde in Zusammenarbeit mit der Kraftverkehrsgesellschaft "Hessen" in Frankfurt der Linienverkehr zwischen Butzbach und Lich sowie Lich und Grünberg aufgenommen. Zunächst wurden auf jeder der beiden Strecken zwei Zugpaare durch Kraftwagenfahrten ersetzt, denn aufgrund der zurückgehenden Fahrgastzahlen rentierte sich der Einsatz eines Dampfzuges nicht mehr. Eigene Omnibusse wurden nicht beschafft, die Fahrzeuge stellte die staatliche Kraftverkehrsgesellschaft Hessen und später der Omnibusbetrieb Dreischmeier in Lich. Im Jahre 1939 gab es auf der Stammstrecke zwischen Butzbach und Lich insgesamt drei Fahrtenpaare mit dem Bus, die allerdings auf bestimmte Werktage beschränkt waren. Zwischen Lich und Grünberg dagegen hatte der Omnibus mit zwei Fahrtenpaaren bereits den überwiegenden Teil des Verkehrs an sich gezogen, daneben verkehrte nur noch ein werktägliches Zugpaar auf der Schiene. Aber auch der Omnibusverkehr war defizitär, es fielen Fehlbeträge von durchschnittlich 7.000 RM im Jahr an.

Die Konkurrenz durch private Omnibuslinien führte zur Abwanderung von Fahrgästen und bedrohte die Existenz der Butzbach-Licher Eisenbahn. Der "Autoverkehr Butzbach und Umgegend GmbH Gustav Freitag" bediente seit 1927 die Linien Butzbach - Pohlgöns - Niederkleen - Oberkleen - Cleeberg und Butzbach - Griedel - Gambach - Holzheim. Im Winter 1927/28 eröffnete der Gambacher Unternehmer Heinrich Schneider eine Buslinie von Gambach über Holzheim, Grüningen und Watzenborn-Steinberg nach Gießen, die am 1. April 1930 von der Reichspost übernommen wurde.

Wegen des Kriegsbeginns musste 1939 der Kraftomnibusverkehr im Verkehrsgebiet der Butzbach-Licher Eisenbahn wegen Fahrzeug- und Treibstoffmangels eingestellt werden. Bald nach dem Krieg trat jedoch der Omnibus wieder auf den Plan. Trotz einer Rationalisierung des Zugverkehrs durch den Einsatz zweier Triebwagen ab 1949 bzw. 1952 konnte eine etappenweise Umstellung auf Busbetrieb nicht aufgehalten werden. Neben einem günstigeren Anschluss der jeweiligen Ortsmittelpunkte lag der Vorteil des Buseinsatzes darin, dass zusätzlich auch Dörfer ohne Bahnhof verkehrsmäßig erschlossen wurden.

Mit dem Beginn des Winterfahrplanes am 2. Oktober 1949 kam es zu Schienenersatzverkehrsleistungen zwischen Butzbach und Oberkleen. Nach einem Probebetrieb von knapp sechs Wochen wurde der Kraftverkehrsbetrieb offiziell eröffnet. Die von Butzbach über Oberkleen bis Cleeberg verlängerte Strecke wurde am 12. November 1949 feierlich in Betrieb genommen, dieser Termin gilt als die offizielle Betriebseröffnung des Kraftverkehrsbetriebes der BLE. Der Reisezug-Verkehr nach Oberkleen wurde stark eingeschränkt und im September 1956 ganz eingestellt. Den Betrieb führte ein Unternehmer im Auftrag der BLE.

Im Jahre 1950 folgte die Linie Butzbach - Hochelheim. Die Konzessionen für beide Linien wurden am 15. Mai 1951 nachträglich erteilt.

Am 31. März 1952 eröffnete der Kraftverkehrsbetrieb die nächste Strecke von Butzbach nach Dorf Güll, die jedoch bald wieder eingestellt und erst ab 1955 regelmäßig befahren worden ist.

Am 31. März 1952 wurden von den Stadtwerken Gießen die Linien Gießen - Annerod und Gießen - Harbach übernommen, die später

Omnibus der DEGA mit Anhänger vor dem Bahnhofsgebäude in Butzbach Ost

Reinhold Düringer

Butzbach-Licher Eisenbahn 135

Omnibusbetrieb

Die ersten eigenen Omnibusse: Bus 1 und 2 am Bahnhof Butzbach Ost im Jahre 1961

Die Chronik der BLE vermerkt, dass das erste eigene Fahrzeug ein 1955 von der Kleinbahn Frankfurt - Königstein gekaufter Kraftomnibus-Anhänger gewesen sei. Das kann so aber nicht ganz stimmen, da auch die FK damals alle ihre Busse von der DEGA angemietet hatte und die Fahrzeuge erst zum 1. Juli 1956 in das Eigentum der FK übergingen. Daneben befuhren Unternehmer im Auftrag der BLE die Linien, u. a. die Post und die Omnibusbetriebe Nehrlich und Dreischmeier.

Zwei Fahrzeuge des Typs DB O 302 in Butzbach Ost am 2. April 1986

zusammengelegt wurden. Zum 1. Oktober 1954 fuhren die Busse weiter über Ettingshausen nach Queckborn. Als am 4. Oktober 1953 die Einstellung des gesamten Schienenverkehrs zwischen Lich und Grünberg erfolgte, nahm der Kraftverkehrsbetrieb auf dieser Route eine weitere Linie in Betrieb.

Kurzzeitig, vom 23. Oktober 1953 bis zum April 1954, wurden von der Ayers-Kaserne bei Kirch Göns aus Linien nach Gießen, Butzbach und Bad Nauheim befahren.

Im Jahre 1953 wurden sieben Kraftfahrlinien mit einer Gesamtlänge von 98,1 Kilometern betrieben. Es waren dies die Linien Butzbach - Cleeberg, Butzbach - Hochelheim, Butzbach - Camp Kirchgöns, Butzbach - Grüningen, Gießen (Bf) - Harbach, Gießen (Bf) - Annerod und Lich - Grünberg.

Eine am 20. Februar 1954 erteilte Konzession für die Strecke Griedel - Butzbach ist zunächst nicht genutzt worden, dafür wurde am 18. März 1955 der Omnibusverkehr zwischen Wetzlar und Cleeberg aufgenommen.

Im Jahre 1954 waren im Kraftverkehrsbetrieb der BLE neun Omnibusse und zwei Omnibus-Anhänger eingesetzt. Zumindest teilweise handelte es sich dabei um Fahrzeuge, die von der Deutschen Eisenbahn-Gesellschaft AG, Frankfurt, angemietet waren. In Unterlagen der DEGA von 1950 ist jedenfalls vermerkt, dass ein Omnibus-Anhänger an die BLE vermietet war.

Während also die Frage nach den Eigentumsverhältnissen der Omnibusse in den fünfziger Jahren etwas im Dunkeln liegt, ist belegt, dass die BLE ihre ersten eigenen Busse im Jahre 1961 beschafft hat. Denn mit der Aufgabe des Reisezugverkehrs auf der Schiene zwischen

Griedel und Lich am 27. Mai 1961 musste der Verkehr zusätzlich vom Omnibusbetrieb bewältigt werden. Zudem konnte damit das bisher im Reisezugdienst eingesetzte Bahnpersonal jetzt im Kraftverkehrsbetrieb beschäftigt werden.

Im Jahre 1963 umfasste der Omnibusbetrieb der BLE vier Busse sowie einen Anhänger. Ab 1964 kamen mit der Durchführung von Schulsonderverkehren zu Mittelpunktschulen besondere Aufgaben auf die BLE zu. Zu der Busflotte stießen 1964 ein neuer Kraftomnibus und ein Gelegenheitskauf von der Reinheim-Reichelsheimer Eisenbahn hinzu. 1968/72 folgten weitere sechs Fahrzeuge.

Im Jahre 1970 wurde die ehemalige Triebwagenhalle in Butzbach Ost als Buswerkstatt adaptiert und wenig später auch Teile des Lokschuppens für die Wartung der Busse hergerichtet.

Mit den Stadtwerken Butzbach wurde im Jahre 1973 ein Betriebsführungsvertrag abgeschlossen, nach dem am 1. Juli 1973 der Stadtverkehr Butzbach (mit Bedienung des Kernstadtbereichs), die Linie Butzbach - Niederweisel - Ostheim sowie die Arbeiterlinie Niederweisel - Obermörlen auf die BLE übertragen wurde.

Bus 2 (DB O 322) vor dem "Deutschen Haus" im Jahre 1963. In unmittelbarer Nähe lag früher die Abfahrtsstelle Butzbach West

Omnibusbetrieb

Dafür erhielt die BLE zwei Omnibusse von den Stadtwerken treuhänderisch übereignet.

Mit der Aufgabe des Reisezugverkehrs zwischen Butzbach Ost und Bad Nauheim Nord am 31. Mai 1975 erreichte das Busliniennetz eine weitere Ausdehnung. Bereits zuvor fuhren auf dieser Relation in verkehrsschwachen Zeiten, insbesondere an Wochenenden, Busse.

Zum 1. Januar 1978 übernahm die BLE die Betriebsführung der Omnibuslinie Gießen - Bieber (ehemals Biebertalbahn) von der Hessischen Landesbahn; auch hier fuhr bzw. fährt ein Unternehmer im Auftrag der BLE.

Anno 1974 umfasste die Busflotte der BLE 13 eigene Busse und die beiden Butzbacher Fahrzeuge, ferner zwei Lastkraftwagen für die Flächenfracht und den Stückgutverkehr. Bis 1986 war die Linienlänge auf 102 Kilometer und der Fahrzeugbestand auf 22 Linien- und vier Fernreisebusse angewachsen, fast ausschließlich Busse von Daimler-Benz.

Diese reizvolle Aufnahme ist heute nicht mehr möglich. Am 2. April 1986, als das Foto entstand, wurde der Butzbacher Marktplatz dagegen noch im Linienverkehr angefahren

den im September 1983 fertig gestellt.

Zum 1. Dezember 1983 erwarb die BLE den Kraftverkehrsbetrieb der Firma Kurt Nehrlich & Sohn GmbH & Co. KG und damit die Konzessionen für zwei weitere Omnibuslinien: Butzbach - Hausen - Espa - Weiperfelden - Bodenrod sowie Butzbach - Hoch-Weisel - Fauerbach - Wiesental - Münster - Maibach - Bodenrod. Damit steigerten sich die Betriebs- und Verkehrsleistungen um 20% und die Umsatzerlöse um 30%.

Bis 1995 änderte sich beim Kraftverkehrsbetrieb wenig. Zum Linien- und Schülerverkehr war inzwischen der Gelegenheits- und Ausflugsverkehr hinzugekommen, für den vier Reisebusse zur Verfügung standen. Die Beförderungszahlen bewegten sich in dieser Zeit zwischen 1,8 und zwei Millionen Fahrgäste im Jahr. Der Kostendeckungsgrad im Omnibusbetrieb lag zwischen 75 und 80 %, wobei der Gelegenheits- und Ausflugsverkehr ausgeglichen wirtschaftete.

Seit 1995 ist die Betriebsführung der Omnibuslinien nach

Omnibus-Provisorium vor der alten Triebwagenhalle in Butzbach Ost

Zum 15. April 1978 waren nach Auskunft des Betriebsleiters insgesamt 16 Kraftomnibusse vorhanden.

Wegen des stetig anwachsenden Omnibusbestandes der BLE konnten die Fahrzeuge nicht mehr in den provisorisch hergerichteten ehemaligen Schuppen des Eisenbahnbetriebs gewartet werden. In den Jahren 1982/83 wurden deshalb in Butzbach Ost die Triebwagenhalle und die alte Bahnwerkstatt abgerissen, um Platz für eine moderne Omnibushalle mit Werkstatt zu schaffen. Die neuen Anlagen im Himmrichsweg wur-

Bus 851 (DB O 307) an der Haltestelle vor dem DB-Bahnhof Butzbach im Jahre 1989

Butzbach-Licher Eisenbahn

Omnibusbetrieb

Auf der Linie 210 war Bus 932 (FB-LE 818) am 4. April 2003 bei Berstadt-Wohnbach unterwegs

Die Aufgaben der Kreisverkehrsgesellschaften übernimmt ab 2003 der Zweckverband der Oberhessischen Versorgungsbetriebe (ZOV) zentral für den Kreis Gießen, den Wetteraukreis und den Vogelsbergkreis. Die Verkehrsleistungen sollen ab 2004 schrittweise ausgeschrieben werden.

Nachdem die Frankfurt-Königsteiner Eisenbahn im Jahre 1992 ihren Busbetriebshof von Königstein nach Hofheim dem Personenbeförderungsgesetz den beiden Kreisverkehrsgesellschaften (Wetterauer Verkehrsgesellschaft und Verkehrsverbund Gießen) übertragen. Seitdem fährt die BLE im Auftrag der Kreisverkehrsgesellschaften und nicht mehr auf eigene Rechnung, sie erhält hierfür eine marktkonforme Vergütung. Zum 8. Januar 1997 erfolgte die Integration des freigestellten Schülerverkehrs in den öffentlichen Linienverkehr.

verlegt und den alten Busbetriebshof in Königstein endgültig 1997 aufgegeben hat, übernimmt die BLE zur besseren Auslastung der Ressourcen seit 1998 auch Busleistungen der FKE im nördlichen Hochtaunuskreis vom Stützpunkt Usingen aus.

Zur Verbesserung der Wettbewerbsposition erwarb die BLE im August 2000 von Ernst Dreischmeier 50% der Anteile an der Autobus Dreischmeier GmbH, Lich. Mit dieser Firma

Buslinien der Butzbach-Licher Eisenbahn AG

Stand: 2003
Grafik: J. Lerch

bestand seit vielen Jahren eine enge Geschäftsbeziehung. Die andere Hälfte der Gesellschaftsanteile hält die Firma Autobus Sippel in Hofheim.

Im Jahre 2001 war der Omnibus-Fahrzeugpark der BLE auf 36 Fahrzeuge (davon vier angemietet für Eigenleistung) angewachsen. Es wurden zehn Buslinien mit einer Linienlänge von 217 Kilometern betrieben.

Sonderfahrt nach Münzenberg: Am schneereichen 29. Januar 2004 war einer der neuesten Setra-Busse der BLE (Kennzeichen FB-LE 406) unterwegs nach Münzenberg

5.2 Fahrzeuge

Der Fahrzeugbestand an Omnibussen der BLE rekrutierte sich früher fast ausschließlich aus Fahrzeugen des Herstellers Daimler-Benz, ab 1990 Mercedes-Benz. Seit 1999 werden vorwiegend Fahrzeuge von Setra beschafft, einem Bushersteller, der sich ebenfalls unter dem Dach der Daimler-Chrysler AG befindet. Die Fahrzeuge werden seit etwa 1973 mit einer dreistelligen Betriebsnummer versehen, aus deren ersten beiden Stellen das ungefähre Beschaffungsjahr hervorgeht.

Fahrzeugbestandsliste per 30. Dezember 2003

BetrNr	Kennzeichen	Typ	Bauj	Plätze	Bemerkungen
928	FB-LE 525	MB O408	1992	50/49 Pl.	
929	FB-LE 434	MB O408	1992	50/49 Pl.	
931	FB-LE 404	MB O408	1993	50/49 Pl.	(ex FB-AW 140)
932	FB-LE 818	MB O408	1993	50/49 Pl.	(ex MTK-KE 127, ex FB-AW 150), 2002 ex FKE
933	FB-AW 15	MB O408	1993	54/38 Pl.	2002 ex FKE
935	FB-LE 215	MB O408	1993	50/49 Pl.	Standort Hofheim, 2003 ex FKE
936	FB-LE 216	MB O408	1993	50/49 Pl.	Standort Hofheim, 2003 ex FKE
942	FB-AW 67	MB O408	1994	50/49 Pl.	ex FKE
943	FB-AW 83	MB O408	1994	50/49 Pl.	ex FKE
951	FB-AW 41	MB O405	1995	50/49 Pl.	ex FKE
952	FB-AW 74	MB O405	1995	50/49 Pl.	ex FKE
953	FB-AW 75	MB O405	1995	50/49 Pl.	ex FKE, Standort Usingen
957	HG-KE 109	Setra SG321UL	1995	71/64 Pl.	(Betr.Nr. auch 973) Gelenkbus, Standort Hofheim
974	FB-LE 114	MB O408	1997	54/30 Pl.	
985	FB-LE 250	MB O550	1997	55/21 Pl.	
981	FB-LE 240	MB O550	1998	52/40 Pl.	
984	FB-LE 242	MB O550	1998	57/27 Pl.	Standort Usingen
991	FB-LE 290	MB O408	1998	50/46 Pl.	Standort Usingen
992	FB-LE 184	MB O408	1998	50/38 Pl.	Standort Usingen
993	FB-LE 170	Setra 315UL	1999	54/50 Pl.	Standort Usingen
994	FB-LE 200	Setra 315UL	1999	54/50 Pl.	Standort Usingen
003	FB-LE 442	MB O408	1992	50/49 Pl.	
004	FB-LE 477	Setra 315UL	2000	52/39 Pl.	
006	FB-LE 626	Setra 315UL	2000	52/39 Pl.	
	FB-LE 263	MB O408	1993	50/49 Pl.	
	FB-LE 264	MB O408	1993	50/49 Pl.	
	FB-LE 818	MB O408	1993	50/49 Pl.	
	FB-LE 245	Setra 315UL	2001	52/39 Pl.	
	FB-LE 334	Setra 315UL	2001	52/39 Pl.	
	FB-LE 383	Setra 315UL	2001	52/39 Pl.	
	FB-LE 205	Setra 315UL	2002	51/38 Pl.	
	FB-LE 206	Setra 315UL	2002	51/38 Pl.	
	FB-LE 207	Setra 315UL	2002	51/38 Pl.	
	FB-LE 406	Setra 315NF	2003	39/42 Pl.	
	FB-LE 407	Setra 315NF	2003	39/42 Pl.	
	FB-LE 408	Setra 315NF	2003	39/42 Pl.	

Butzbach-Licher Eisenbahn

Omnibusbetrieb

Ehemals vorhandene Omnibusse der BLE

Nr.	Kennz.	Typ	Baujahr	Ausmusterung	Bemerkung
1	FB-AW 1	DB O322	1961		
2	FB-AW 2	DB O322	1961	05.05.73vh	
	FB-A 264	DB O322	1964	05.05.73vh	
	FB-AW 80	DB O322		05.05.73vh	
	FB-K 452	DB O317		01.04.71vh, 26.09.76vh	
	FB-AW 54	DB O317	1969	15.04.78vh, 17.09.81vh	
	FB-AW 21	DB O307		07.10.71vh	
	FB-AW 96	DB O317		12.11.71vh, 26.09.76vh	hohe Fenster
	FB-KH 48	DB O322 (?)		15.04.78vh	
	FB-AW 56	DB O302		15.04.78vh	
	FB-AW 32	DB O302		26.09.76vh, 15.09.78vh	
	FB-AW 75	DB O302 (?)		15.04.78vh	
	FB-AW 51	DB O302		15.04.78vh	Reisewagen
	FB-AW 94	DB O303		15.04.78vh	
	FB-AW 192	DB O307		24.05.84vh	
	FB-AW 47	DB O309		21.04.86vh, 09.09.87vh	Kleinbus
	FB-AW 13	DB O307		02.11.86vh, 05.05.93vh	
	FB-AW 22	DB O307		04.93vh	
662	FB-A 697	DB O302	1966	15.04.78vh, 18.10.78vh	1978 an KNE
701	FB-AK 55	DB O302	1970	05.05.73vh, 15.04.78vh	Reisewagen
742	FB-AW 81	DB O302	1974	15.04.78vh, 2.03.82vh	
761	FB-AW 33	DB O303 (?)	1976	18.10.78vh	
771	FB-AW 575	DB O303	1977	15.04.78vh, 03.05.78vh	54/34 Pl.
772	FB-AW 244	DB O303	1977	13.08.86vh, 09.05.97vh	56/29 Pl.
781	FB-AW 80	DB O307	1978	16.04.87vh, 10.09.87vh	54/46 Pl.
791	FB-AW 185	DB O307	1979	03.11.86vh	56/42 Pl.
801	FB-AW 457	DB	1980	14.06.86vh	45/56 Pl.
802	FB-AW 631	DB O307	1980	01.01.88vh	54/46 Pl.
811	FB-AW 91	DB O307	1981	01.01.88vh	54/46 Pl.
812	FB-AW 304	DB O307	1981	24.05.84vh, 03.11.86vh	54/46 Pl.
813	FB-AW 150	DB O303	1981	31.08.87vh	50 Pl., Reisewagen
815	FB-AW 242	DB O307	1981	19.05.84vh, 25.05.84vh	54/46 Pl.
816	FB-AW 182	DB O307	1981	01.01.88vh	54/46 Pl.
817	FB-AW 411	DB O303	1981	04.12.91vh	53 Pl., Reisewagen
818		DB O303	1981		Reisewagen, 1991 an KNE
821	FB-AW 41	DB	1982	01.01.88vh	56/36 Pl.
822	FB-AW 76	DB O303	1982	01.01.88vh	50 Pl., Reisewagen
832	FB-AW 13	DB O307	1983	01.01.88vh	54/46 Pl.
833	FB-AW 208	DB O307	1983	24.05.84vh, 01.08.89vh	45/54 Pl.
841	FB-AW 54	Setra S210H	1984	05.12.91vh	38 Pl., 1987 ex KNE, 1995 an Heyne, Berga
845		DB O303	1984		Reisewagen, 1991 ex KNE
851	FB-AW 943	DB O307	1985	02.12.91vh	50/39 Pl.
852	FB-AW 81	DB	1985	01.01.88vh	50/24 Pl.
861	FB-AW 9	DB	1986	12.03.97vh	54/44 Pl.
862	FB-AW 19	DB	1986	12.03.97vh	54/39 Pl.
871	FB-AW 453	DB O307	1987	12.03.97vh	54/44 Pl.
872	FB-AW 198	DB O307	1987	22.05.96vh, 12.03.97vh	54/44 Pl.
873	FB-AW 516	DB O307	1987	03.01.92vh, 12.03.97vh	54/44 Pl.
874	FB-AW 838	DB	1987	12.03.97vh	56/26 Pl.
911	FB-AW 48	MB	1991	12.03.97vh	54/54 Pl.
912	MTK-KE 57	MB	1991	(früher amtl. Kz. FB-AW 6)	49/50 Pl.
913	FB-AW 357	MB	1991	12.03.97vh	49/50 Pl.
921	FB-AW 97	MB	1992	12.07.97vh	50/49 Pl.
922	FB-AW 167	MB	1992	12.03.97vh	50/49 Pl.
923	FB-AW 631	MB	1992	18.09.96vh, 12.03.97vh	50/49 Pl.
931	FB-AW 140	MB	1993	12.03.97vh	50/49 Pl.
941	FB-AW 7	MB	1994		45/54 Pl.
961	FB-AW 507	MB	1996	12.03.97vh	60/93 Pl.
971	FB-LE 70	DB	1985	12.03.97vh	60/96 Pl.
001	FB-LE 146	MB	1991		50/48 Pl.
002	FB-LE 147	MB	1991		50/48 Pl.
005	FB-LE 616	MB	1991		50/48 Pl.

6. Eisenbahnfreunde Wetterau e.V.

Vereinsgeschichte

Die Eisenbahnfreunde Wetterau sind mit ihren Eisenbahn-Museumsfahrten von Bad Nauheim nach Münzenberg ein heute fast nicht mehr wegzudenkender Faktor für den Tourismus im Wetteraukreis geworden.

Begonnen hatte alles in ganz bescheidenem Rahmen im Jahre 1974. Damals trafen sich sechs Eisenbahnfreunde in der Gaststätte "Hanauer Hof" in Friedberg, um über das gemeinsame Hobby zu reden. Hauptsächlich ging es um die Modellbahn. Die Treffs fanden regelmäßig alle 14 Tage statt, und schon bald, am 23. August 1974, wurde ein eingetragener Verein, eben der "Eisenbahnfreunde Wetterau e.V." (EFW), gegründet.

Auf die Dauer war ein Lokal für die regelmäßigen Treffen aber weniger geeignet, so dass nach eigenen Räumlichkeiten gesucht wurde. Fündig wurde man in Bad Nauheim, wo das ehemalige Aufenthaltsgebäude für die Bahnarbeiter der DB entbehrlich war und abgerissen werden sollte. Nach erfolgreichen Bemühungen konnte das Gebäude und das dazugehörige Gelände gepachtet werden.

Das recht desolate Gebäude wurde saniert und mit Eisenbahnutensilien ausgestattet, so dass ein gemütliches Clubheim entstand. Man begann mit dem Aufbau einer Modellbahnanlage. Diese Aktivitäten fanden aber ein jähes Ende, als bei einem Einbruch die Modellbahn völlig zerstört wurde.

Inzwischen ging bei den Mitgliedern der Trend von der Modellbahn weg und hin zum

Sonderzüge auf BLE-Strecken gab es bereits vor der Gründung der Eisenbahnfreunde Wetterau. Am 14. Oktober 1973 war eine Triebwageneinheit der Kleinbahn Frankfurt-Königstein bei der BLE, hier neben VT 65 in Butzbach Ost

Auch 24 009 war schon bei der BLE zu Gast. Am 23. Oktober 1982 zieht die Lok ihren Sonderzug bei Griedel

Eisenbahnfreunde Wetterau

Theaterbeleuchtung bei einer Sonderfahrt mit Lok 1. Am 12. Oktober 1997 ist der Sonderzug unweit von Oberhörgern unterwegs

großen Vorbild. So plante man 1976 in Zusammenarbeit mit der Deutschen Museums-Eisenbahn in Darmstadt Sonderfahrten mit der Mallet-Dampflok 98 727 von Bad Nauheim Nord nach Münzenberg. Die Fahrten am 25./26. September und 2./3. Oktober 1976, als nach fünf Jahren erstmals wieder ein Dampfzug auf den Gleisen der Butzbach-Licher Eisenbahn verkehrte, fanden bei der Bevölkerung ein überwältigendes Echo.

Nun bildeten sich unter den Mitgliedern langsam die Museumseisenbahner heraus. Erste Utensilien, wie ein Form-Hauptsignal oder ein Wasserkran, wurden beschafft und auf dem Gelände aufgestellt. Bald wurden die ersten Wagen beschafft, die nach einer Restaurierung eingesetzt werden konnten. Die ersten Einsätze erfolgten während des Steinfurther Rosenfestes im Juli 1980. Im September 1980 konnten dann von den Eisenbahnfreunden Wetterau die ersten eigenen öffentlichen Fahrten mit diesen Wagen und Lok V116 der BLE organisiert werden.

Zu dieser Zeit trafen auch die ersten Draisinen in Bad Nauheim ein. Im Jahre 1980 waren zwei Draisinen vorhanden, für die zunächst ein Wellblechschuppen errichtet wurde. Die Fahrzeuge wurden umfassend restauriert, wobei dies fast einem Neubau glich. Im Laufe der Zeit fanden zahlreiche weitere Draisinen den Weg nach Bad Nauheim. Auf dem Vereinsgelände entstand in den Jahren 1985/86 eine massive 150 Quadratmeter große Fahrzeug- und Werkstatthalle für diese Fahrzeuge. Die drei Hallengleise stoßen rechtwinklig auf das Anschlussgleis des Vereins, so dass die Draisinen hier mit ihrer Wendeeinrichtung eingesetzt werden können. Diese Abteilung nannte sich bald "Deutsche Draisinen-Sammlung (DDS)".

Auf dem Streckenabschnitt zwischen Steinfurth und Oppershofen zieht Lok 2 in Höhe der Nonnen-Mühle ihren Personenzug am 13. Mai 2001 durch die blühenden Frühjahrswiesen.

Andreas Christopher (2)

Eisenbahnfreunde Wetterau

Andreas Christopher

Mächtig Dampf macht Lok 1 am 28. Juli 1991 bei Oberhörgern

Aber auch die ersten eigenen Lokomotiven wurden beschafft. 1981 und 1983 kamen ehemalige DB-Kleinloks der Leistungsgruppe I zum Verein, die anschließend von der Jugendgruppe aufgearbeitet wurden. Im Jahr 1982 traf mit einer Werksbahnlok der Hornitex-Werke in Nidda die erste Dampflokomotive auf dem Vereinsgelände ein. Schließlich war 1983 das Zugangsjahr für eine große Diesellok der bekannten Type V36, die im Laufe der Jahre als EFW 2 mustergültig aufgearbeitet worden ist.

Als Dauerleihgabe der Basaltwerke Nickel wurde 1985 mit Dampflok 1 der Marburger Kreisbahn eine Privatbahndampflok übernom-

Lokomotiven

1 Cn2t Henschel 6676/04, Typ Bismarck, 1987 ex Basaltwerk Nickel, Dreihausen [Denkmal], 1972 ex Marburger Kreisbahn (1), 03vh

2 C-dh BMAG 11458/42, WR360C, 1983 ex Aktien-Zuckerfabrik Wetterau, Friedberg (1), ex Wehrmacht, 03iE

3 B-dh Gmeinder 4677/51, Kleinlok Lg II, 21.05.2003 über Bahnbedarf Bad Orb ex Mitteldeutsche Hartstein-Industrie, Wächtersbach, 1981 ex DB 322 182, ex Köf 6128

 Bn2t Humboldt 661/10, 1982 ex Hornitex, Nidda, ex Kronprinz AG, Solingen-Ohligs, 1992 an Förderverein Ruhrtalbahn

 B-dm Windhoff 270/35, Kleinlok Lg I, 1981 ex Raiffeisen-Kraftfutter, Würzburg, 1955 ex DB Kö 0110, 1990 an Eisenbahnfreunde Kraichgau, Sinzheim, 99abg

 B-dm Essl 4290/36, Kleinlok Lg I, 1983 ex Schwarz & Ulrich, Kohlenhandlung, Friedberg, 1972 ex DB 311 188, ex Kö 0188, 1999 an Eisenbahnfreunde Betzdorf

 B-dm Breuer 082/54, Typ IV, 1986 ex Rhenus AG, Hanau, 1987 an Westfälische Landes-Eisenbahn (16)

 B-dm Deutz 56411/56, A4L517R, 1990 ex Aktien-Zuckerfabrik Wetterau, Friedberg (2), 1994 an Mainische Feldbahnen, Schwerte/Ruhr

 B-dh Deutz 57321/60, Kleinlok Lg II, 11/2003 über Eisenbahn-Tradition, Lengerich ex Deutsche Hyperphosphat, Chemische Fabrik Budenheim (5), 1982 ex DB 323 219, ex Köf 6463

 B-dm Deutz 46918/42, A6M517, 1987 ex Dunlop AG, Hanau (16), 1994 an Privat [Faust], Hanau

 B-dm Jung 11420/50, DN233, 11/1986 ex Jean Uhrmacher, Basaltwerk, Enspel, ++ 1990

Butzbach-Licher Eisenbahn

Eisenbahnfreunde Wetterau

Auch die normalen Betriebsloks der BLE kamen vor Sonderzügen zum Einsatz, so V 13 am 1. Mai 1998 bei Griedel

Andreas Christopher

men. Am 2. Mai 1987 wurde die Maschine mittels Tieflader von Dreihausen nach Darmstadt-Kranichstein zur Aufarbeitung transportiert. Später erfolgte die weitere Aufarbeitung in der Werkstatt Lengerich-Hohne der Teutoburger Wald-Eisenbahn. Erst 1990 traf die Maschine nach einem Arbeitsumfang von mehr als 5.000 Arbeitsstunden betriebsfähig in Bad Nauheim ein und wurde ab dem 25. August 1990 vor den Museumszügen eingesetzt. Vom Typ her ist sie sehr ähnlich den Lokomotiven der Erstausstattung der BLE und eignet sich von daher sehr gut als Zuglok des auf der BLE verkehrenden Museumszuges.

Voraussetzung für den Betrieb einer Dampflok war jedoch ihre geschützte Unterbringung. Dies erforderte den Bau einer vereinseigenen Fahrzeughalle. Nach umfangreichen Planungen und Diskussionen entschied man sich für eine moderne Stahlbaukonstruktion mit zwei Hallengleisen und einer überdachten Abstellmöglichkeit neben der Halle. Von Mai 1992 bis Ende 1993 wurde die Fahrzeughalle gebaut. Ohne die finanzielle und ideelle Unterstützung der Stadt Bad Nauheim wäre ein solches Projekt nicht möglich gewesen. Trotzdem ging die Halle aus finanziellen Gründen vorläufig mit nur einem Gleis in Betrieb. Erst im Jahre 2000 war es dank der großzügigen Unterstützung durch ein privates Unternehmen möglich, die noch fehlende Untersuchungsgrube zu bauen und das zweite Hallengleis zu verlegen.

Personenwagen

27291	Linke-Hofmann-Busch 1929, Gattung Bci 29, 1980 ex ÖBB, ex DR, 1986 an Nassauische Touristikbahn
27342	Westwaggon 1929, Gattung Bi 29, 1981 ex ÖBB, ex DR, 03iE
80843	? 1921, Gattung Cid 21, 1979 ex DB, Bahnhofswagen Ffm 61 327, ex DR
98045	? 1924, Gattung Cid 24, 1980 ex DB, Gleisbauhof Hanau, ex DR
98046	Linke-Hofmann-Busch 1927, Gattung Di 24, ex ??, 03iE
83224	Esslingen 1928, Gattung Cid 27, 1988 ex DB Bauzugwagen Münster 7925, ex DR
87433	AW Duisburg-Wedau 1956, Gattung B3yg, 1993 ex VEhE Dollnstein (3), 1985 ex DB, 03iE
87446	AW Duisburg-Wedau 1956, Gattung B3yg, 1993 ex VEhE Dollnstein (4), 1985 ex DB, 03iE
7139.29	ÖBB-Spantenwagen, Gattung Bi, 1984 ex Wien Nord, 03iE
7139.32	ÖBB-Spantenwagen, Gattung Bi, 1984 ex St. Pölten, 03iE
Hafen	?, Gattung Cid, 1978 ex Städt. Hafenbetriebe Frankfurt, ex Bergedorf-Geesthachter Eisenbahn, 1980 an Arbeitsgemeinschaft Geesthachter Eisenbahn e.V.

Güterwagen

1854 P	? 1912, Gattung ähnl. G 10, 1978 ex Vorortbahn Wilhelmshaven, ex Marinearsenal, 1986 an Nassauische Touristikbahn
G19B	Koprivnicka Vozovka 1921, Gattung G 19B, 1979 ex DB, ex Tschechoslowakei, 1990 an Museum Dieringhausen
102	Westwaggon 1943, 1983 ex Siegener Kreisbahn (102), ex Kleinbahn Weidenau-Deuz
?	?, Gattung G10, 1978 ex DB, ex DR
G 20	ex. DB
61-203	Kesselwagen, Baujahr 1910, nach Unfall verschrottet
115-6	Kesselwagen, ex. Hoechst AG Werk Griesheim, verschrottet
105-7	Kesselwagen, ex. Hoechst AG Werk Griesheim, verschrottet
804	Schüttgutwagen, ex. Hoechst AG Werk Griesheim, verschrottet
206	Flachwagen, ex. BLE (206)
1	Flachwagen, Hersteller ?, Baujahr ?, 2004 Leihgabe Eisenbahnbedarf Bad Nauheim, 2004 ex. RWE Dettingen (Wagen 1)
2	Flachwagen, Hersteller ?, Baujahr ?, 2004 Leihgabe Eisenbahnbedarf Bad Nauheim, 2004 ex. RWE Dettingen (Wagen 2)

Das 1910 errichtete Bahnhofsgebäude Bad Nauheim Nord der BLE wurde vom Verein für einen symbolischen Preis angemietet, um es vor dem Verfall zu retten und für den Museumsbahnbetrieb nutzbar zu machen. Im Jahre 1985 wurde es grundlegend renoviert, wobei der Verein durch die Stadt Bad Nauheim und das Berufsbildungswerk Hessen Süd in Karben unterstützt wurde. Im Winter 2000/01 erhielt der Bahnhof mit Unterstützung eines Dachdeckerunternehmens ein neues Ziegeldach. In seinem Inneren können ein mechanisches Hebelstellwerk, eine Münz-Personenwaage, ein original Fahrkartenschrank und ein mechanischer Fahrkartendrucker besichtigt werden.

Inzwischen war auch dank eines großzügigen Zuschusses der Stadt Bad Nauheim zwischen 1987 und 1990 das Vereinsheim umfangreich saniert worden. Ziegeldach, Gaszentralheizung, Toilettenanlage, Waschraum mit Dusche, fachwerkartig verkleideter Innenraum und gefliester Fußboden sind mit viel Eigenleistung geschaffen worden. Selbstverständlich wurde auch an eine Zapftheke und eine moderne Küche gedacht. Den hinteren Teil des Gebäudes bilden eine kleine Werkstatt und ein Lagerraum.

Dampfbetrieb in der Ayers-Kaserne: Am 1. Oktober 1995 fährt der Sonderzug vor den Kulissen der Kasernengebäude aus dem Militärlager aus

Eisenbahnfreunde Wetterau

Vielleicht einer der längsten Züge, die Lok 1 je zu befördern hatte. Am 27. Juli 1997 musste die kleine Lokomotive vor einem Güterzug bei Oberhörgern ihre ganze Kraft aufbringen

Der Museumsverkehr wurde im Laufe der Zeit ausgebaut. Gab es 1980 nur zwei öffentliche Fahrtage, so waren es im Jahr darauf bereits sechs, die alle abwechselnd mit den BLE-Dieselloks V116 oder V126 durchgeführt wurden. Stand keine der BLE-Loks wegen HU oder Militärzugeinsatz zur Verfügung, wurde eine DB 260 des Bw Giessen ausgeliehen. 1982 gab es mit der angemieteten Lok 24 009 als Triebfahrzeug an drei Betriebstagen wieder Dampfbetrieb auf der BLE zu sehen, daneben weitere Fahrten mit BLE-Diesellok V116 oder V126. Ab 1990 kam die eigene Dampflok EFW 1 zum Einsatz. Ab 1998 wurden die Museumszüge wieder von BLE-Dieselloks gezogen, jetzt von den bereits nostalgischen Jung-Loks V12, V13 oder V17. Seit 13. Mai 2001 kommt die eigene Diesellok EFW 2 zum Einsatz. Die Wiederinbetriebnahme der Dampflok 1 ist für Mitte 2004 geplant.

Die Museumszüge verkehrten vorwiegend in der Relation Bad Nauheim Nord - Griedel - Münzenberg. Früher wurden meist nur zwei Zugpaare pro Betriebstag gefahren, die dann von Griedel aus jeweils auch Butzbach Ost anfuhren. Seit einigen Jahren verkehren drei

Ebenfalls am 27. Juli 1997 rangiert Lok 1 einige beladene Holzwagen in Griedel

In Münzenberg steht Lok 2 der EFW mit ihrem historischen Zug am 13. Mai 2001 zur Abfahrt bereit.

Andreas Christopher (3)

Packwagen

114743	Dessauer Waggonfabrik 1930, Gattung Pwi 30, D2i881, 1979 ex DB, Offenbach Hbf, ex DR, 1986 an Nassauische Touristikbahn
?	?, Gattung Pwi 30, 1979 ex DB, an Berliner Eisenbahnfreunde e.V.
TWE 63	Packwagen, ex Teutoburger Wald Eisenbahn, verkauft an ?
653309	Westwaggon 1942, Gattung Pwgs, 1993 ex VEhE Dollnstein, ex ÖBB, ex DR, 03iE
3491	Westwaggon 1942, ex Westf. Landes-Eisenbahn (3491), 2002 an Oberhessische Eisenbahnfreunde

Zugpaare auf direktem Wege, da das Reisendenaufkommen in Butzbach nur recht mäßig war und den Mehraufwand nicht rechtfertigte. Zeitweise, so zum Beispiel 1996, gab es statt des Endpunktes in Münzenberg auch planmäßige Fahrten nach Pohlgöns. Im Jahre 1991 konnten die Museumszüge wegen des Baus der Brücke über die B3a nur ab Steinfurth verkehren, ebenso zeitweise 1998, als das Bahngelände in Bad Nauheim zum Park & Ride-Platz umgestaltet wurde. Auch im Juni 1986 wurde die BLE im Bereich Bad Nauheim Nord - Brücke Beneckestrasse - für ca. 3 Monate gesperrt, da die Brückenverkleidung baufällig und teilweise eingestürzt war. Museumsfahrten fielen aus, da der Zug im Bf. Bad Nauheim-Nord "gefangen" war.

Zur Eröffnung der Taunusbahn am 3. Oktober 1993 war Lok 1 in Usingen anzutreffen.

Als die BLE ihre Streckenabschnitte Butzbach-Ost - Münzenberg und Bad Nauheim Nord - Griedel stillegen wollten und Anfang 2003 zur Übernahme an Dritte ausschrieben, gab es für die Eisenbahnfreunde Wetterau nur zwei Alternativen: Entweder den Verein auflösen oder die Strecke übernehmen. Nach längerer Überlegung entschied man sich für die zweite Alternative,

Im Rahmen einer Sonderfahrt kam der ehemalige VT 65 wieder auf seiner Stammstrecke zum Einsatz, hier gezogen von einem VT 98 der Oberhessischen Eisenbahnfreunde zwischen Steinfurth und Oppershofen am 26. Mai 2002

Eisenbahnfreunde Wetterau

Nebenfahrzeuge

1. Rottenwagen 25, Gleisbaumechanik Brandenburg, 2003 Leihgabe Deutsche Draisinen Sammlung, ex DB/DR SKL 25.4248

2. Rottenwagen 25, Gleisbaumechanik Brandenburg, 2003 Leihgabe Deutsche Draisinen Sammlung, ex DB/DR SKL 25.4393.

3. Gleismessdraisine Klv 81, 2003 Leihgabe Deutsche Draisinen Sammlung, ex. DB Museum Nürnberg, ex. DB

4. Rottenanhänger GKW-A, 2003 Leihgabe Eisenbahnbedarf Bad Nauheim, ex. DB/DR

Der SKL 25.4 im winterlichen Münzenberg am 22. Dezember 2003

Die ehemalige 322 182 der DB präsentiert sich am 21. Mai 2003 dem Fotografen um den Museumszugverkehr von Bad Nauheim Nord nach Münzenberg zu sichern. Die Eisenbahnfreunde bewarben sich also als künftiger Betreiber. Die EFW gewannen die Ausschreibung und sind seit dem 1. Januar 2004 Infrastrukturbetreiber der Strecken Butzbach Ost - Münzenberg und Bad Nauheim Nord - Griedel. Die Strecken sind von der BLE gepachtet und werden als Anschlussbahn betrieben. Damit begann 2004 für die Eisenbahnfreunde Wetterau eine neue Ära. Neue Aufgaben, wie die Streckenunterhaltung und der amtliche Schriftverkehr, kommen jetzt auf die Mitglieder zu, dafür entfallen Streckenbenutzungsgebühren. Insgesamt sieht der Verein die Entwicklung positiv, da es nach Jahren der Unsicherheit nun klare Ziele gibt.

Matthais Bootz (2)

In Bad Nauheim Nord entstand am 19. Oktober 2002 die Aufnahme von VT 113 und Lok 2 der Eisenbahnfreunde Wetterau

Andreas Christopher

7. Erlebnisse und Erinnerungen an die Butzbach-Licher Eisenbahn

Erinnerungen an Grünberg

Von Wilfried Biedenkopf

Man merkte dem Teilstück Lich - Grünberg so recht an, dass es darauf eingerichtet war, dass sich immer nur ein einziger Zug dort aufhielt, wodurch Kreuzungsbahnhöfe und Signale überflüssig wurden. In Grünberg bestand der großartig "Grünberg Süd" benannte Endpunkt aus einem einzigen Stumpfgleis, dazu einer billigen Wellblechbude, die zur Hälfte als Warte-, zur Hälfte als Dienstraum diente und beim Angriff auf Grünberg am 13. März 1945 völlig zerstört wurde.

Dort war also der einlaufende Zug ohne Umsetzmöglichkeit gefangen; die Lok schiebend am Ende ging es dann etwa 300 Meter weit bis zu den Gleisanlagen, die m. E. dauernd überdimensioniert gewesen sind. Dazwischen aber musste die Landstraße Grünberg - Londorf gequert werden, mit der schiebenden Lok am Zugende nicht ganz ungefährlich. Es gab auch ein paar Unfälle, die glimpflich abliefen, darunter mit dem Inhaber des Gasthofes "Englischer Hof" namens Wagner, was zu einem Prozess führte, da Wagner verletzt worden war.

In dem eigentlichen Bahnhofsgelände befanden sich ein Güterschuppen und ein anderer Schuppen, in dem man wohl eine Lok hätte unterstellen können, nebst Wasserkran. Ein nicht sichtbar gesichertes Verbindungsgleis ermöglichte es, aus dem Staatsbahnhof Grünberg Wagen zu holen oder wieder hinzubringen, wobei jede Fahrt gesondert vom Stellwerk Grünberg West, das später auch Befehlsstellwerk war, genehmigt werden musste, wahrscheinlich durch Weichenabhängigkeit gesichert.

Die schiebende Lok beschleunigte den Wagenzug so, dass er in der Steigung zur jetzigen B49 noch einige zig Meter rollte, währenddessen wich die Lok in ein Nachbargleis aus, die Weiche wurde zurückgelegt und der Zug rollte wieder auf das durchgehende Hauptgleis, woraufhin die Lok sich an die Spitze setzen konnte. Soviel mir bekannt, fuhren die Lokomotiven in Richtung Lich "richtig", in Richtung Grünberg mit Führerhaus voraus.

Alle bisherigen Bewegungen waren nach Nordwesten gerichtet. Die Trasse machte von der Endweiche beginnend fast einen Halbkreis und lief am Hang der Queckborner Höhe, teils im Einschnitt, Richtung Südosten. Teilweise war die Trasse von Hecken gesäumt, also eine Art Vogelschutzgehölz. Man hatte linker Hand einen prächtigen Ausblick auf die Stadt Grünberg, dauernd im Gefälle. Anfangs der fünfziger Jahre setzten Pendler, die vergebens auf den abendlichen Triebwagen gewartet hatten, kurzerhand einen Kleinwagen ein, schoben ihn bis zum Gefällebrechpunkt im Laufe der Schulstraße und fuhren dann auf gut Glück bis Queckborn nur mit der Schwerkraft als Antrieb.

Von meinem Elternhaus in Grünberg konnte man mehr als einen Kilometer der Strecke einsehen, etwa km 35,4 bis km 36,6. Ich hatte den Eindruck, dass das Gefällemaß nicht einheitlich war. Es schien dort, wo die Trasse sich wieder nach Westen gewandt hatte, am stärksten zu sein. Wenn in Grünberg Gallusmarkt war, keuchte dort mit unheimlicher Rauchentwicklung ein schwerer Sonderzug hinauf, der vermutlich alle gerade bereit stehenden Personen-

Personenzug bei Grünberg

Streckenwanderung auf der BLE mit Andreas Christopher, Wilfried Biedenkopf und Dr. Walter Haberling am 5. Mai 1991 in Lich

Erlebnisse und Erinnerungen

wagen umfasste. Er kam nach 9 Uhr an, der fahrplanmäßige Zug folgte mit Ankunft etwa 10:40 Uhr. Dann und nur dann befanden sich im Grünberger Bahnhof der BLE gleichzeitig zwei Lokomotiven.

Dipl.-Ing. Wilfried Biedenkopf, * 19. Januar 1923 in Grünberg, † 15. März 2003 in Unterpleichfeld. Schon als Jugendlicher interessierte er sich für das Eisenbahnwesen. Während seines Bauingenieurstudiums in Darmstadt verwaltete er das bekannte Eisenbahn-Bildarchiv der TH Darmstadt. 1949 hat Wilfried Biedenkopf die Arbeitsgemeinschaft "Sterbende Bahnen" ins Leben gerufen, die zu einer Zeit, als es nur wenige Kleinbahnfreunde gab, wichtige Dokumentationsarbeit geleistet hat. Seine "Bahnblätter", eine Datensammlung jeweils für eine bestimmte Bahn, gingen von Hand zu Hand und kamen mit Ergänzungen und Hinweisen zurück. Nach dem Studium war er in Ludwigshafen, Würzburg und zuletzt in Mainz tätig. In dieser Zeit gab es in einem Mainzer Weinlokal regelmäßig einen "Kleinbahner-Stammtisch" in illustrer Runde, auch gemeinsame Trassenwanderungen auf stillgelegten Eisenbahnstrecken wurden unternommen. Die letzte dieser Wanderungen führte am 4. September 2002 von Oechsen nach Wenigentaft in der Rhön.

Der "18:25-Uhr-Zug" auf der Fahrt bei Griedel am 10. September 1968

Der 18:25-Uhr-Zug

Von Andreas Christopher

Erst zum Sommer 1967 tauchte im Fahrplan der BLE ein etwas kurioser Zug auf, der werktags außer samstags um 18:25 Uhr von Bad Nauheim Nord nach Griedel verkehrte und im Kursbuch mit dem Vermerk "verkehrt auf jederzeitigen Widerruf" versehen war. Es war dies die Gegenleistung zum werktäglichen Güterzug, der abends aus der Wetterau kommend in Bad Nauheim Nord eintraf und als Güterzugbegleitwagen den Wagen BDi 25 mitführte. Eben dieser Wagen, halb Pack- und halb Personenwagen, war dann der ganze Wagenpark des lokbespannten Zuges.

Dieser Zug 54 verkehrte eigentlich immer. Wenn man Glück hatte, und das kam gar nicht so selten vor, war die Diesellok V85 ausgefallen, und der Zug wurde von einer der Dampflokomotiven gezogen. Die 30 Sitzplätze in dem Personenwagen waren immer bis auf den letzten Platz besetzt, jeder Pendler hatte seinen Stammplatz.

Dieser Zug, den ich oft in Bad Nauheim stehen sah, reizte mich als Jugendlicher sehr. Ich wollte gern mitfahren. An einem schönen Sommertag hatte ich meine Idee bei den Eltern durchgesetzt. Meine Mutter und ich fuhren im Zug mit, und mein Vater holte uns um 18:50 Uhr mit dem PKW in Griedel ab.

Natürlich waren wir schon lange vor der Abfahrt des Zuges in Bad Nauheim Nord auf dem Bahnsteig. Dort stand noch der Triebwagen VT 65, der zwanzig Minuten vorher als Zug 52 nach Butzbach Ost fuhr. Und dahinter wartete Lok V 85 wie immer mit dem BD 25. Als wir einstiegen, war er noch leer, und wir waren die ersten Fahrgäste. Aber fünf Minuten vor der Abfahrt begann er sich zu füllen. Zur Abfahrtszeit, um 18:25 Uhr, mussten dann genau zwei der regelmäßig mitfahrenden Berufspendler stehen; sie warfen uns einen bösen Blick zu und

Lok 146 am 10. September 1968 in Bad Nauheim Nord. Als Hintergrund dient die alte Saline

Kurt Burlein (2)

Erlebnisse und Erinnerungen

stellten sich dann auf die Wagenplattform. Aber bereits in Steinfurth war der Wagen halb leer, und als wir um 18:44 Uhr in Rockenberg mit dem Triebwagen gekreuzt hatten, waren wir die einzigen Fahrgäste.

Im Sommerfahrplan 1971 war der Zug um 18:25 Uhr ab Bad Nauheim Nord letztmals in den Fahrplänen enthalten.

Die Butzbach-Licher Eisenbahn als Filmstar

Um 1970 wurde ein Kriminalfilm gedreht, bei dem die BLE eine wichtige Rolle spielte. Der Hauptdarsteller des Films "Fahrlässige Tötung" war Günther Michelsen, die Regie hatte Pete Ariel, die Kamera führte Willy Sedler.

Hier die Handlung in Kurzfassung: Erich Arnold lebt mit seiner Frau Erna und seinem Sohn Daniel in einem Haus in der Nähe einer Großstadt. Die Arnolds führen eine harmonische Ehe. Ihr Alltag verläuft normal. Es gibt keine außergewöhnlichen Ereignisse in ihrem Leben. Arnold fährt täglich mit dem Zug in die Stadt. Er arbeitet beim Senat als Ingenieur und überprüft Bauaufträge.

Als Daniel ihn eines Tages wie sonst auch vom Bahnhof abholen will, wird er von einem Auto angefahren. Bei dem Versuch, den Unfall zu verhindern, wird Arnold selbst verletzt, Daniel stirbt an den Folgen des Unfalls. Arnold hat sich einen Arm gebrochen und einen Schock erlitten. Der Fahrer des Wagens ist nach dem Unfall weitergefahren und hat sich nicht um die Folgen gekümmert.

Die Polizei nimmt ihre Routinearbeit auf.

Am 12. Juni 1970 steht Lok 204 in Bad Nauheim Nord bereit zur Abfahrt

Die gefundenen Spuren, Streuscheibenreste und Lackspuren an Daniels Hose, decken sich mit den Aussagen von Arnold und einem zweiten Zeugen, Herrn Vogel. Beide erinnern sich an das Modell des Wagens, die Farbe, beide haben das Gesicht des Fahrers gesehen, Herr Vogel erinnert sich an Teile des Kennzeichens.

Erich Arnolds Verhalten wird durch den Unfall und den Verlust seines Sohnes bestimmt. Seine Frau reagiert praktischer. Für sie geht das Leben seinen gewohnten Gang. Ihr Sohn ist tot. Vielleicht dauert es sehr lange, bis sie den Verlust überwunden hat, aber sie wird sich damit abfinden. Arnold verwendet seine ganze Kraft

"Klappe" für "Fahrlässige Tötung"

und Zeit darauf, mit seinem Konflikt fertig zu werden. Er will den Tod seines Sohnes rächen. Arnold stellt selbst Nachforschungen an und erkundigt sich jeden Tag bei der Polizei über den Stand der Ermittlungen. Die täglichen Gänge zum Mann am Bahndamm, dem zweiten Zeugen, zum Friedhof, zum Spielplatz sind inzwischen zu Ritualen ohne Inhalt erstarrt. Arnold nimmt keinen Anteil an seiner Umgebung, im Gegenteil, er verstrickt alle Leute in seine Probleme. Ohne Rücksicht minimalisiert er die Ansprüche seiner Gesprächspartner und reduziert sie auf seinen Konflikt. Der Unfall, die Rache, die Bösartigkeit einer Welt voller potentieller Mörder sind sein einziger Gesprächsstoff, wenn er nicht schweigt oder weggeht. Selbst seine Frau ist nicht mehr willens, sich seiner willkürlichen Laune auszusetzen. Aus dem besonnenen und zuverlässigen Arnold ist ein sprunghaft reagierender, aggressiver Mann geworden. Arnold strukturiert seine Umwelt so um, dass sie sich gegen ihn wendet und er die Folgen seines unberechenbaren Verhaltens spürt.

Dreharbeiten im VB 121

Erlebnisse und Erinnerungen

Eisenbahninspektor Scholz auf dem Dampflok-Führerstand. Er war nach Stillegung der Biebertalbahn nach Butzbach gekommen und lebte für seine Bahnen. Es war ihm gar nicht recht, als er mit 65 in den Ruhestand gehen "mußte"

Arnold sucht und findet den Mörder Daniels, wird jedoch seines vermeintlichen Triumphes nicht froh. Die Konfrontation und schließlich die Unfähigkeit, seinen Rachegedanken zu realisieren, bringen ihn zu einer einsichtigen Haltung und zu einer Erkenntnis seiner Situation und seines Verhaltens.

Erinnerungen an den schlesischen Werkmeister, Herrn Eisenbahn-Inspektor Scholz und die BLE

Von Klaus-Peter Quill

Als meine Großeltern mit mir 1945 aus unserer schlesischen Heimat vertrieben wurden, führte uns die Evakuierung über Görlitz nach Dinklage in Oldenburg. Dort hatte mich dann wohl der "Eisenbahnbazillus" erwischt, denn seitdem keimte die Liebe zur Kleinbahn in mir auf. Es war schon etwas Besonderes, wenn man als heimatvertriebener Junge, und dazu noch evangelisch, abends mit der Betriebslok zum Wasserfassen bis zum Hopener Mühlenbach mitfahren durfte!

1952 erfuhr mein inzwischen aus der Kriegsgefangenschaft heimgekehrter Vater, dass Kinder Heimatvertriebener, die ihre Berufsausbildung in einer Stadt außerhalb Niedersachsens antreten, eben diese Ausbildung vom Jugend- und Sozialamt bezahlt bekommen. So kam ich 1953 nach Frankfurt am Main in ein Lehrlingsheim und lernte Karosseriebauer. Mit einem Mitlehrling sprach ich eines Tages über mein Lieblingsthema Eisenbahn. "Ei", meinte der, "bei uns in der Wetterau gibt's auch so was". Ein paar Jahre später ergab sich dann die erste Fahrt zur Butzbach-Licher Eisenbahn. Doch zu der Zeit hatte ich nur eine Agfa-Box und konnte damit keine vernünftigen Bilder machen. Es blieb beim Staunen! Doch erste Kontakte zum Betriebsleiter Will und zum Werkstattpersonal konnte ich knüpfen.

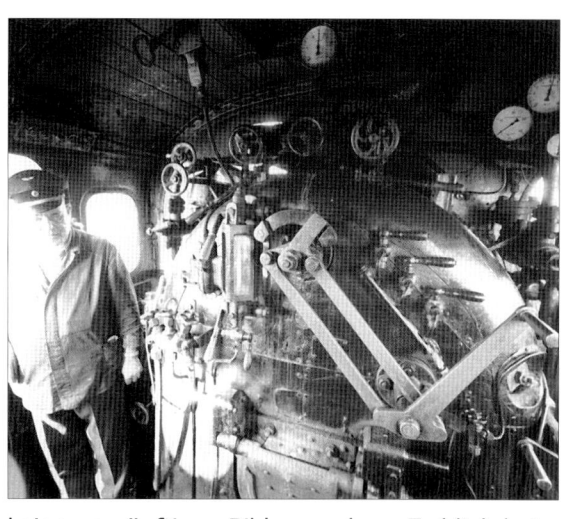

Anfang der sechziger Jahre, ich hatte mittlerweile den Beruf gewechselt und war bei der Post, hatte ich nachmittags öfter Gelegenheit, mit dem Motorrad oder später mit meinem Opel-Kadett nach Butzbach zu fahren. Mit Werkmeister Scholz, der auf dem Umweg über die Kleinbahn Gießen - Bieber nach Butzbach gekommen war, entwickelte sich ein recht freundschaftliches Verhältnis, zumal er erfuhr, dass auch ich aus Schlesien kam. Brieg, Breslau, Bunzlau, Grünberg, Jauer, das waren für ihn lebendige Erinnerungen, und so hatte er trotz seiner Arbeit immer ein offenes Ohr für meine Fragen. Betriebsmittelverzeichnisse und Zeichnungen durfte ich einsehen und soweit es ging abschreiben und fotografieren.

Am Donnerstag, dem 1. Oktober 1964 war auf der Post nicht so viel zu tun und so fuhr ich am frühen Nachmittag nach Butzbach und fotografierte die ausgemusterten Personenwagen auf Bahnhof Griedel. Als ich die Fabrikschilder sah, dachte ich, eigentlich werden die doch auch mit verschrottet. Ich ging zu Werkmeister Scholz nach Butzbach Ost. "Na, was willste denn schon wieder?", meinte er augenzwinkernd. Ich wollte mal fragen, ob ich die Schilder von den abgestellten Wagen haben kann, war meine Antwort. "Du bist doch Schlosser, hier hast Du einen Körner, einen Durchschlag, eine Bohrmaschine mit Bohrer und einen Hammer und nun sieh zu ...". Hocherfreut nahm ich das Werkzeug und machte mich in Griedel ans Werk. Mein Tun wurde von einem Herrn mit Fotoapparat beäugt. Ob mich etwas zu meinem Handeln gefragt hat, weiß ich heute nicht mehr, jedenfalls entstand ein Foto darüber, das sich im Archiv der Butzbacher Zeitung wieder fand!

Die Jahre vergingen, Betriebsleiter Will wurde von Herrn Mäkel ersetzt. Bei der DEG trat die Nachfolge von Herrn Schillmöller Herr Aschphalt an. Peter Koch, selbst Eisenbahnfreund in DEG-Diensten, unterstützte mich weiter bei meinen BLE-Nachforschungen. Ihm habe ich auch eine Mitfahrgenehmigung auf der Dampflok 1151 im "halben Personenzug" von Bad Nauheim Nord bis Rockenberg zu verdanken.

Klaus-Peter Quill beim "Schilderklau" in Griedel am 1. Oktober 1964

Damals konnte ich, es war wohl im November und schon stockdunkel, erst richtig begreifen, wie gefährlich der Beruf des Lokführers ist, der in finsterer Nacht wie blind ins Dunkle fährt - von wahnsinnigen Autofahrern, die trotz Warnsignalen kurz vor einigen Bahnübergängen noch überholen.

Die herrliche Dampflokzeit ist dahin, die Kontakte zur DEG bzw. zur Nachfolgegesellschaft ebenfalls, Kleinbahnerlebnisse der besonderen Art wird es nie mehr geben! Mit Wehmut betrachte ich meine Schilder an der Wand: "Beuchelt & Co. Grünberg - Schlesien 1903", "Aktien-Gesellschaft für Fabrikation von Eisenbahn-Material zu Goerlitz 1909", sowie den Signalflügel vom Einfahrsignal Butzbach-Ost, der beinahe nicht in meinen Opel-Kadett gepasst hätte ... vorbei!

Der Pflegesohn des Lokführers

Von Günter Schöffler

Bisweilen ist ein "Dampfzuschlag" fällig, wenn vorn am Zug eine Lokomotive qualmen soll. Als im ersten Jahrzehnt des vorigen Jahrhunderts das "Bimbelche" durch Muschenheim dampfte, war solche Traktionsart zuschlagsfrei. Im Garten meiner Großeltern, ganz nah am Gleis, stand des öfteren meine spätere Tante Anna pochenden Herzens, um Ausschau nach einem feschen Lokführer zu halten. Aus beiden wurde ein Paar. Nach dem Ersten Weltkrieg bezogen sie eine Wohnung in Sichtweite des Bahnhofs Butzbach Ost. Nach dem Zweiten Weltkrieg lebte ich bei ihnen - der "Pflegesohn" auf dem "Personenausweis Nr. 190" der Butzbach-Licher Eisenbahn bin nämlich ich. Erzählen will ich allerdings von meinem Vater.

Er ging, anders als seine Schwester, in besagten Garten beim "Bimbelche" lediglich zum Arbeiten. Nach der Schulentlassung 1913 verbandelte er sich mit der BLE, als Lehrling für den Betriebsdienst. Nach dem Lehrabschluss durfte er, weil viele gestandene Eisenbahner Soldatendienst tun mußten, schon eine Art Bahnhofsvorsteher von Münzenberg und Griedel abgeben, fast noch ein "Bub". Im Jahr 1924 ereilte ihn ein, in damaliger Zeit nicht seltenes, Eisenbahnerschicksal: er wurde aus der lieblichen Wetterau nach Hinterpommern versetzt. Eine dortige "Kleinbahn Chottschow - Garzigar", 1910 in Betrieb genommen, wurde wie die BLE von der "Eisenbahnbau- und Betriebsgesellschaft Lenz & Co." betrieben. (Der Bauunternehmer Friedrich Lenz hatte übrigens in jenem Pommern 1882 seine allererste Kleinbahn von Altdamm nach Kolberg in Gang gesetzt).

Zu seiner Hochzeit musste mein späterer Vater quer durch Deutschland nach Bellersheim fahren. Seine junge Frau reiste einige Monate später ins Pommersche nach. Da war ihr Ehegespons als "Eisenbahn-Diätar" gerade in die "Pensionskasse Deutscher Privateisenbahnen" aufgenommen worden; sein Monatsgehalt 155 Reichsmark. Als er 1927 wiederum versetzt wurde, diesmal in die Mark Brandenburg, waren gerade mal 5 RM dazugekommen. Die "Strausberg - Herzfelder Kleinbahn" (SHK), welche seit 1896 die Produkte mehrerer Ziegeleien in Richtung Berlin transportierte, war wiederum eine Lenz-Bahn. (Der Technische Direktor der gesamten GmbH, Max Semke, war in jener Zeit, nebenbei bemerkt, Vorstand sowohl bei der BLE als auch bei der SHK!).

Gegen Ende des Zweiten Weltkrieges, im April 1945, war die rote Armee dabei, die letzte Front an der Oder zu durchbrechen, als ein Panzerreparaturzug der Wehrmacht, in einem Wald nahe Herzfelde verborgen, nach Strausberg und dann weiter nach Berlin gebracht werden sollte. Die Evakuierung der Zivilbevölkerung war da schon angelaufen, so dass mein Vater als stellvertretender Betriebsleiter selbst die Lok fuhr. Zu uns nach Hause zurückgekehrt, versuchten wir zu Fuß mit einem Handwagen zur anglo-amerikanischen Front zu kommen. Die sowjetischen Truppen erreichten uns schon südöstlich der damaligen Reichshauptstadt. Wir zogen daraufhin nach Herzfelde zurück. Das Bahnhofsgebäude hatte lediglich eine Panzergranate abbekommen. Nur wenige Tage später, am 29. April, verhaftete eine sowjetische Streife meinen Vater. Von diesem schrecklichen Moment an wussten, über Jahre hinweg, weder wir von ihm noch er von uns, ob, wo und wie wir lebten.

Es ging uns als Familie eines Inhaftierten besonders schlecht. So schloss ich mich im April 1947 einer Frau aus dem Dorf, die irgendwohin "nach drüben" wollte, an. Über die Grenze zur britischen Besatzungszone schlichen wir nachts bei Hötensleben - auf dem Gleis der "Oschersleben - Schöninger Eisenbahn", auch eine Lenz-Bahn! Im Bahnhof Kreiensen passierte der illegale Übertritt in die amerikanische Zone. So kam

Bescheinigung für Fritz Schöffler und Freifahrtschein für Günter Schöffler

Erlebnisse und Erinnerungen

Militärverkehr auf der BLE: Loks 146 und 142 vor einem schweren Militärzug bei Pohlgöns am 1. September 1966

ich als körperlich kleiner, halb verhungerter Knabe von gerade mal 13 Jahren in Butzbach an und wurde der "Pflegesohn" des Lokführers Rudolf Biermann und meiner Tante Anna.

Der sowjetische NKWD ("Volkskommissariat für Innere Angelegenheiten"), der meinen Vater verhaftet hatte, unterhielt in der sowjetischen Besatzungszone, von 1945 bis 1950, zehn Internierungslager, in deren Jargon "Speziallager". Eigentlich für Kriegsverbrecher, Funktionäre und sonst wie belastete Deutsche gedacht, wurden darin auch viele Mitläufer und gänzlich Unschuldige eingesperrt. Mein Vater vermutete, dass man ihm jenen Abtransport des Panzerreparaturzuges anlastete, doch erhielt er, wie die allermeisten Häftlinge, keinerlei gerichtliche Behandlung. Als er gegen Ende 1945 von einem Sammellager in Landsberg/Warthe zu dem Speziallager Nr. 2 transportiert wurde, hatte er sich irgendwie einen Zettel Papier und einen Bleistiftstummel verschafft. Er schrieb eine Nachricht an uns und ließ sie, als der Zug Strausberg passierte, durch eine Bodenritze des Güterwagens fallen. Sie hatte uns nicht erreicht.

Das Speziallager Nr. 2 war das vormalige KZ Buchenwald bei Weimar. Mein Vater wurde daraus im Sommer 1948 mit einer für ihn unendlich wichtigen, aber bewusst nichts sagenden Bescheinigung entlassen. Als er in der nächsten Nacht an die Wohnungstür klopfte, wusste meine Mutter sofort, dass er es war.

Die Strausberg - Herzfelder Kleinbahn war 1947 den "Landesbahnen Brandenburg" und 1949 der Deutschen Reichsbahn zugeschlagen worden. Mein Vater wurde bald nach seiner Rückkehr aus dem Lager als "Dienststellenvorsteher" der Strecke eingesetzt - niemand hatte ihm persönlich etwas vorzuwerfen. In der Haft war ihm bedeutet worden, dass er einen Teil der gewaltigen Schuld des deutschen Volkes abzutragen hätte.

Ich bin im Sommer 1950 zu meinen Eltern, die wieder im Bahnhof Herzfelde wohnten, zurückgekehrt. Noch in den ersten Semestern meines Studiums an der Hochschule für Verkehrswesen in Dresden wurde mir gelegentlich eine Fahrt nach Butzbach erlaubt - nach Vorlage des "Personenausweises Nr. 190" der BLE mit dem Eintrag "Pflegesohn"! Meine Eltern siedelten, nachdem mein Vater in die Rente gekommen war, legal nach Muschenheim um. Sie liegen dort begraben. Der Garten gehört jetzt meiner Cousine Greta. Das "Bimbelche" fährt schon lange nicht mehr an ihm vorbei. Leider.

US-Panzerzüge auf den Gleisen der BLE

Von Kurt Burlein

Zu den besonderen Leistungen der BLE gehörte bis 1997 der Transport von Panzerzügen der US-Armee.

Mit Ende des Zweiten Weltkrieges wurde auf dem ehemaligen Flugplatz der Wehrmacht in der Gemarkung Kirch-Göns von den Amerikanern eine Kaserne gebaut und mit Panzerfahrzeugen und deren Mannschaften belegt. "Ayers-Barracks" stand am Eingangstor.

In der Regel zweimal im Jahr ging die Einheit ins Manöver auf den Truppenübungsplatz Grafenwöhr. Bei ihrer Abfahrt

V 85 überquert im Mai 1971 mit einem Panzerzug die Bundesstraße 3

Kurt Burlein (2)

Erlebnisse und Erinnerungen

aus Kirch-Göns und bei der Rückkehr hieß es für die BLE: Volle Leistung von Personal und Maschinen.

Zunächst mußten die D-Zug-Wagen für die Mannschaften und die Schwerlastwagen für die gepanzerten Fahrzeuge in der Kaserne bereitgestellt werden. Wie ein Lindwurm bewegte sich der Leerzug von vierachsigen Schwerlastwagen auf dem Schienenstrang zur höher gelegenen Kaserne. Manchmal wurde der Zug geteilt und als Halbzug gefahren. Die D-Zug-Wagen wurden immer als Einheit in die Ayers-Barracks gebracht. Am Anfang bewältigten ausschließlich ELNA-Lokomotiven, später Dampf- und Diesellokomotiven, schließlich nur Diesellocks diese Arbeiten.

Die mit Panzern beladenen Schwerlastwagen wurden als Teilzüge zum DB-Bahnhof Butzbach gebracht, dort zu einem Ganzzug mit den D-Zug-Wagen für die Mannschaften zusammengestellt und von Lokomotiven der DB zum Truppenübungsplatz Grafenwöhr transportiert. Das Ganze war ein interessantes, wenn auch unspektakuläres Unternehmen mit viel Eisenbahnbetrieb, wie es damals an vielen Bahnhöfen üblich war.

Kam aber die Truppe vom Manöver zurück, herrschte fast hektische Betriebsamkeit. In Butzbach Ost wurden die Dampfloks aufgerüstet. Am Kohlenbansen wurde mit Hilfe des Krans bekohlt, wenige Meter weiter Wasser gefasst. Wo nötig, wurde ausgeschlackt und Lösche gezogen. Die Loks setzten um, Pfeifen, Zischen. Dampf und Ruß waren in der Luft, Weichen wurden per Hand umgelegt. Alle hatten alle Hände voll zu tun. Der Beobachter hätte mehr als zwei Augen gebraucht, um zu erfassen, was da geschah.

Dann im Bahnhof Butzbach DB: Die BLE-Loks kommen, in Doppeltraktion oder einzeln. Rangierfahrten. Die D-Zug-Wagen werden vom Panzerzug abgekuppelt. Die GIs schauen aus den Fenstern, rufen den deutschen Personalen zu. Worte fliegen hin und her. Wieder Rangierfahrten. Dampf, Qualm, Pfeifen. Schon hängen die Mannschaftswagen am Lokhaken. "Ausfahrt steht". Zwei ELNA-Loks machen sich schwer arbeitend auf die Strecke und bringen die Amis zurück zu den Ayers Barracks. Und gleich wieder zurück in Doppeltraktion. Denn nun geht es erst richtig los. Der Panzerzug wird geteilt, zwei ELNAs setzen sich an die Spitze, BLE 142 und 146, die BLE 1151 als Schublok an das Ende des Teilzuges. Das waren Zeiten! In späteren Jahren schiebt V 85, noch später DB V 60 nach.

Dann wieder: "Ausfahrt steht!" Verständigung der Zugloks mit der Schublok: Pfeifen. Dampf strömt zischend in die Zylinder und steigt aus den Schornsteinen auf. Russpartikel werden mit hoch gerissen. Ganz langsam setzt sich der Zug in Bewegung. Die Maschinen arbeiten schwer, keuchen beim Anfahren unter der Last. Im Bahnhof sehen Reisende, die auf ihren Zug warten, dem Spektakel interessiert und belustigt zu. "Schön dass es so etwas noch gibt!" "Dass es so etwas noch gibt?" Für mich wird es Zeit, dem Zug hinterher zu eilen.

Ich erwische ihn bei der Ausfahrt aus dem Werk Pintsch-Bamag, durch das die Strecke führt. Ein unvergesslicher Anblick: Sonne am

146 und V 85 bei der Fahrt in den Frühling

Ein Reisezugwagen diente am 15. Mai 1989 zur Beförderung der Mannschaften eines Panzerzuges. Für reichliche Motorisierung sorgen V 126 und V 116

Erlebnisse und Erinnerungen

Am 7. November 1967 bereiten sich Lok 204 und V 85 auf die Beförderung eines Militärzuges vor

Bamag, Feldwegbrücke vor Pohlgöns, Straßen- und Feldwegübergänge und, besonders interessant, die lang gezogene Steigung zur US-Panzerkaserne.

Freundliche Auskunft erhielt man fast immer bei der Betriebsleitung der BLE in Butzbach Ost über Zeit und Einsatz der Lokomotiven. Man musste dann zur Stelle sein. Gefahren und nachgeschoben wurden die Panzerzüge im Winter bei Eis und Schnee, im Frühling mit seinem frischen Grün und in blauen Himmel, Herbstfarben, aufsteigender Dampf und Qualm an diesem kalten Morgen, dazu die Auspuffschläge der Loks. "Trink Auge, was die Wimper hält". Langsam, sehr langsam zieht der Zug seitlich an mir vorbei in Richtung Pohlgöns. Schnell fahre ich weiter und bin schon zur Stelle, als die schwere Fracht aus einer weiten Linkskurve auf mich zukommt. Es ist die Zeit der Heizer. Tiefschwarzer Qualm, vermischt mit Dampf, steht über den Loks, von der Sonne beschienen. Auspuffschläge knallen aus den Schornsteinen. Die Radumdrehungen werden noch langsamer. Schritttempo. Nachschuss. Der Zug frisst sich förmlich in die letzte große Steigung, in der auch die Straßenbrücke über die B3 liegt, hinein. Es ist, als ob er mit den Loks abhebe, der Knick in der Perspektive macht es deutlich. Wenige Minuten später ist, nach einer Rechtskurve, immer noch in der Steigung, das Ziel erreicht: Ayers Kaserne. Jetzt aber nicht mit der Kamera zu nahe an das Einfahrtstor. "Militärischer Sicherheitsbereich". Mögliche unangenehme Fragen und Verhöre durch die Military-Police oder die deutsche Polizei lassen die Kamera verschwinden. "Off Limits". Es war schließlich noch kalter Krieg zwischen Ost und West. Kameras waren von vornherein an solchen Objekten verdächtig. Nach kurzer Zeit kamen die Loks wieder aus dem Kasernenbereich und liefen, wie erleichtert, zum nächsten Einsatz zum Bahnhof Butzbach DB. Das Spiel konnte von vorne beginnen.

Lange Jahre blieb der Hintergrund, vor dem sich diese Szenen abspielten, der gleiche: Ausfahrt Bahnhof Butzbach DB, Werk Pintsch-Bamag, den bunten Farben des Herbstes. Es war jedes Mal neu ein beeindruckendes Erlebnis.

Verändert haben sich im Laufe der Jahre die Akteure: 204 KN, Diesellokomotiven der BLE und der DB lösten die Dampflokomotiven ab, bis auch sie verschrottet oder verkauft wurden.

Aus dem Kasernengelände wird zurzeit ein moderner Gewerbepark, auf dem noch Kasernen, Werkstätten und Garagen stehen. Die "Pintsch-Bamag", wie das Werk damals genannt wurde, gibt es so nicht mehr. Sie wurde filettiert. Nur der Schienenstrang liegt noch, wie vor Jahrzehnten, jedoch unbenutzt und rostend. Ob jemals noch ein Zug darüber fahren wird?

Heute noch erfreue ich mich an den Bildern und Tonbandaufnahmen der stärksten Leistungen, die die BLE je erbracht hat: Panzerzüge fahren für die US-Armee.

"Zeit kommt, Zeit geht. Die Erinnerung ist das Paradies, aus dem uns niemand vertreiben kann." (Jean Paul)

Lok 1151 unterwegs bei Pohlgöns

Erlebnisse und Erinnerungen

aus Kirch-Göns und bei der Rückkehr hieß es für die BLE: Volle Leistung von Personal und Maschinen.

Zunächst mußten die D-Zug-Wagen für die Mannschaften und die Schwerlastwagen für die gepanzerten Fahrzeuge in der Kaserne bereitgestellt werden. Wie ein Lindwurm bewegte sich der Leerzug von vierachsigen Schwerlastwagen auf dem Schienenstrang zur höher gelegenen Kaserne. Manchmal wurde der Zug geteilt und als Halbzug gefahren. Die D-Zug-Wagen wurden immer als Einheit in die Ayers-Barracks gebracht. Am Anfang bewältigten ausschließlich ELNA-Lokomotiven, später Dampf- und Diesellokomotiven, schließlich nur Dieselloks diese Arbeiten.

Die mit Panzern beladenen Schwerlastwagen wurden als Teilzüge zum DB-Bahnhof Butzbach gebracht, dort zu einem Ganzzug mit den D-Zug-Wagen für die Mannschaften zusammengestellt und von Lokomotiven der DB zum Truppenübungsplatz Grafenwöhr transportiert. Das Ganze war ein interessantes, wenn auch unspektakuläres Unternehmen mit viel Eisenbahnbetrieb, wie es damals an vielen Bahnhöfen üblich war.

Kam aber die Truppe vom Manöver zurück, herrschte fast hektische Betriebsamkeit. In Butzbach Ost wurden die Dampfloks aufgerüstet. Am Kohlenbansen wurde mit Hilfe des Krans bekohlt, wenige Meter weiter Wasser gefasst. Wo nötig, wurde ausgeschlackt und Lösche gezogen. Die Loks setzten um, Pfeifen, Zischen. Dampf und Ruß waren in der Luft, Weichen wurden per Hand umgelegt. Alle hatten alle Hände voll zu tun. Der Beobachter hätte mehr als zwei Augen gebraucht, um zu erfassen, was da geschah.

Dann im Bahnhof Butzbach DB: Die BLE-Loks kommen, in Doppeltraktion oder einzeln. Rangierfahrten. Die D-Zug-Wagen werden vom Panzerzug abgekuppelt. Die GIs schauen aus den Fenstern, rufen den deutschen Personalen zu. Worte fliegen hin und her. Wieder Rangierfahrten. Dampf, Qualm, Pfeifen. Schon hängen die Mannschaftswagen am Lokhaken. "Ausfahrt steht". Zwei ELNA-Loks machen sich schwer arbeitend auf die Strecke und bringen die Amis zurück zu den Ayers Barracks. Und gleich wieder zurück in Doppeltraktion. Denn nun geht es erst richtig los. Der Panzerzug wird geteilt, zwei ELNAs setzen sich an die Spitze, BLE 142 und 146, die BLE 1151 als Schublok an das Ende des Teilzuges. Das waren Zeiten! In späteren Jahren schiebt V 85, noch später DB V 60 nach.

Dann wieder: "Ausfahrt steht!" Verständigung der Zugloks mit der Schublok: Pfeifen. Dampf strömt zischend in die Zylinder und steigt aus den Schornsteinen auf. Russpartikel werden mit hoch gerissen. Ganz langsam setzt sich der Zug in Bewegung. Die Maschinen arbeiten schwer, keuchen beim Anfahren unter der Last. Im Bahnhof sehen Reisende, die auf ihren Zug warten, dem Spektakel interessiert und belustigt zu. "Schön dass es so etwas noch gibt!" "Dass es so etwas noch gibt?" Für mich wird es Zeit, dem Zug hinterher zu eilen.

Ich erwische ihn bei der Ausfahrt aus dem Werk Pintsch-Bamag, durch das die Strecke führt. Ein unvergesslicher Anblick: Sonne am

146 und V 85 bei der Fahrt in den Frühling

Ein Reisezugwagen diente am 15. Mai 1989 zur Beförderung der Mannschaften eines Panzerzuges. Für reichliche Motorisierung sorgen V 126 und V 116

Erlebnisse und Erinnerungen

Am 7. November 1967 bereiten sich Lok 204 und V 85 auf die Beförderung eines Militärzuges vor

Kurt Burlein

blauen Himmel, Herbstfarben, aufsteigender Dampf und Qualm an diesem kalten Morgen, dazu die Auspuffschläge der Loks. "Trink Auge, was die Wimper hält". Langsam, sehr langsam zieht der Zug seitlich an mir vorbei in Richtung Pohlgöns. Schnell fahre ich weiter und bin schon zur Stelle, als die schwere Fracht aus einer weiten Linkskurve auf mich zukommt. Es ist die Zeit der Heizer. Tiefschwarzer Qualm, vermischt mit Dampf, steht über den Loks, von der Sonne beschienen. Auspuffschläge knallen aus den Schornsteinen. Die Radumdrehungen werden noch langsamer. Schritttempo. Nachschuss. Der Zug frisst sich förmlich in die letzte große Steigung, in der auch die Straßenbrücke über die B3 liegt, hinein. Es ist, als ob er mit den Loks abhebe, der Knick in der Perspektive macht es deutlich. Wenige Minuten später ist, nach einer Rechtskurve, immer noch in der Steigung, das Ziel erreicht: Ayers Kaserne. Jetzt aber nicht mit der Kamera zu nahe an das Einfahrtstor. "Militärischer Sicherheitsbereich". Mögliche unangenehme Fragen und Verhöre durch die Military-Police oder die deutsche Polizei lassen die Kamera verschwinden. "Off Limits". Es war schließlich noch kalter Krieg zwischen Ost und West. Kameras waren von vornherein an solchen Objekten verdächtig. Nach kurzer Zeit kamen die Loks wieder aus dem Kasernenbereich und liefen, wie erleichtert, zum nächsten Einsatz zum Bahnhof Butzbach DB. Das Spiel konnte von vorne beginnen.

Lange Jahre blieb der Hintergrund, vor dem sich diese Szenen abspielten, der gleiche: Ausfahrt Bahnhof Butzbach DB, Werk Pintsch-Bamag, Feldwegbrücke vor Pohlgöns, Straßen- und Feldwegübergänge und, besonders interessant, die lang gezogene Steigung zur US-Panzerkaserne.

Freundliche Auskunft erhielt man fast immer bei der Betriebsleitung der BLE in Butzbach Ost über Zeit und Einsatz der Lokomotiven. Man musste dann zur Stelle sein. Gefahren und nachgeschoben wurden die Panzerzüge im Winter bei Eis und Schnee, im Frühling mit seinem frischen Grün und in den bunten Farben des Herbstes. Es war jedes Mal neu ein beeindruckendes Erlebnis.

Verändert haben sich im Laufe der Jahre die Akteure: 204 KN, Diesellokomotiven der BLE und der DB lösten die Dampflokomotiven ab, bis auch sie verschrottet oder verkauft wurden.

Aus dem Kasernengelände wird zurzeit ein moderner Gewerbepark, auf dem noch Kasernen, Werkstätten und Garagen stehen. Die "Pintsch-Bamag", wie das Werk damals genannt wurde, gibt es so nicht mehr. Sie wurde filettiert. Nur der Schienenstrang liegt noch, wie vor Jahrzehnten, jedoch unbenutzt und rostend. Ob jemals noch ein Zug darüber fahren wird?

Heute noch erfreue ich mich an den Bildern und Tonbandaufnahmen der stärksten Leistungen, die die BLE je erbracht hat: Panzerzüge fahren für die US-Armee.

"Zeit kommt, Zeit geht. Die Erinnerung ist das Paradies, aus dem uns niemand vertreiben kann." (Jean Paul)

Lok 1151 unterwegs bei Pohlgöns

Johannes Kroitzsch

8. Anhang

Betriebs- und Verkehrsleistungen der Butzbach-Licher Eisenbahn

Jahr	Dampflok-km	Diesellok-km [1]	Triebwagen-km	Personen (Schiene)	Personen (KOM)	Güter [t]
1908				209222		74163
1926	185185					
1927				591842		301403
1928				599693		240646
1929	195636			547071		187449
1930	154322			381967		157145
1931	132490			244518		78618
1932	124925			182956		94745
1933	117183			146389		130583
1934	127535			155162		162347
1935	135896			173612		137571
1936	146418			176796		192366
1937	170147			206125		385379
1938	143561			221712		228521
1939	145170			265387	29333	274759
1940	161174			348128		264028
1941	150554			439061		238199
1942	166071			579876		217203
1943	176196					
1944	185181					
1946	156203					
1947	194797					
1948	244914			1244646		224476
1949	234817		11863	1106215	10441	206916
1950	237325		22133	1039030	150114	220982
1951	269226		53727	901528	159338	214230
1952	268958		57285	953152	141499	277546
1953	260395		57410	735400	160400	273881
1954	181056		80897	695898	214448	206028
1955	175454		89036	823886	238336	233619
1956	198864		84986	907700	514764	274800
1957	200935		89791	873700	550496	297700
1958	195829		95217	791600	594600	313200
1959	173108		94244	783300	703400	286600
1960	181869		90197	752575	723659	282031
1961	143103	7900	70516	563382	936016	275148
1962	76321	45099	45991	402865	1114776	337493
1963	77059	37210	46164	397261	1111260	307621
1964	82939	31465	49789	380894	1148374	263795
1965	45969	45195	47641	360915	1202224	186287
1966	73226	37226	46390	340500	1244600	217900
1967	32942	51456	44112	372722	1258764	187049
1968	27970	35671	39756	321299	1375797	170902
1969	21109	45188	39922	317412	1427398	172384
1970	23226	50836	43432	331194	1540823	169908
1971	17804	43277	35783	266877	1597473	152584
1972		40068	28902	175367	1738394	156097
1973		46363	28134	165356	1797912	172958
1974		43405	23537	155570	1913045	164156
1975		37124	5943	46196	1749259	134300
1976		39804			1753618	140500
1977		50167			1648500	183900
1978		43743			1854220	136000
1979					1846400	161800
1980					1849100	170200
1981		9200			1872700	161300
1982		8000			1784600	158900
1983		10800			1806500	144700
1984					2093500	151700
1985					2007400	166000
1986					1845000	167900
1987					1810500	160300
1988					1834800	135600
1989		13300			1804100	130600
1990		13900			1816900	147100
1991		11000			1951500	99600
1992		9500			2099700	62500
1993		38500 [2]			2184000	62200
1994		58900			2129600	61400
1995		48300				69100
1996						58200
1997		23000				77000
1998		24000	108000			92000
1999		17000	372000			73000
2000		8000	501000			35000
2001		10000	1350000			33000

[1] ab 1981 = Zug-km [2] Bedienung Knotenbereich Friedberg

Anhang

Verkehrsleistungen ausgewählter Bahnhöfe (1950) [1]

Bahnhof	Verkaufte Fahrkarten	Wagenladungen Empfang (t)	Wagenladungen Versand (t)
Bad Nauheim Nord	23618	---	---
Steinfurth	19780	1215	385
Oppershofen	13475	563	808
Rockenberg	28671	2017	6099
Griedel	12108	1107	1462
Butzbach Ost	32437	3534	995
Butzbach West	9154	---	---
Pohl Göns	2936	1063	1597
Gambach in Hessen	28409	891	1373
Oberhörgern-Eberstadt	11390	756	290
Münzenberg	15042	1097	1533
Trais-Münzenberg	7120	230	463

1) Quelle: Nordmann 1952, S. 99

Streckendaten DB-Strecken

Gießen - Gelnhausen Hess Konzession vom 4. April 1868 (Hess Regierungsbl Jahrg 1868 Nr 22 Seite 602)
Preuß Konzession vom 3. Mai 1869 (Preuß Gesetzsamml Jahrg 1869 Nr. 38 Seite 692)

Bahnhof	Art	Strecken -km	Höhe üb. NN	Eröffnung PV	Eröffnung GV	Stillegung PV	Stillegung GV	Bemerkung
Gießen	Bf	0,00	166	25.08.1850	25.08.1850	i.B.	i.B.	
Gießen Erdkauter Weg	Bf	1,90	166	ca. 1929	ca. 1890	i.B.	i.B.	bis 1994 Erdkauterweg
Watzenborn-Steinberg		6,03	199	01.06.1886	ohne	i.B.	ohne	bis 1955 Schiffenberg
Garbenteich		7,81	215	29.12.1869	ohne	i.B.	i.B.	
Pfahlgraben	Bf	9,06	227		1912	ohne	01.06.1991	
Lich (Oberhess)	Bf	15,16	168	29.12.1869	29.12.1869	i.B.	nach 1990	
Langsdorf (Oberhess)		18,57	162	29.12.1869	01.09.1900	i.B.	1986	
Hungen	Bf	21,76	144	29.12.1869	29.12.1869	i.B.	31.12.1998	
Trais-Horloff		25,16	131	ca. 1890	ohne	i.B.	ohne	
Ober Widdersheim		28,16	149	29.06.1870	20.10.1897	i.B.	15.12.2002	
Borsdorf (Hess)		31,37	171	15.05.1881	15.05.1881	i.B.	31.05.1992	
Nidda	Bf	35,01	153	29.06.1870	29.06.1870	i.B.	i.B.	
Ranstadt		41,70	138	30.10.1870	30.10.1870	i.B.	ca. 1990	
Effolderbach		44,45	142	23.05.1954	ohne	i.B.	ohne	
Stockheim (Oberhess)	Bf	45,77	131	30.10.1870	30.10.1870	i.B.	28.05.1994	
Bleichenbach (Oberhess)		49,19	155	30.10.1870	ohne	i.B.	ohne	
Büches-Düdelsheim		51,96	130	30.10.1870	01.07.1897	i.B.	ca. 1989	
Büdingen (Oberhess)	Bf	54,82	133	30.10.1870	30.10.1870	i.B.	15.12.2002	
Mittel Gründau	Bf	62,20	146	30.11.1870	30.11.1870	i.B.	ca. 1980	
Lieblos	Bf	65,98	128			i.B.	ca. 1990	
Gelnhausen	Bf	69,73	131	01.05.1867	01.05.1867	i.B.	i.B.	

Friedberg (Hess) - Hungen Hess Gesetz vom 15. November 1890 (Hess Regierungsbl Jahrg 1890 Nr. 47 Seite 319)

Bahnhof	Art	Strecken-km	Höhe üb. NN	Eröffnung PV	Eröffnung GV	Stillegung PV	Stillegung GV	Bemerkung
Friedberg (Hess)	Bf	0,00	148	10.03.1850	10.03.1850	i.B.	i.B.	
Dorheim (Wetterau)		3,80	129	01.10.1897	01.10.1897	i.B.	ca. 1985	
Beienheim	Bf	6,23	144	01.10.1897	01.10.1897	i.B.	ca. 1990	
Melbach		9,10	149	01.10.1897	01.10.1897	i.B.	ca. 1981	
Wölfersheim-Södel	Bf	11,16	152	01.10.1897	01.10.1897	i.B.	31.05.1992	
Berstadt-Wohnbach		15,65	140	01.10.1897	01.10.1897	04.03.2003	ca. 1990	
Obbornhofen-Bellersheim		18,13		01.10.1897	01.10.1897	22.05.1993	09.06.1968	Betriebsstelle 09.06.1968 verlegt
Inheiden		22,06	144	01.10.1897	ohne	04.03.2003	ohne	
Hungen	Bf	24,37	144	29.12.1869	29.12.1869	i.B.	31.12.1998	

Beienheim - Nidda Hess Gesetz vom 15. November 1890 (Hess Regierungsbl Jahrg 1890 Nr. 47 Seite 319)

Bahnhof	Art	Strecken-km	Höhe üb. NN	Eröffnung PV	Eröffnung GV	Stillegung PV	Stillegung GV	Bemerkung
Beienheim	Bf	0,00	144	01.10.1897	01.10.1897	i.B.	ca. 1990	
Weckesheim		1,71	143	01.10.1897	01.10.1897	i.B.	ca. 1965	
Reichelsheim (Wetterau)	Bf	3,98	126	01.10.1897	01.10.1897	i.B.	ca. 1990	
Gettenau-Bingenheim		6,56	124	01.10.1897	01.10.1897	i.B.	ca. 1965	
Echzell	Bf	7,97	124	01.10.1897	01.10.1897	i.B.	ca. 1990	
Grund-Schwalheim		10,21	126	01.10.1897	01.10.1897	22.05.1982	31.12.1995	
Häuserhof		13,02	145	01.10.1897	01.10.1897	i.B.	ca. 1965	
Geiß-Nidda		15,51	176	01.10.1897	01.10.1897	30.05.1965	01 1984	
Bad Salzhausen		16,18	179	01.10.1897	ohne	i.B.	ohne	
Nidda	Bf	19,23	153	29.06.1870	29.06.1870	i.B.	i.B.	

Friedberg - Hanau Hbf Preuß Gesetz vom 11. Juni 1873 (Preuß Gesetzsamml Jahrg 1873 Nr. 22 Seite 305)

Bahnhof	Art	Strecken-km	Höhe üb. NN	Eröffnung PV	Eröffnung GV	Stillegung PV	Stillegung GV	Bemerkung
Friedberg (Hess)	Bf	0,00	148	10.03.1850	10.03.1850	i.B.	i.B.	
Assenheim (Oberhess)	Bf	4,92	142	15.10.1881	15.09.1881	i.B.	ca. 2000	
Erbstadt-Kaichen		9,79	170	15.10.1881	ohne	27.05.1995	ohne	
Heldenbergen-Windecken	Bf	15,53	133	01.12.1879	01.12.1879	i.B.	ca. 1990	
Ostheim (Kr. Hanau)		17,67	147	01.12.1879	01.12.1879	i.B.	ca. 1990	
Bruchköbel	Bf	21,71	124	01.12.1879	01.12.1879	i.B.	ca. 1990	
Hanau Nord	Bf	26,85	106	01.12.1879	01.12.1879	i.B.	i.B.	
Hanau Hbf	Bf	32,28	106	10.09.1848	10.09.1848	i.B.	i.B.	

Friedrichsdorf - Friedberg Preuß Gesetz vom 3. Juni 1896 (Preuß Gesetzsamml Jahrg 1896 Nr. 13 Seite 100)

Bahnhof	Art	Strecken-km	Höhe üb. NN	Eröffnung PV	Eröffnung GV	Stillegung PV	Stillegung GV	Bemerkung
Friedrichsdorf	Bf	23,94	192	15.10.1895	15.10.1895	i.B.	05.11.2000	
Burgholzhausen v.d. Höhe		26,85	188	15.07.1901	15.07.1901	i.B.	26.09.1987	bis 1939 Holzhausen (Obh.)
Rodheim v.d. Höhe		28,70	169	15.07.1901	15.07.1901	i.B.	ca. 1990	
Rosbach v.d. Höhe	Bf	32,35	168	15.07.1901	15.07.1901	i.B.	1985	
Friedberg Süd		39,10		22.04.2002	ohne		ohne	
Friedberg (Hess)		40,96	148	10.03.1850	10.03.1850	i.B.	i.B.	

Anhang

Streckendaten BLE-Strecken

Butzbach West - Lich Süd — Hess. Konzession vom 22. März 1902 (Hess Regierungsbl Jahrg 1903 Nr. 17 Seite 85)

Bahnhof	Art	Strecken-km	Höhe üb. NN	Eröffnung PV	Eröffnung GV	Stillegung PV	Stillegung GV	Bemerkung
Butzbach West		0,00	203	28.03.1904	28.03.1904	27.05.1961	19.07.1964	früher Butzbach Staatsb
Butzbach Ost	Bf	1,18	190	28.03.1904	28.03.1904	31.05.1975	22.10.2001	
Griedel	Bf	3,22	149	28.03.1904	28.03.1904	31.05.1975	01.06.2003	bis 1909 Griedel-Rockenberg
Gambach (Hessen)	Ag	5,12	151	28.03.1904	28.03.1904	27.05.1961	01.06.2003	
Oberhörgern-Eberstadt	Ag	7,16	154	28.03.1904	28.03.1904	27.05.1961	18.06.2001	
Münzenberg	Bf	9,08	152	28.03.1904	28.03.1904	27.05.1961	01.06.2003	
Trais-Münzenberg	Ag	10,52	154	28.03.1904	28.03.1904	27.05.1961	25.09.1985	
Muschenheim	Ag	12,63	157	28.03.1904	28.03.1904	27.05.1961	12.06.1975	
Hof und Dorf Güll	Ag	14,31	175	28.03.1904	28.03.1904	27.05.1961	12.06.1975	
Lich (Oberh.) Süd	Ag	19,06	166	28.03.1904	28.03.1904	27.05.1961	27.05.1961	früher Lich Nebenbahn

Lich Süd - Grünberg Süd — Hess Konzession vom 17. Juli 1907 (Hess Regierungsbl Jahrg 1908 Nr. 3 Seite 40)

Bahnhof	Art	Strecken-km	Höhe üb. NN	Eröffnung PV	Eröffnung GV	Stillegung PV	Stillegung GV	Bemerkung
Lich (Oberh.) Süd	Ag	19,06	166	28.03.1904	28.03.1904	27.05.1961	27.05.1961	früher Lich Nebenbahn
Niederbessingen	Ag	24,19	173	15.07.1909	15.07.1909	04.10.1953	04.10.1953	
Oberbessingen	Ag	26,65		15.07.1909	15.07.1909	04.10.1953	04.10.1953	
Münster (Oberh.)	Ag	27,90		15.07.1909	15.07.1909	04.10.1953	04.10.1953	
Ettingshausen	Ag	29,10		15.07.1909	15.07.1909	04.10.1953	04.10.1953	
Harbach	Hp	30,61		15.07.1909	??	04.10.1953	04.10.1953	
Queckborn	Ag	33,08	201	15.07.1909	15.07.1909	04.10.1953	04.10.1953	
Grünberg (Oberh.) Süd	Ag	38,08	272	01.08.1909	01.08.1909	04.10.1953	04.10.1953	

Butzbach Ost - Oberkleen — Hess Konzession vom 29. August 1908 (Hess Regierungsbl Jahrg 1908 Nr 33 Seite 355)
Reg-Präs. zu Koblenz v 21. Oktober 1909 (Amtsbl der Regierung Koblenz Jahrg 1909 Nr 58 Seite 322)

Bahnhof	Art	Strecken-km	Höhe üb. NN	Eröffnung PV	Eröffnung GV	Stillegung PV	Stillegung GV	Bemerkung
Butzbach Ost	Bf	0,00	190	28.03.1904	28.03.1904	31.05.1975	22.10.2001	
Butzbach Nord	Ag	1,20		??	??	31.05.1975	i.B.	
Pohlgöns	Ag	2,95	242	13.05.1910	13.05.1910	30.09.1956	i.B.	
Ebersgöns	Ag	6,47	244	01.06.1910	01.06.1910	30.09.1956	31.12.1968	
Oberkleen	Ag	7,95	240	01.06.1910	01.06.1910	30.09.1956	31.12.1968	

Griedel - Bad Nauheim Nord — Hess. Konzession vom 29. August 1908 (Hess Regierungsbl Jahrg 1908 Nr 33 Seite 355)

Bahnhof	Art	Strecken-km	Höhe üb. NN	Eröffnung PV	Eröffnung GV	Stillegung PV	Stillegung GV	Bemerkung
Griedel	Bf	0,00	149	28.03.1904	28.03.1904	31.05.1975	i.B.	bis 1909 Griedel-Rockenberg
Griedel Mitte	Hp	0,29		01.05.1909	ohne	??	ohne	
Rockenberg	Bf	3,03		01.05.1909	01.05.1909	31.05.1975	18.06.2001	
Oppershofen	Ag	4,43		02.04.1910	02.04.1910	31.05.1975	18.06.2001	
Steinfurth	Bf	7,12	128	02.04.1910	02.04.1910	31.05.1975	18.06.2001	
Bad Nauheim Nord	Ag	11,00	162	02.04.1910	02.04.1910	31.05.1975	22.10.2001	

Abkürzungen

ADEA	Allgemeine Deutschen Eisenbahn AG, Berlin
AGV	Aktiengesellschaft für Verkehrswesen, Berlin (bis 1954)
AGVI	Aktiengesellschaft für Verkehrswesen und Industrie, Frankfurt (1954 - ca. 1970)
AGIV	Aktiengesellschaft für Industrie und Verkehrswesen, Frankfurt (ca. 1970 - 1999)
BbLE	Butzbach-Licher Eisenbahn AG (verwendet bis ca. 1940)
BG	Kleinbahn Beuel-Großenbusch
BHG	Berliner Handels-Gesellschaft, Berlin (Bankenkonsortium)
BLE	Butzbach-Licher Eisenbahn AG (verwendet ab ca. 1940)
BTh	Eisenbahn Bremen - Thedinghausen
DB	Deutsche Bundesbahn bzw. Deutsche Bahn AG (ab 1994)
DEAG	Deutsche Eisenbahn Aktiengesellschaft, Frankfurt/M. (bis 1929)
DEGA	Deutsche Eisenbahn Gesellschaft AG, Frankfurt/M. (1929 - 1952)
DEG	Deutsche Eisenbahn-Gesellschaft mbH, Frankfurt/M. (ab 1952)
DHEF	Delmenhorst-Harpstedter Eisenbahnfreunde e.V.
DKE	Deutsche Kolonial-Eisenbahn-Bau- und Betriebsgesellschaft
Dywidag	Dyckerhoff & Widmann AG, Bauunternehmung, Berlin
FK	Kleinbahn AG Frankfurt/M. - Königstein (verwendet bis ca. 1987)
FKE	Frankfurt-Königsteiner Eisenbahn AG (verwendet ab ca. 1987)
HHE	Halle-Hettstedter Eisenbahn
HLB	Hessische Landesbahn GmbH
HTB	Hellertalbahn GmbH
KN	Kleinbahn AG Kassel - Naumburg (verwendet bis ca. 1987)
KNE	Kassel-Naumburger Eisenbahn AG (verwendet ab ca. 1987)
KOM	Kraftomnibus
MKB	Mindener Kreisbahnen
NVV	Nordhessischer Verkehrsverbund GmbH, Kassel
OEG	Ostdeutsche Eisenbahn-Gesellschaft
RMV	Rhein-Main-Verkehrsverbund GmbH, Hofheim
VT	Verbrennungstriebwagen bzw. Dieseltriebwagen
WEG	Westdeutsche Eisenbahn-Gesellschaft (bis 1928)
WEG	Württembergische Eisenbahn-Gesellschaft (ab 1929)

Anhang

Literatur

Biedenkopf, Wilfried: Erinnerungen an die Butzbach-Licher Eisenbahn, in: Die Kleinbahn, Heft 104, S. 19-21, Gifhorn 1979
Butzbach-Licher Eisenbahn AG (Hrg.): BLE 1904 - 1979; 75 Jahre Butzbach-Licher Eisenbahn, Butzbach 1979
Butzbach-Licher Eisenbahn AG (Hrg.): Sammlung betrieblicher Vorschriften (SbV), gültig ab 28. Mai 1996
Christopher, Andreas: Butzbach-Licher Eisenbahn AG (= Kleinbahn-Hefte 9), Gifhorn 1974
Eckert, Dieter: Die Entwicklung des Eisenbahnnetzes in der Provinz Oberhessen 1850-1981, eine Übersicht, in: Mitteilungen des Oberhessischen Geschichtsvereins, 66. Band, S. 133-160, Gießen 1981
Eckert, Dieter: Die Entwicklung des Eisenbahnnetzes in der Provinz Oberhessen 1850-1981, eine Übersicht-Zweiter Teil: Ergänzungen 1982-1998, in: Mitteilungen des Oberhessischen Geschichtsvereins, 84. Band, S. 281- 324, Gießen 1999
Eckert, Dieter: Omnibusse haben die Bahn völlig verdrängt - Der Omnibusverkehr der Butzbach-Licher Eisenbahn, in: Wetterauer Zeitung, Nummer 235, 10.10.1986, Friedberg 1986
Eckert, Dieter: Die Butzbach-Licher Eisenbahn in Vergangenheit und Gegenwart, in: Wetterauer Kreiskalender 1986, S. 131-136, Friedberg 1986
Fink, Jochen: Frankfurt-Königstein - Ein Jahrhundert Nahverkehr im Taunus, München 2002
Görlich, Paul: Die Butzbach-Licher Eisenbahn - Zur Geschichte einer einst bedeutenden Kleinbahnlinie, in: Hessische Heimat Nr. 1 vom 15.01.1977
Horn, Theodor: Programmheft zur Studienfahrt "Rauch und Dampf bei der BLE" am 04.10.1969, Karlsruhe 1969
John, Stefan: 10 Jahre Eisenbahnfreunde Wetterau e.V. - 5 Jahre Eisenbahnmuseum Bad Nauheim Süd, Bad Nauheim 1983
Kassel-Naumburger Eisenbahn (Hrg.): Die Kassel-Naumburger Eisenbahn AG - von der Kleinbahn zum modernen Verkehrsdienstleister, Kassel 2003
Kilian, Wolfgang: Die Butzbach-Licher Eisenbahn, in: Münzenberg - Heimat im Schatten der Burg, Hrg. Petra und Uwe Müller, Münzenberg 1995, S. 393-403
Kilian, Wolfgang: Dem Untergang geweiht? In: Eisenbahn-Magazin 4/94, S. 24-27, Düsseldorf 1994
Köhler, Günter H. und Andreas Christopher: Eisenbahnen im Rhein-Main-Gebiet, Freiburg 1983
Koenner, Hans Michael: ELNA Dampflokomotiven - Das Einheitslok-Programm für die deutschen Kleinbahnen, 2. Auflage, Münster 1985
Kramer, Urs und Bruno Schötz: Rübenzüge, Stuttgart 2001
Löttgers, Rolf: Privatbahnen in Deutschland: Die Deutsche Eisenbahn-Gesellschaft 1960-1969, Stuttgart 1983
Lübbert, Erich: Aktiengesellschaft für Verkehrswesen und Industrie AGVI 1901 - 1931, Frankfurt 1963
Nordmann, Günter: Der Landkreis Friedberg - Eine strukturelle Untersuchung, Friedberg 1952
Philipp, Ernst: Werkschronik "75 Jahre Didier Werk Mainzlar", Manuskript, Staufenberg 1982
Quill, Klaus-Peter: Die Butzbach-Licher Eisenbahn, Lübbecke/Westf. 1976
Quill, Klaus-Peter: Butzbach-Licher Eisenbahn (= Neben- und Schmalspurbahnen in Deutschland), München 1994 ff.
Reusch, Werner: Pohl-Göns - unsere Heimat, Butzbach 1989
Reusch, Werner: Wäi die Bimbel noach ean Polgies gehale hoat - Pohl-Göns im 20. Jahrhundert, Butzbach o.J.
Richter, Karl Arne und Georg Ringler: Lexikon Deutscher Privatbahnen, München 2002
Riechers, Daniel: Regionaltriebwagen - Neue Fahrzeuge für Deutschlands Nahverkehr, Stuttgart 1998
Schnorr, Hans: Das Führerhauptquartier im Arnsburger Wald, in: Hessische Heimat Nr. 9 vom 29.04.1994
Vereinsring Ebergsöns (Hrg): 800 Jahre Ebersgöns 1197 - 1997, Butzbach 1997
Wagner, Werner: Die Butzbach-Licher Eisenbahn und Trais-Münzenberg, in: 1200 Jahre Trais-Münzenberg, Hrg. Hans D. Baumann, Münzenberg 1990
Wagner, Werner: Bau der Butzbach-Licher Eisenbahn, in: Butzbacher Geschichtsblätter Nr. 75 vom 26.02.1992
Wagner, Werner: Der letzte Streckenläufer, in: Butzbacher Geschichtsblätter Nr. 93 vom 26.05.1994
Wagner, Werner und Josef Köhler: Die Kalkbrüche in Oberkleen und Ebersgöns, in: Butzbacher Geschichtsblätter Nr. 84 vom 14.05.1993
Wolff, Gerd und Andreas Christopher: Deutsche Klein- und Privatbahnen, Band 8: Hessen, Freiburg 2004
Wolff, Gerd: Die Privatbahnen in der Bundesrepublik Deutschland, Freiburg 1984
Wolff, Gerd: Deutsche Klein- und Privatbahnen, Teil 4, Hessen/Rheinland-Pfalz/Saar, Gifhorn 1975

- Beiträge aus der Wetterauer Zeitung, der Butzbacher Zeitung, der Frankfurter Rundschau und der Gießener Allgemeinen Zeitung
- Angaben aus dem Internet bzw. Prospekte der Firmen Quarzsandwerke Frechen, Münzenberg-Gambach; Butzbacher Weichenbau Gesellschaft mbH, Butzbach; Buss-SMS, Butzbach
- Angaben im Stadtmuseum Butzbach zu den Firmen Lokomotivfabrik Gebrüder Freitag, Butzbach; Pintsch-Bamag AG, Butzbach; A.W. Heil, Nudelfabrik, Butzbach; A.J. Tröster GmbH, Landmaschinen, Butzbach
- Angaben und Unterlagen aus den Archiven von Wilfried Biedenkopf, Jürgen Lerch, Fred Mäkel und Albert Schrader
- Archivalien des Stadtarchivs Butzbach und des Archivs der Hessischen Landesbahn